The Study of Atypi
British Culture in Birmi

伯明翰非典型
英国文化研究

韩 芳 著

经济管理出版社
ECONOMY & MANAGEMENT PUBLISHING HOUSE

图书在版编目（CIP）数据

伯明翰非典型英国文化研究/韩芳著．—北京：经济管理出版社，2021.8
ISBN 978 - 7 - 5096 - 7561 - 8

Ⅰ．①伯…　Ⅱ．①韩…　Ⅲ．①文化—研究—英国　Ⅳ．①G156.1

中国版本图书馆 CIP 数据核字（2020）第 169346 号

组稿编辑：梁植睿
责任编辑：梁植睿
责任印制：黄章平
责任校对：王淑卿

出版发行：经济管理出版社
　　　　　（北京市海淀区北蜂窝 8 号中雅大厦 A 座 11 层　100038）
网　　址：www. E - mp. com. cn
电　　话：(010) 51915602
印　　刷：唐山玺诚印务有限公司
经　　销：新华书店
开　　本：880mm×1230mm/32
印　　张：8.125
字　　数：197 千字
版　　次：2021 年 8 月第 1 版　　2021 年 8 月第 1 次印刷
书　　号：ISBN 978 - 7 - 5096 - 7561 - 8
定　　价：58.00 元

序　言

　　伯明翰作为英国第二大城市，由于其独特的地理位置及历史地位，造成了该城市既具备英国文化的特征，同时又具有移民城市多元文化融合的特点。该城市在英国工业革命发展过程中发挥着重要的作用，是英国典型的工业化城市，由于早期缺乏工业发展急需的劳动力，该城市在历史上经历了多次大规模劳工移民，同时因为该城市拥有便利的交通、较好的工作机会，使伯明翰人口剧增，且少数族裔人口增长迅速，造成了今天伯明翰多民族聚居的多彩局面。这既反映出伯明翰在英国工业发展中的重要地位，也反映出这座城市的包容性。来自世界各地的移民文化与当地白人文化既有融合又相互独立，因此研究伯明翰的文化既能管窥英国传统文化，又能探寻多民族融合的文化，这一非典型英国文化正是目前英国所面临的新形势。

　　由于英国经济的不景气以及随之而来的"脱欧"，英国政府与民众都在探索中调整本国处于上升时期的自信与开放的心态，逐渐趋于保守，这个国家期望文化的多元与融合，同时又对文化多元和民族融合将信将疑，伯明翰这座城市目前的状况恰恰是这种矛盾心态的写照。其背后是工业革命与大航海时代带来的经济腾飞与狂飙突进，面前是工业发展后各种后遗症造成的沉重包袱，以及亟待改变现状、跳出固有模式的焦虑。本书以伯明翰的非典型英国文化为切入点，研究这座城市所反映出的具有新的历史特点的英国文化。

　　本书是作者——河南财经政法大学外语学院韩芳在伯明翰访学期间的研究成果，该书的完成需要感谢教育部留学基金委的资助，同时也要感谢英国伯明翰城市大学为作者提供本次访学机会。

　　由于本书作者学识水平有限，在收集、整理和分析的过程中难免有不当之处，敬请各位专家、学者不吝赐教！在此表示衷心感谢。

韩芳

2021 年 6 月 17 日

前　言

　　伯明翰是英国第二大城市，地处英国版图腹地，这座城市的历史发展和演变就是英国整个国家发展和演变的一个缩影。在远古时代就有人类在伯明翰地区居住，人类文明的遗迹随处可见，英国历史上的重要转折，伯明翰都参与其中，因此伯明翰这座城市的发展历史和英国的发展历史几乎是同步的。这里是英国工业革命的肇始之地，许多工业文明的重大发明都发生在这座城市。由于工业的迅速发展，这座城市经历了财富的快速积累、社会的飞速发展，随之而来的艺术、教育、福利等也得到了高速发展。工业文明在经历了飞速发展之后，其对人力资源的需求过高，对自然资源的大量消耗，以及对环境的污染，让这座城市反思工业文明的利与弊，并痛定思痛，在新的时代寻求城市发展和经济增长模式的转变，这就不可避免地带来了工业的式微、工厂的倒闭，工业设施的弃置使这座城市背上了"英国最丑城市"的恶名。工业文明的兴起始于英国，英国至今仍对自己在历史上所创造的工业文明奇迹倍感自豪。2012年的伦敦奥运会开幕式上，专门有一个章节是致敬工业文明的。历史上的工业革新和工业发明都在历史书中占有重要的地位。可以毫不夸张地说，英国所领导的工业文明不仅改变了英国的历史，也改变了世界历史。然而，工业文明带来的问题也让这个国家陷入沉思，如今在英国的许多城市，尤其是老工业基地如伯明翰和曼彻斯特，随处可见弃置的旧工厂厂房。这也是英国在新的历史时期需要重新思考的问题。这一问题与伯明翰这座城市的命运又一次重合，因此研究伯明翰的历史犹如管中窥豹，可以窥见英国文化与社会变迁的一隅。

为了扭转工业衰退带来的相关问题，伯明翰以不寻常的思路扭转了工业下滑所造成的颓势，几乎所有的工业遗迹都转换了角色，或变成博物馆，或变成旅游景点，成为产业转移的典范，同时在这个城市的"龙头工业"也带着思辨与创新的态度，变得更加具有优势。这里成了高端汽车工业的"摇篮"，生产的路虎汽车驰名中外。与此同时，几个世纪以来伯明翰积累的文化艺术根基让这座城市从内到外都散发着与众不同的气质：这里高校林立，艺术院团在欧洲乃至世界都赫赫有名；同时这里名人辈出，许多人都是他们所在行业的翘楚，有的甚至可以说是青史留名，成为家喻户晓的人物，他们的成就或者作品已经不仅是伯明翰的精神财富，有些已经毫无悬念地成为人类文明宝库中绚烂的部分。瓦特的蒸汽机，托尔金的小说，柯南·道尔的侦探故事——提起哪一件想必读者都不会陌生。

伯明翰在历史的十字路口经历着巨大的变革，移民的涌入，脱欧的呼声，让这座城市面临新的抉择，同时也呈现出与众不同的气质，如果说英国有哪座城市能代表其国家文化的包容与独特，那么伦敦毫无疑问会拔得头筹；但是如果说有哪座城市既有英国的文化特点，又充满自己区别于英国的独特气质，那就非伯明翰莫属了。这座城市因历史而曾经成为移民最受欢迎的登陆地，尤其是在工业革命时期和"二战"之后，由于劳动力缺乏，英国从南亚各国大量引进劳工，组成了伯明翰特有的人口结构。英国没有哪座城市能像伯明翰一样，人口结构和种族构成如此丰富多彩。这里生活着来自世界各地的人们，犹如一个"万花筒"。目前伯明翰依然以惊人的速度在接纳着其他国家的移民，同时自身的人口结构使这座城市预计在未来15年内有色人种人口数量将会超过白人人口。但这似乎又与英国脱欧的呼声背道而驰，这种矛盾的心态也是目前英国人民整体的心态。

伯明翰就像一面镜子，它照出的是英国整体社会的样态，但是这座城市又以它独特的样貌呈现在世人面前。它既是英国的缩影，又是英国传统社会的反叛，这种非此非彼的矛盾，将在这座独特的城市继续存在下去，并终将成为英国文化顺应时代潮流又要特立独行的例证。

目　录

第一章　伯明翰的前世今生

　　伯明翰（Birmingham）是英国第二大城市，位于英格兰中部奔宁山脉南端，属于西米德兰兹（Westmidlands）地区，从其所处的地理位置可以看出，伯明翰位于英格兰的腹地，东南距伦敦约 160 千米，具有非常好的区位优势。伯明翰自 16 世纪以来借助工业革命的发展迅速崛起，在之后的历史进程中发展迅速。但是在 17 世纪，席卷英国和整个欧洲的大瘟疫几乎将这座城市毁于一旦；18 世纪，随着纺织业和冶铁业的发展，伯明翰再度兴起，成为英国数一数二的工业城市。经过几百年的发展，伯明翰就其城市规模和人口来讲已经发展成为英国仅次于伦敦的第二大城市。①但是毫无疑问，伯明翰因为其区位优势、便捷的交通、庞大的人口和发达的工业成为英国重要的工业中心和交通枢纽。

　　伯明翰气候宜人，冬暖夏凉，属温带海洋性阔叶林气候，除极端天气外，最高气温不超过 32℃，最低气温不低于 - 10℃。通常 1 月平均气温为 4 ~ 7℃，7 月平均气温为 19 ~ 25℃。北部和西部的年降水量超过 1100 毫米，其中山区超过 2000 毫米，最高可达 4000 毫米，中部低地为 700 ~ 850 毫米，东部、东南部只有

---

　　①　注：目前这一说法仍具有争议，也有数据证明位于英国西北部的曼彻斯特是英国第二大城市，但是由于统计标准的差异，两个城市在争夺英国第二大城市的过程中互不相让。

550 毫米。每年 2 ~ 3 月最为干燥，10 月至翌年 1 月最为湿润。

　　有证据表明，早在公元前 8000 年左右，伯明翰地区就出现了人类活动，石器时代的人工制品暗示着伯明翰有季节性的定居、通宵狩猎聚会和砍伐树木等林地活动。从散落在这座城市的遗迹中仍然可以看到许多烧堆，表明人类首先集中定居在这一区域，进行粮食栽种，伯明翰地区大量人口涌入发生在公元前 1700 年到公元前 1000 年，可能引起当地居民和外来入侵者之间的斗争和厮杀。在公元 1 世纪罗马征服英国期间，伯明翰高原的森林覆盖形成了罗马军团前进的屏障。公元 48 年，在今天的埃吉巴斯顿地区罗马人建造了大型的梅切利堡垒，使它成为罗马道路网络中的关键地点。

　　1166 年和 1189 年英国政府颁布了特许状，在这里建立了一个集镇和自治市，并取名为伯明翰。伯明翰作为殖民地可以追溯到盎格鲁–撒克逊时代。城市的名字来自古英语"Beormingahām"，伯明翰是当地盎格鲁人的部落和部落所处方位的名称。早期伯明翰的庄园是英国最贫穷和最密集的地方之一，伯明翰发展成一个重要的城市和商业中心始于 1166 年。至此之后伯明翰成为伯明翰高原地区的主要商业中心，当时该地区的经济正在迅速扩张，全国人口的增长导致了以前边缘土地的开垦、种植和人口定居。到 1327 年，伯明翰成为沃里克郡的第三大城镇，其地位此后保持了 200 年。

　　中世纪伯明翰的主要管理机构包括圣十字行会和伯明翰家族的领主。到 1700 年，伯明翰的人口增加了 15 倍，是英格兰和威尔士第五大城市。早在 1538 年，人们就认识到铁器制造业对伯明翰经济的重要性，并在 16 世纪迅速发展。同样重要的是，作为铁器商业的中心，这座城市正在崛起，这些铁商组织金融、供应原材料、交易和营销该行业的产品。到了 17 世纪，伯明翰形成了由一个个熔炉组成的商业中心，从南威尔士一直延伸到柴郡，伯明翰的商人把制成品卖到了远至西印度群岛等地方。这些贸易联系使伯明翰的金属工人得以进入更广阔的市场，使他们得以从生产供当地销售的基本产品的低技能行业，转向更广泛的、专业的、高技能的和更有利可图的经济活动中。

1642~1651年，英国陷入内战，但伯明翰的经济却蓬勃发展，人口不断增长，社会流动性和文化多元性也随之提高，这使伯明翰形成了一种新的社会结构，这种结构与那些已经发展起来的地区非常不同。伯明翰的人际关系建立在务实的商业联系上，而不是严格的家长式作风和封建社会的顺从，因此人们对传统的教会和贵族阶层的忠诚度很低。1643年伯明翰在保皇派的战役中遭到攻击，自17世纪30年代起，这里逐渐发展成为清教主义中心。18世纪，这种自由思考和协作的传统发展成为一种文化现象，现在被称为"米德兰兹文明"。伯明翰的小镇发展成为文学、音乐、艺术和戏剧活动的著名中心；它的主要市民，特别是伯明翰月球协会的成员，成为欧洲知识精英中哲学和科学思想交流的有影响力的参与者。这些知识分子和社会精英之间的密切关系启蒙伯明翰领先的思想家和其主要制造商，使这座城市的纯科学与实际生产和技术得以关联。这创造了一个"科技创新的连锁反应"，在早期的科学革命和随后的工业革命之间形成了一个关键的联系。

伯明翰工业的爆炸式扩张比英格兰北部的纺织制造业城镇开始得更早，这受到了不同因素的推动。低收入的规模经济、非熟练（如棉纺或羊毛等）劳动力生产、机械化的生产使伯明翰的工业发展建立在高收入员工的适应性和创造力与一个强大的分工基础之上。各种各样的技术交易和多元化的产品使伯明翰居民注册的专利是英国其他城镇或城市的三倍之多。

为满足经济快速扩张而产生的资本需求，伯明翰也随之发展成为一个具有广泛国际联系的主要金融中心。劳埃德银行

（Lloyds Bank）于1765年在该城市成立，凯特利建房互助协会（Ketley's Building Society）于1775年成立，这是世界上第一个建房互助协会。到1800年，西米德兰兹郡的人均银行办公室数量超过了包括伦敦在内的英国其他任何地区。

18世纪的伯明翰的创新形式通常是对现有的产品或工艺进行一系列小规模的改进。1709年，在伯明翰受过训练的亚伯拉罕·达比（Abraham Dardy）搬到了什罗普郡的科尔布鲁克代尔，建造了第一座高炉，成功地用焦炭熔炼铁矿石，改变了生产铸铁的质量、体积和规模。1732年，路易斯·保罗（Luyisi Polo）和约翰·怀亚特（John Wyatt）发明了滚轴纺纱，这是机械化棉花工业发展中"最重要的新思想"。1741年，他们在伯明翰开办了世界上第一家棉纺厂。1746年，约翰·罗巴克（John Roebuck）发明了铅室法，使硫酸的大规模生产成为可能。1780年，詹姆斯·基尔（James Keir）发明了大批量生产碱的方法，这些发明共同标志着现代化学工业的诞生。1765年，马修·博尔顿（Matthew Boulton）在苏荷区开办了工厂，开创了将以前独立的生产活动通过一种被称为"合理生产"的体系结合在一起并实现机械化生产方式，成为体系化工业生产的先驱者，马修·博尔顿的工厂作为欧洲最大的制造工厂，象征着工厂体系的出现。

然而，伯明翰历史上乃至人类文明史上最重要的发明，还是詹姆斯·瓦特和马修·博尔顿在1776年发明的工业蒸汽机。伯明翰市区的科技馆至今还保留着这些蒸汽机的模型，人类社会的生产能力第一次从有限的人力、水和动物力量中解放出来，可以说这是整个工业革命的关键时刻，也是下一个世纪世界范围内生产力提高的关键因素。

英国的改革归功于伯明翰，随着伯明翰工业的发展和工人阶层的人口基数扩大，这里颁布了诸多保护工人权益的法案，这些法案让工人阶级从革命中得到了救赎。伯明翰"动摇了特权基础的结构"，这一名声使政治家约翰·布赖特将伯明翰作为他成功推动 1867 年第二次改革法案的平台，该法案将投票权扩展到了城市工人阶级，这是民权运动与民主进程历史上的一次巨大进步。

伯明翰拥有世界上最早的两条长途铁路线——1837 年 82 英里长的大枢纽铁路和 1838 年 112 英里长的伦敦—伯明翰铁路。同时因为工业的发展，沟通交流的加速使邮政的需求有了巨大的改变，在这种历史条件下，伯明翰的一位教师罗兰·希尔发明了邮票，并于 1839 年创建了第一个现代的通用邮政系统。

英国有着错综复杂的运河体系。到 19 世纪 20 年代，一个广泛的运河系统已经在伯明翰建成，为工业提供了更多的自然资源和燃料。伯明翰位于英国运河体系的中心，水系发达，拥有超过威尼斯的运河总里程，运河和伯明翰这座城市相辅相成，工业的发达也源源不断地为运河运输提供客户，保障了运输行业的工作机会和利润，同时运河的水运为工业品的外运降低了运输成本，因此运河也为这座工业城市的繁荣做出了突出贡献，从另一个层面上成就了当地的工业。自工业革命以来，伯明翰仍然保留着这一庞大的运河系统。这个城市的运河总里程比威尼斯长，尽管伯明翰的运河不那么突出和重要，但因为城市的规模更大，如今运河主要用于休闲目的，而像伯明翰的"运河再生计划"已经将运河变成了一处旅游景点。20 世纪 70 年代以后，政府意识到工业繁荣的同时也导致了城市的污染和城市格局的不合理，无法在新的历史时期提升整个城市吸引力，于是伯明翰市政厅开始推动城市从工业中心向文化中心转变。经过几十年的努力，伯明翰建立起了世界知名的芭蕾舞团、交响乐团，享誉海内外，成为名副其实的文化名城。交通的便捷，工业的繁荣，使伯明翰在维多利亚时代人口迅速增长到 50 多万人，成为英国第二大人口中心。1889 年伯明翰被维多利亚女王授予城市地位。

1940 年，纳粹德国在"闪电战"中摧毁了伯明翰市中心牛环附近的商业区，伯明翰在这次"闪电战"中遭受了严重的炸弹破坏。这座城市也是两项科学发现的所在地，这两项科学发现对战争的结果至关重要。奥托·弗里施（Otto Frisch）和鲁道夫·佩尔斯（Rudolf Peierls）在 1940 年的《弗里施—佩尔斯备忘录》中首次描述了如何制造出实用的核武器。同一年，约翰·兰德尔（John Randall）和亨利·布特（Henry Boot）发明了空腔磁控管，它是雷达的关键部件，后来又成为微波炉的关键部件。

伯明翰在 20 世纪五六十年代进行了大规模的重建，包括建造大型塔楼，如城堡谷，也对牛环和火车站台进行了改造。新街火车站（New Street Railway Station）在第二次世界大战之后的几十年里，为伯明翰的交通立下了汗马功劳。1951 年，伯明翰人口达到 111.3 万人的峰值。

20 世纪 50 年代，伯明翰是英国最繁荣的城市之一，当时伯明翰的平均家庭收入甚至超过伦敦和东南部的一些城市，但其经济多样化和再生能力下降，因为中央政府试图限制城市人口增长和分散行业。这些措施阻碍了伯明翰商业的自我更新，"让老弱者头重脚轻"，城市变得越来越依赖汽车工业。20 世纪 80 年代初的经济衰退见证了伯明翰的经济崩溃，失业率达到前所未有的水平，市中心地区爆发了社会动荡。

最近，随着牛环购物中心的重新开发、伯明翰新图书馆（欧洲最大的公共图书馆）的建设以及邮政大厦（The Mailbox）和国际会议中心等老工业区的重建，伯明翰的许多地方都发生了变化。旧的街道、建筑物和运河已被修复，行人通道已被拆除，内环线已被合理化。1998 年，伯明翰主办了第 24 届八国集团首脑会议。2022 年这座城市将主办英联邦运动会。

邮政大厦[①]

伯明翰市议会是欧洲最大的地方政府，截至 2018 年，该机构拥有代表 77 个选区的 101 名议员。它的总部设在维多利亚广场的市政厅。截至 2018 年，该委员会由工党占多数，由伊恩·沃德（Ian Ward）领导。在 2012 年 5 月的选举中，工党获得了之前没有全面控制权的地位。截至 2020 年，伯明翰的 10 个议会选区由 2 名保守党议员和 8 名工党议员代表下议院。在欧洲议会中，该城市是西米德兰兹欧洲议会选区的一部分，该选区选举欧洲议会的 7 名成员。

伯明翰市形成了一个城市圈，东南部是索利赫尔区，西北部是伍尔弗汉普顿市和黑乡的工业城镇，形成了西米德兰兹郡 59972 公顷（相当于 600 平方千米、232 平方英里）的建筑面积。它的周围是伯明翰的都会区，这一地区通过便利的交通在经济上紧密地联系在一起。

[①] 若无注明，本书图片均为笔者拍摄或提供。

从地质学上讲，伯明翰主要处于伯明翰断层，它从西南部的利基山斜穿城市，穿过埃吉巴斯顿和牛环，到东北部的埃丁顿和萨顿·科尔德菲尔德（Sutton Coldfield）。在断层的南部和东部，地面主要是较为松软的麦西亚（Mercia）泥岩，其间点缀着卵石床，在断层的北部和西部，比周围地区高出150～600英尺（46～183米），在市中心的大部分地区之下，是一条由较硬的基普砂岩构成的长长的山脊。伯明翰地下的基岩大部分是在二叠纪和三叠纪时期形成的。

极端天气在伯明翰很少见，但这座城市也经历过龙卷风。1981年11月23日，在一场创纪录的全国性龙卷风暴发期间，两场龙卷风在伯明翰城范围内厄丁顿和塞利奥克着陆，六场龙卷风在更广阔的西米德兰兹郡范围内着陆。2005年7月，一场毁灭性的龙卷风发生在该市南部，毁坏了该地区的房屋和企业。

伯明翰共有571个公园，比欧洲其他任何城市都多，是总面积超过3500公顷（14平方英里）的公共开放空间。这座城市有600多万棵树和250英里（即400千米）长的市区小溪和河流。萨顿公园位于城市北部，占地2400英亩（即971公顷），是欧洲最大的城市公园和国家自然保护区。行政区内的几个绿地被指定为绿化带，作为更广阔的西米德兰兹郡绿化带的一部分，这是一个战略性的地方政府政策，用来防止城市扩张和保护绿地，包括前面提到的萨顿公园，沿着萨顿·科尔德菲尔德、沃尔姆利和明沃思郊区的市镇边界的土地以及伯明翰，有许多地区的野生动物都被纳入保护范围之内。

基督教在英国历史上占主要地位。近年来，教会的存在更多是社区活动的选择之一。英国文化尊重各种宗教，为需要宗教仪式的人士提供场所。基督教是伯明翰最大的宗教，在2011年的人口普查中，46.1%的居民认为自己是基督徒。不过，这座城市的宗教高度多样化：除了伦敦，伯明翰还有英国最大的伊斯兰教徒、锡克教徒和佛教徒社区，第二大印度教社区和第七大犹太社区。在 2001 年至 2011 年的人口普查中，伯明翰的基督徒比例从 59.1% 下降到 46.1%，伊斯兰教徒比例从 14.3% 上升到 21.8%，无宗教信仰的人口比例从 12.4% 上升到 19.3%，所有其他宗教在教徒比例上保持持平。

1905 年，英国圣公会伯明翰教区成立时，圣菲利普大教堂地位升级。另外，还有两座大教堂——圣查德大教堂，即伯明翰罗马天主教大主教管区的所在地，以及希腊东正教圣母和圣安德鲁长眠大教堂。米德兰兹的科普特东正教教区也以伯明翰为基地，该区目前有一座大教堂正在建设中。伯明翰现存最古老的犹太教堂是 1825 年希腊复兴的塞文街犹太教堂，现在是共济会的会馆。伯明翰中央清真寺是欧洲最大的清真寺之一，建于 20 世纪 60 年代。20 世纪 90 年代建于艾吉巴斯顿水库附近的佛教和平塔是其中一座比较著名的宗教建筑，获胜者教堂也在迪格贝斯保留了实体存在。

多年来，伯明翰一直是世界枪支制造业的中心，伯明翰有记载的第一位制枪者是在 1630 年，当地制造的滑膛枪被用于英国内战。

英国 25% 以上的出口产品是在伯明翰区域制造的，目前经济正向第三产业转移，金融业和旅游业发展也相当迅速。每两年在伯明翰的国家展览中心举办汽车展，自 2003 年开始把举办汽车展的时间从 10 月改为每年 5 月。"工业革命之父"詹姆斯·瓦特（James Watt, 1736—1819）在伯明翰发明双向气缸蒸汽机，工业革命使伯明翰变得非常繁荣，各种工业都发展得非常快，伯明翰是当时铁路机车、蒸汽机和船舶的制造中心，同时也是工业和金融中心，伯明翰造币厂是当时世界上最早的独立造币厂。直到 2003 年，英国的硬币还在伯明翰制造。汇丰银行的前身"米兰德银行"于 1836 年在伯明翰成立。

伯明翰作为英国工业革命的中心之一，其城市建筑的设计缺乏美感，城市设计过于工业化，同时工业化对城市的污染造成老建筑色彩灰暗，故而因为整个城市缺乏美感而长期以来背负着"时尚荒漠"的骂名，甚至一度被形容成"煤尘之城"。

然而，伯明翰在不遗余力地进行城市转型，实现从工业城市向文化旅游城市的转变，在过去的半个多世纪中，这里正发生着潜移默化的变化：市中心当年泥泞灰暗的牛环购物中心（The Bullring），现在已成为举世闻名的伯明翰城市地标，成为购物天堂；因为工业的转型以及铁路的便捷而被废弃的城市运河如今也成了休闲旅游的场所，市中心的运河码头餐馆、酒吧林立，而运河也开发成了旅游新项目，每天游人不断，一趟趟运河观光船让人们重温这条水路曾经的繁华，一座座几乎被历史遗忘的建筑被赋予了新的生命。今天，即使只是路过，你也可以清晰地感受到这种"旧貌换新颜"的蜕变。

伯明翰是一个世界各地文化交会、碰撞的城市，居民中少数族裔的人口比例超过了25%。据英国《每日镜报》（The Daily Mirror）预测，在未来不久，伯明翰的有色人种人口数量将会超过白人，在他们的影响下，伯明翰人非常喜欢尝试包括饮食、文化、娱乐甚至语言在内的新鲜事物。在这里，你会发现多数当地人很乐于和你沟通并试图了解你的生活、你的背景、你的文化。如果你怀着开放的心态和当地人交流，很有可能会收获特别的经历。尽管伯明翰早已不再是一座工业城市，但你仍然能感受到工业革命对当地人生活习惯的影响——以英国的标准来看，伯明翰人算是非常勤奋和忙碌的，尤其是在市中心繁忙的商业区和购物区，你会见到在英国非常罕见的高效率和快节奏。

伯明翰砾石山是 M6 高速公路和阿斯顿高速公路的交会处，因为伯明翰处在英国的中心位置，所以是高速公路、铁路和运河网上的主要交通枢纽。这座城市有 M5、M6、M40 和 M42 高速公路，是英国最著名的高速公路交会处："意面交叉路口"是砾石山交会处的昵称。由此可见伯明翰的高速路网有多么密集，M6 通过城市的布罗姆福德高架桥，长 3.5 英里（即 5.6 千米），是英国最长的桥。伯明翰会从 2020 年起建立一个清洁空气区，向进入市中心的污染车辆收取费用。

伯明翰机场，位于邻近的索利赫尔自治市市中心以东 7 千米处，是英国第七繁忙的客运机场，也是伦敦地区以外第三繁忙的机场，仅次于曼彻斯特和爱丁堡。它是欧洲最大的地区性航空公司 Flybe 的最大基地，也是瑞安航空和 TUI 航空公司的主要基地。航空公司提供从伯明翰到欧洲、美洲、非洲、中东地区、亚洲和大洋洲许多目的地的航班服务。

在距伯明翰市区两小时车程范围内共有四个机场，其中大型机场是伯明翰机场和曼彻斯特机场，另外两个机场是东米德兰斯机场和卢顿机场，几个机场均有廉价航空公司班机停靠，均有租车柜台和付费停车场。

伯明翰机场

伯明翰目前没有地铁系统，它是欧洲没有地铁设施的最大城市。近年来，关于地下交通系统的想法已经开始酝酿，但迄今为止还没有一个明确的规划，这主要是由于西米德兰兹郡地铁网的持续扩张被视为一个更优先的事项。

伯明翰机场和伯明翰机场火车站直接相邻，可以从机场先根据指示牌乘坐两分钟的免费无轨穿梭车（Skyrail Service）到达火车站，在这里乘火车到达市中心的新街火车站（New Street Station）全程约 15 分钟，票价 2.9～3.6 英镑不等（该线路有多个铁路公司运营，票价略有区别），在工作日高峰期约 10 分钟一班，晚间或周末班次会减少。

在航站楼出口不远处有黑色出租车等待，根据指示牌可以轻松找到，乘车前往市区约需 30～35 英镑（取决于道路拥堵情况）。

伯明翰新街火车站是英国除伦敦外最繁忙的火车站，无论是旅客进出站还是旅客换乘站。它是英国最广泛的长途铁路网，也是伦敦尤斯顿车站、格拉斯哥中心车站和爱丁堡韦弗利车站所发火车的主要目的地。从伦敦马里波恩开来的奇尔顿铁路特快列车的北总站就是伯明翰摩尔街车站和伯明翰雪山车站。伯明翰所有车站所在的地方和区域服务都由西米德兰兹郡的火车站负责。寇松街火车站（Curzon Street Railway Station）是连接伦敦高铁的第一期的北部终点站，预计将于 2026 年开放。

新街火车站

伯明翰位于伦敦西北 190 千米，乘火车到伦敦需 1 小时 20 分钟。英国政府于 2012 年批准了英国高速铁路 2 号，即 HS2 工程，新建伦敦—伯明翰高速铁路、伯明翰—利兹高速铁路、伯明翰—曼彻斯特高速铁路。但是由于经费原因和英国工程进度历来缓慢的原因，这些高速铁路至今没有完工。但这并不影响伯明翰成为英国交通枢纽城市。

伯明翰拥有新街火车站、雪山火车站（Snow Hill Station）和摩尔街火车站（Moor Street Station）三个大型火车站和大量的小型火车站，乘坐火车去往其他城市或者在伯明翰各个地区穿梭非常方便。火车不仅将伯明翰与英国各城市相连，同时也是当地人日常生活中的重要交通工具。从新街火车站可乘坐火车前往伯明翰周边及市内的各个火车站，乘坐时需注意同一个站台在不同时间运营的线路可能不同，上车前一定要通过站台上的电子显示屏确认（一般会显示未来三班停在该站台的车），如果仍然不是十分确定，可以向站台协理员或是周围的乘客确认一下。连接伯明翰各个地区的火车因为火车票价低廉，火车到站准时，受到人们的青睐，成为许多人上下班通勤的首选，这些能够到达伯明翰各个地区的火车相当于中国的地铁或者城际列车，十分便捷，购票方便。有的火车站没有验票系统，乘车十分方便，因此很受当地人的欢迎。各种火车票都可通过站内窗口、自动售票机或是英国铁路官网或诸如 trainline 的第三方软件等网站进行购买。

伯明翰的主火车站是新街火车站，有往返于布里斯托、卡迪夫、爱丁堡、格拉斯哥、伦敦、曼彻斯特、牛津、谢菲尔德等城市的火车。可以说火车网四通八达，十分便捷。摩尔街火车站步行至新街火车站仅需 5 分钟，而由雪山火车站至其他两座火车站步行也只需 10 分钟，火车转乘十分方便。同时各个火车站也有不同价位的火车可以选择，英国的火车票收费规则令人眼花缭乱，有针对年轻人、老人、带孩子的人和家庭的各种优惠政策，而且优惠力度非常大，但是要想享受这些优惠，需要认真研读火车购票优惠条款。

英国的火车经常会因为故障、时间或者乘客过少而临时取消，为了更便捷地乘坐火车，出发前还可下载 National Rail 或是 The Trainline 等手机 App，通过查询即时车次，反映火车晚点或是取消等各类意外情况。火车票价一般由距离而定，根据始发地和终点计算单程或是往返价格。

长途巴士是较为经济的城际交通方式，提前预订甚至可以买到 1 英镑的单程车票，如果在网上购票，非高峰时期从伯明翰至伦敦的单程车票有时只需 5 英镑。运营伯明翰至其他地区线路的巴士公司主要有 National Express 和廉价巴士 Megabus。Birmingham Coach Station 位于市中心，有发往国际及英国各地的长途巴士。National Express 是英国最大的巴士公司，将伯明翰与欧洲城市及英国本土城市连接起来。乘客可以方便地从伦敦、希斯罗、卢顿、盖特威克等机场来往伯明翰。但是这些长途巴士有严格的行李额度，超过额度则需要另外付费。

乘坐 National Express 是从伯明翰到达伦敦希思罗机场（London Heathrow Airport，LHR）或者伦敦盖特威克机场（London Gatwick Airport，LGW）最方便的交通方式，可以直达机场大巴总站，避免了手提行李上下火车并转乘地铁的麻烦。从伯明翰到达伦敦维多利亚汽车站（Victoria Coach Station）约 3 小时，至希思罗机场约 2 小时 40 分钟。

伯明翰的全国快运巴士总部位于迪格贝斯，形成了公司长途汽车网的全国枢纽。伯明翰当地的公共交通网由西米德兰兹郡的交通协调。该网包括：伦敦以外英国最繁忙的城市轨道系统，每年有 1.22 亿名乘客进出，伦敦以外英国最繁忙的城市公交系统，每年有 300 多万名乘客进出。还有西米德兰兹郡的轻轨，这是一个轻轨系统，运行于伯明翰市中心的图书馆和伍尔弗汉普顿之间，途经比尔斯顿和西布罗姆维奇。公交线路主要由国家快运西米德兰兹郡运营，该公司占据了伯明翰所有公交线路的80%以上，尽管伯明翰还有其他大约50家规模较小的注册公交公司。11号外环公交线路是欧洲最长的城市公交线路，它环绕市郊，以顺时针和逆时针两种方向运行，全长超过26英里（即42千米），设有272个巴士站。

　　伯明翰公交车线路众多，站点设置密集，但市中心比较拥堵，公交车运营时刻不太准确，价格也未必比乘坐火车更便宜。当想要乘坐的公交车即将到站时，乘客需挥手示意司机停车，下车前也需提前按座位旁的按钮通知司机到站停车。不太熟悉站点的乘客非常容易下错车站。

　　另外，伯明翰的公交分白天运营的巴士和夜间巴士（考虑到治安情况，不建议乘坐夜间巴士）。市中心的主要巴士站分别位于新街火车站前、摩尔街火车站对面（塞尔福里奇百货前）和伯明翰大教堂外（雪山火车站斜对面）。

　　伯明翰的公共交通系统主要由Network West Midlands公司运营，也有其他小公司运营其他线路，日票在不同公司之间不能通用。公交车的单程票价为2英镑，若多次乘坐，可用3.9英镑购买一张日票，在当天可无限次乘坐公交车。也可以根据人数购买更便宜的团体票（group ticket），乘车时在司机处购票，但是因为不找零，所以乘坐公交车时需准备好零钱。还有很多伯明翰至附近城镇的线路，可登录Network West Midlands公司的网站查询线路及运营时间表。

　　在伯明翰和整个英国的街道上一般很难遇到招手就可上车的出租车，只有在人群密集的火车站或是购物中心门口才有排队等候的黑色出租车。因此提前找好当地出租车公司的电话非常必要，当需要出租车时，可以打电话给出租车公司，说明地点和人数，出租车公司会派出租车接送。另外，也有以普通轿车运营的一些出租车公司，24小时都可接受预订。但是目前最为便捷的出租车是优步（Uber），只需要会使用优步App就可以方便出行。伯明翰的优步出租车司机大多数都是南亚和中东地区的移民。

如果入住酒店，可向酒店前台预订出租车。通常黑色出租车费用较高，起步价之后以英里数和等候时间计价。其他公司的价格相对低一点，以约定俗成的大致英里数计费，比如伯明翰市中心至机场价格约为25～30英镑，伯明翰市中心至吉百利巧克力世界约为10～12英镑。

TOA Taxis是伯明翰黑色出租车运营公司，一般在伯明翰国际机场、新街火车站、长途汽车站外均有出租车等候。即使在市中心街边出租车有时并不是招手即停，需拨打电话预约。在酒店、餐厅等一般都提供叫车服务。

第二章 璀若星河： 伯明翰名人录

伯明翰人口基数庞大，工业水平先进，科教文卫水平较高，因此在该城市悠久的历史长河中，涌现出了许多名人，为英国乃至世界文明做出了突出贡献。这些历史名人在政治、艺术、文学、体育、商务等各个领域做出了非凡的贡献，也为伯明翰这座历史名城增添了光彩。

★ 内维尔·张伯伦（Neville Chamberlain）

内维尔·张伯伦曾任英国首相，任期从 1937 年到 1940 年，张伯伦因为在第二次世界大战中对德国纳粹采取"绥靖政策"而饱受诟病。

内维尔·张伯伦（1869—1940）出生在一个政治世家，父亲是约瑟夫·张伯伦，母亲是弗洛伦斯·肯瑞克。在他父亲的第一次婚姻中，他有一个同父异母的哥哥奥斯汀·张伯伦。内维尔·张伯伦的大部分早期教育是在拉格比学校获得的。完成了初期的学习后，他搬到了梅森学院（伯明翰大学的前身）。然而，他对学术兴趣的缺乏很快令他放弃了学业并在一家会计师事务所当了学徒。对出身政治世家的内维尔·张伯伦来说，进入政界是必然的。然而，与他的父亲和同父异母的哥哥不同，内维尔·张伯伦年轻时并没有对政治表现出浓厚的兴趣，因此直到49岁时，他才以国会议员的身份踏入政坛，成为最年长的议会新手。有趣的是，在内维尔·张伯伦早期的职业生涯中，直到1922年，他都选择坐在议会的后座，拒绝初级部长职位的邀请。不过家庭的熏陶让他在政治上颇为敏锐，同时命运也向他抛出了橄榄枝。在内维尔·张伯伦后期的政治生涯中，他一路升迁，颇为顺利，先是被提升为卫生部长，后来又被提升为财政大臣。1937年，他顺理成章成为英国首相。尽管他推出了一系列成功的国内政策，但在他的首相任期中最令人难忘的是他的"绥靖"外交政策，包括在1938年签署了《慕尼黑协定》（*Munich Agreement*），并将讲德语的捷克斯洛伐克苏台德地区（Sudetenland）割让给德国。这无疑是内维尔·张伯伦政治生涯中无法抹去的政治污点。由于"绥靖政策"很快被证明是一个失败的政策，内维尔·张伯伦作为首相的支持率断崖式下跌，他无奈地失去了首相宝座。内维尔·张伯伦的继任者温斯顿·丘吉尔是他最重要的批评者。丘吉尔是内维尔·张伯伦战时内阁的第一大臣，他与内维尔·张伯伦的政治主张截然相反，在登上首相之位后，丘吉尔很快全面废止了内维尔·张伯伦的"绥靖政策"，以更加积极主动的姿态对抗希特勒，这些行动成就了他的政治声誉，也使丘吉尔得以青史留名。

内维尔·张伯伦虽然出身政治世家，但最初并未进入政界，而是从事商业，他通过收购霍斯金斯公司开始了他在主流商业领域的职业生涯，霍斯金斯公司是一家金属船台的制造商，他担任这家公司的总经理达17年之久。1906年，他被任命为伯明翰总医院的院长，并随即成为英国医学会全国联合医院委员会的创始成员。内维尔·张伯伦第一次从政是作为他父亲的自由统一党的狂热支持者，他的第一个公职是担任伯明翰城市规划委员会主席。根据他的提议，英国采纳了他的第一个城市规划方案，然而由于第一次世界大战爆发，该计划基本上只停留在了纸面上。

1915 年，在战争的艰难时期，他担任了伯明翰市市长。同年，他被委任为酒类流通中央管制委员会委员。1916 年，他担任国家服务主任。然而，由于缺乏权力和支持，他的许多政策无法实施，其政治抱负也无法施展，他于次年辞职。在获得足够的公职经验后，他决定作为统一党候选人竞选下议院议员。第一次世界大战结束后，他以 70% 的选票当选为工会委员。从 1919 年到 1921 年，他担任全国不健康经济地区委员会主席。所谓"不健康"，是指这些地区经济落后，生活水平低下，亟待改善。内维尔·张伯伦在担任此职期间参观了英国的贫民窟。在 1922 年的英国大选中，英国的联合主义者离开了与自由主义者的联盟，以博纳尔·劳为领袖的自由统一党不得不单打独斗。在博纳尔·劳的领导下，自由统一党面临党内高层成员的反对，这给了内维尔·张伯伦升迁的机会，不到十个月的时间，他就被提升为财政大臣，可谓进步神速。

在 1923 年的英国大选中，保守党输给了工党，作为保守党党员的内维尔·张伯伦失去了财政大臣的职位。事实上，他几乎没能保住自己在议会的席位。但几个月后，工党政府认为有必要再举行一次选举，内维尔·张伯伦把他的议会席位从拉迪伍德转到伯明翰的埃吉巴斯顿地区。当自由统一党在该地区取得胜利之后，他成为了卫生部长。1929 年，他向内阁提交了 25 项法案，其中 21 项通过并成为法律。他短暂地离开了卫生部长的职位，但在工党政府倒台后又重新开始了他的工作。在 1931 年的首相大选中，麦克唐纳领导的工党取得了压倒性的胜利，内维尔·张伯伦再次被任命为财政大臣。在他作为内阁大臣的第二个任期内，他的政策提升了其作为高效行政官员的声誉。他于 1932 年 4 月提交了自己的第一项预算，这项预算不仅降低了英国战争债务的利率，还成功地在1934年取得了预算盈余，从而恢复了对失业补偿和公务员工资的削减。

1937年，他接替斯坦利·鲍德温，成为英国首相。在宣誓就任首相后，他立即通过了同年的《工厂法案》，该法案强调改善工作条件，限制妇女和儿童的工作时间。他在国内的其他政策包括对煤矿的国有化、清理贫民窟、控制租金和雇主给工人一周的带薪假期。在他执政期间，英国与爱尔兰的紧张关系得到了合理的解决，这曾是他的前任们担忧但一直无法解决的问题。尽管内维尔·张伯伦是强硬的谈判者，但是爱尔兰最终还是同意了英国政府的条件。不久之后，由于第一次世界大战的影响，英国不得不在三个通商口岸的通行问题上对爱尔兰做出让步。经历过第一次世界大战之后，第二次世界大战的阴云弥漫整个欧洲，内维尔·张伯伦决定要想尽一切办法避免爆发第二次世界大战。他试图说服意大利摆脱德国的影响，甚至承认意大利在埃塞俄比亚的霸权。此外，他使英国远离西班牙内战。正是由于要不惜一切代价避免战争，导致内维尔·张伯伦对第二次世界大战判断失误，他跌入了"绥靖政策"的泥淖，这些举动遭到了当时的外交大臣艾登的谴责。

内维尔·张伯伦认为安抚希特勒是避免爆发第二次世界大战及其后果的唯一途径。正是出于这样的原因，内维尔·张伯伦领导的英国政府签署了《慕尼黑协定》，根据该协定，英国和法国同意将捷克斯洛伐克苏台德地区割让给德国。在希特勒吞并了捷克的波西米亚和摩拉维亚以及后来的布拉格、斯洛伐克和波兰之后，内维尔·张伯伦意识到战争不可避免，于是加快了英国的重整军备计划，并拒绝任何形式的进一步"绥靖"，但是为时已晚。随着波兰受到攻击，内维尔·张伯伦于1939年9月3日向德国宣战。他组建了一个战时内阁，邀请了工党和自由统一党的成员，甚至任命他最重要的批评者温斯顿·丘吉尔为海军大臣。然而，英国宣布的战争是一场假的战争，英国政府并没有积极参战，而是以零星的军事行动对抗来势汹汹的纳粹军队。

1940年4月英国远征挪威失败后，内维尔·张伯伦与工党关系恶化，失去了许多下议院保守党议员的支持。结果，他在1940年5月10日，也就是德国以"闪电战"侵入荷兰、比利时的那一天辞职了。

温斯顿·丘吉尔在内维尔·张伯伦辞职后成为英国新首相。在丘吉尔联合政府时期，内维尔·张伯伦忠诚地担任议会主席，此外，他还一直担任着保守党的领袖。内维尔·张伯伦于1940年9月30日辞去了这两个职位并于同年患癌症去世，死后葬入威斯敏斯特教堂。拨开历史的迷雾，内维尔·张伯伦是一位颇具才华和气度的政治家，只是在历史的十字路口做出了错误的抉择，好在他及时调整了自己的政治主张，并摒弃前嫌，任人唯贤，及时让位，使英国避免了更大的损失。

★ 奥斯汀·张伯伦（Austen Chamberlain）

奥斯汀·张伯伦是19世纪末20世纪初的英国政治家。他曾因在防止法德战争的《洛迦诺公约》谈判中发挥的作用而被授予"诺贝尔和平奖"。奥斯汀·张伯伦于1863年10月16日出生于伯明翰。他的父亲约瑟夫·张伯伦是一位冉冉升起的实业家，后来成为著名的政治家。他的同父异母的弟弟是前任英国首相内维尔·张伯伦。奥斯汀·张伯伦就读于拉格比公学，这是英国最古老、最昂贵的公学之一。后来，他考入了剑桥大学三一学院。在那里，他加入了政治团体，并在那里发表了他的第一次政治演说。此外，他还是剑桥联合会的会员，后来成为了联合会的副主席。从一开始，约瑟夫就希望长子从政。因此，从剑桥大学毕业后，奥斯汀·张伯伦先后被派往法国和德国，以便他能够直接了解它们的政治文化。

在巴黎，奥斯汀·张伯伦进入了政治科学学院，并在那里学习了9个月。后来，他在柏林大学待了12个月，于1887年回到伯明翰。回国后，他与父亲密切合作，并很快积累了足够的经验，在29岁时进入下议院。进入下议院后，奥斯汀·张伯伦被任命为初级督导，他的职责是确保他父亲的思想反映在所有政策事务中。

1895年，保守党和自由统一党联合赢得了大选，奥斯汀·张伯伦被任命为海军部的文官大臣。那时他32岁，在该职位上工作了五年。1900年，奥斯汀·张伯伦被任命为财政部财政司司长，这是财政部第四重要的部长职位。1902年，他得到了他的第一个内阁职位，成为了邮政大臣。

1903年，奥斯汀·张伯伦被任命为财政大臣。到那时，约瑟夫·张伯伦与首相阿瑟·鲍尔弗在关税改革问题上的摩擦已经浮出水面。到1903年底，两人的矛盾达到了顶点。约瑟夫·张伯伦决定辞去内阁职务，以便能够推动关税改革，父亲的辞职大大削弱了奥斯汀·张伯伦的地位。然而，他继续担任财政大臣，直到1906年政府倒闭。保守派和自由派联合党的联盟在1906年阿瑟·鲍尔弗的领导下参加了大选，失去了一半以上的席位。奥斯汀·张伯伦是少数几个能够保住自己席位的议员之一。

老张伯伦因为身体不佳而被迫退休。奥斯汀·张伯伦取代了他的位置，开始在党内领导关税改革运动。保守派和自由派联合党的联盟在1910年阿瑟·鲍尔弗领导下的大选中再次交锋，但最终落败。奥斯汀·张伯伦被迫担任在野党直到1915年。1917年，奥斯汀·张伯伦辞去了他的职务，承担了印度军队在美索不达米亚战役中失败的责任。1918年4月晚些时候，他回到了政府，并被任命为战时内阁的无公职大臣。1918 年 1 月，奥斯汀·张伯伦再次被任命为财政大臣。他很快就赢得了声誉，其出色工作使英国政府偿还了国家在战争期间欠下的巨额债务，而且还能保持货币稳定，增强国家信用。

到 1921 年初，奥斯汀·张伯伦成为保守党的领袖。保守党是由以前的联合政府合并而成的；同时，他还被选为下议院领袖，此外，他还被任命为枢密院封印大臣。

然而，他违背了脱离战时联合政府的普遍要求，影响力降低，当国会通过决议，该党将单独参加即将到来的选举时，奥斯汀·张伯伦辞去了该党领袖的职务。

1924 年，他以外交事务国务秘书的身份回到政府，一直任职到 1929 年。在这个职位上，他解决了许多国际危机。1925 年，在国际联盟理事会的一次演讲中，他拒绝了《日内瓦议定书》，因为它赋予了该理事会随意处置的权力。相反，他建议应作出特别安排以满足特殊需要来补充盟约。1925 年 12 月 1 日，英国、法国、德国、意大利和比利时在伦敦正式签署了《洛迦诺公约》。该公约为战后欧洲的和平做出了贡献，奥斯汀·张伯伦也因其在该公约签署中发挥的作用而受到赞扬。奥斯汀·张伯伦在与埃及的交往中并不那么成功。1927 年，他起草了一份草案，这份草案本可以为英埃关系提供永久性的解决方案，但他在并没有看到该条约生效时就退出了该项工作。在首相斯坦利·鲍德温于 1929 年辞职后，奥斯汀·张伯伦也宣布退休。然而，他仍然出席下议院，并就不同的问题发表权威言论。

1931 年，奥斯汀·张伯伦以第一国民政府海军大臣的身份短暂回归政府。同年 9 月因弗戈登兵变时，他辞职了。奥斯汀·张伯伦因在 1925 年制定《洛迦诺公约》中所扮演的角色被授予"诺贝尔和平奖"。

★ 弗朗西斯·高尔顿爵士(Sir Francis Galton)

弗朗西斯·高尔顿爵士于 1822 年 2 月出生于伯明翰,1911 年 1 月 17 日逝世（享年 88 岁）,博学多才,他是英国维多利亚时代的统计学家、社会学家、心理学家、人类学家、优生学家、热带探险家、地理学家、发明家、气象学家、原始遗传学家和心理测量学家。他于 1909 年被英国王室封为爵士。

高尔顿出生在一个叫作"落叶松林"的地方,这是英格兰伯明翰斯巴克布鲁克地区（Sparkbrook）的一所大房子,建在"费尔山"的原址上,是约瑟夫·普利斯特利的故居,植物学家威廉·威瑟林将其重新命名。高尔顿是英国博物学家、进化论的奠基人查尔斯·达尔文的远房表亲,和其祖父伊拉斯谟·达尔文有共同的祖先。高尔顿家族是贵格会的枪支制造商和银行家,而达尔文家族则从事医学和科学。这两个家族都有皇家学会的成员和业余爱好发明创造的成员,同时这两个家族都以文学才华著称。高尔顿的姑姑玛丽·安妮·高尔顿（Mary Anne Galton）写过美学和宗教方面的文章,她的自传详细描述了她童年生活的环境。高尔顿是个神童,他在两岁时就开始读书;五岁时,学会了一些希腊语、拉丁语;六岁时,他开始阅读成人书籍,其中包括《莎翁寻乐》（*The Shakespeare for Pleasure*）和《诗歌》（*The Poetry*）。高尔顿就读于伯明翰的爱德华国王学校,但他对学校狭隘的古典课程感到不满,16 岁就离开了学校。他的父母力劝其进入医学界,他在伯明翰总医院和伦敦国王学院医学院学习了两年。1840 年至 1844 年初,他在剑桥大学三一学院学习数学。

高尔顿一生发表和出版了 340 多篇论文和著作。他还创立了相关的统计概念,是第一个将统计学方法应用于研究人类差异和智力遗传的人，并引入了问卷和调查的方法来收集关于人类群落的数据，他需要这些数据来进行谱系学和传记著作以及人体测量学研究。他是优生学的先驱，在 1883 年创造了"优生学"这个术语，并创造了"先天对后天"这个短语，这一术语直到今天还在沿用。他的著作《世袭的天才》（*Hereditary Genius*）是研究天才的第一部社会科学著作。

作为人类心智的研究者，他创立了心理测量学（测量心智能力的科学）和差异心理学，以及人格的词汇假说。他发明了一种指纹分类的方法，这种方法在法医学上被证明是有用的。他还对祈祷的力量进行了研究，得出的结论是：祈祷没有力量，因为它对祈祷者的寿命没有影响。他对各种现象的科学原理的探索甚至扩展到泡茶的最佳方法，作为科学气象学的创始人，他设计了第一张天气图，提出了反气旋理论，并首次在欧洲范围建立了短期气候现象的完整记录。他还发明了"高尔顿哨子"来测试不同的听觉能力。

早年，高尔顿是个狂热的旅行者，在去剑桥大学之前，他曾独自一人游历过东欧，到达君士坦丁堡。在 1845 年和 1846 年，他去了埃及，沿着尼罗河到苏丹的喀土穆，然后从那里到贝鲁特、大马士革和约旦。1850 年，他加入了皇家地理学会。在接下来的两年里，他进行了一次漫长而艰难的远征，深入当时鲜为人知的西南非洲（现在的纳米比亚）。他把自己的经历写成了一本书，命名为《热带南非探险家的故事》（*Narrative of a Explorer in Tropical South Africa*）。1853 年，他被授予英国皇家地理学会创始人金质奖章和法国地理学会银质奖章，以表彰他对该地区的开拓性制图调查，这奠定了他作为地理学家和探险家的基础，他接着写了畅销书《旅行的艺术》（*The Art of Travel*），这是一本为维多利亚女王出行提供实用建议的手册，已经出了很多版本，目前仍在印刷中。

　　作为英国科学促进会（British Association for the Advancement of Science）的一员，高尔顿非常活跃，从 1858 年到 1899 年，他在该协会的会议上发表了许多关于各种各样主题的论文。他在 1863 年至 1867 年担任秘书长，1867 年和 1872 年担任地理组的主席，1877 年和 1885 年担任人类学组的主席。他在皇家地理学会的理事会里活跃了 40 多年，1888 年，高尔顿在南肯辛顿博物馆的科学馆里建立了一个实验室。在这个实验室里，可以通过测量参与者来了解他们的长处和短处。高尔顿在他自己的研究中也使用了这些数据，并通常会向人们收取一小笔服务费用。

　　1859 年，查尔斯·达尔文出版了《物种起源》，随即在英国乃至世界引起了巨大的轰动，这一事件改变了高尔顿的一生。他被这本书吸引住了，尤其是第一章"驯养下的变异"，是关于动物育种的。高尔顿把他余生的大部分时间都花在探索人类种群的变异及其影响上，而达尔文只是对此有所暗示。在此过程中，高尔顿建立了一个研究项目，涵盖了人类变异的多个方面，从心理特征到身高，从面部图像到指纹图案。这需要发明新的特征度量方法，设计使用这些度量方法并进行大规模数据收集，最终发现用于描述和理解数据的新的统计技术。

　　高尔顿起初对人的能力是否遗传的问题很感兴趣，他建议数一数不同等级的显赫人物的亲戚的数目并加以研究，来印证他的假设。如果这些品质是遗传的，他推断，亲戚中有名望的人应该比一般人多。为了验证这一点，他发明了历史计量学的方法。高尔顿从大量的传记资料中获得了大量的数据制成表格，并以不同的方式进行了比较。他在 1869 年出版的《世袭的天才》一书中详细描述了这一创举。在这里，他展示了很多前所未有的发现，从第一等级到第二等级的亲戚，从第二等级到第三等级的亲戚，杰出亲戚的数量减少了。他认为这是能力遗传的证据。

高尔顿在这部作品中认识到他的实验考证方法的局限性，他相信通过对双胞胎的比较可以更好地研究这个问题。他的考证方法就是设计一种测试，看看出生时相似的双胞胎在不同的环境中是否会分化，而出生时不同的双胞胎在相似的环境中是否会聚合。他再次使用问卷调查的方法来收集各种各样的数据，这些数据被制成表格，并在 1875 年的一篇论文《双胞胎的历史》中进行了描述。这样一来，就开创了行为遗传学这一高度依赖双胞胎研究的现代领域。他的结论是，这些证据更有利于人的天性，而不是后天培养。他还建议进行收养研究，包括跨种族收养研究，以区分遗传和环境的影响。

高尔顿认识到文化环境影响了一个文明的公民的能力和他们的生育成功。在《世袭的天才》一书中，他设想了一种有利于复原和持久文明的情况，具体如下：

就人类的进步而言，最好的文明形式应该是社会成本不高的文明；收入主要来自专业来源，而不是继承；在那里，每个孩子都有机会展示自己的能力，如果天赋极高，他（她）就能获得一流的教育，并通过早年获得的机会和奖学金开始职业生涯；而这些人的婚姻像古代犹太时代一样受到高度尊重；因此，这些人值得骄傲的种族特征得到保留，弱者可以在独身的修道院或姐妹会中找到受欢迎和庇护的地方，通过优胜劣汰，来自其他国家的优秀移民和难民会受到欢迎并在一个新的地区或者国家发展，而这些移民的后代也会归化为当地人。

1883 年，高尔顿发明了"优生学"一词，并将他的许多观察和结论写进了《人类能力及其发展探析》一书中。在这本书的前言中，他写道：这本书的意图是触及或多或少与种族培育相关的各种主题，或者，我们可以称为"优生"问题，并展示出自己的几项独立调查的结果。这就是所谓的"欧根尼"（Eugeneia），即"血统优良，遗传上具有高贵的品质"。这个概念和术语还有相关的词，都出自高尔顿的科学研究著作。他认为这一理论同样适用于人类、禽兽和植物。高尔顿认为，应该为家庭的优点制定一个"分数"方案，并通过提供金钱奖励来鼓励高级家庭之间的早婚。他指出了英国社会的一些倾向，如名人晚婚、子女稀少，他认为这些都是不正常的。他主张通过鼓励有能力的夫妇生儿育女来鼓励优生婚姻。1901 年 10 月 29 日，高尔顿在英国皇家人类学研究所作第二次赫胥黎讲座时，选择讨论优生问题，这种带有明显帝国主义思想的优生论是当时英国统御四海之后发展起来的普遍思潮，在当时受到了科学界和社会各个阶层的支持。高尔顿主张和支持的期刊《优生学评论》于 1909 年开始出版，协会名誉会长高尔顿为第一卷写了前言。第一届国际优生学大会于 1912 年 7 月在伦敦召开，温斯顿·丘吉尔和卡尔斯·埃利奥特也在与会者之列，虽然这一优生优育政策在今天看来非常具有种族主义或者血统论主义色彩，但是高尔顿的研究确实揭示了生物学上基因遗传的一些奥秘，在科学史上具有里程碑意义。

1875 年，高尔顿开始种植甜豌豆，并于 1877 年 2 月 9 日向皇家学会报告了他的发现。他发现，每一组子代种子都遵循一条正常的曲线，而且这些曲线分布均匀。每一组都不是以父母的体重为中心，而是以接近人口平均的体重为中心。高尔顿把这种现象称为"回归"，因为每一个子代群体的分布值都比亲代更接近群体平均水平。偏离总体均值的方向是相同的，但偏离的幅度只有总体均值的1/3。在此过程中，高尔顿证明了每个家庭之间存在着差异，然而这些家庭结合在一起产生了一个稳定的、正态分布的人口特征。1885 年，高尔顿在英国科学促进协会发表演讲时，谈到他对甜豌豆的调查时说："当时我对我现在所认为的这一现象的简单解释一无所知。"

　　在高尔顿通过种植甜豌豆验证了他的假设之后，他又通过收集和分析有关人类身高的数据，进一步深化了他的回归概念。高尔顿向数学家迪克森请教了数据的几何关系。他认为回归系数并不能保证种群的稳定性，回归系数、条件方差和种群是相互依赖的量，它们通过一个简单的方程联系在一起。因此，高尔顿认为回归的线性不是巧合，而是种群稳定的必然结果。

　　人口稳定模型最终促成了高尔顿祖先遗传法则的形成。这一法则发表在《自然遗产》杂志上，它揭示了以下规律，即后代的父母共同贡献后代一半的遗传特征，而远祖生物特征占后代遗传的比例较小。高尔顿把"回归"看作弹簧，当弹簧被拉伸时，性状的分布就会回到正态分布。他的结论是，进化将不得不通过非连续的步骤发生，因为逆转将抵消任何增量步骤。1900 年格里哥·孟德尔通过种植甜豌豆验证遗传基因的原理发表，导致了高尔顿祖先遗传定律的追随者、生物测定学家和那些支持格里哥·孟德尔学说的人之间的激烈斗争。

　　正是因为高尔顿对遗传进行了广泛的研究，使他对查尔斯·达尔文的"泛生学说"提出了质疑。作为这个模型的一部分，达尔文提出了生物体内可能存在某些粒子，他称为"gemmules"，这些粒子在身体各处运动，同时也负责获得遗传的特征。高尔顿与达尔文商量后，开始观察这些粒子是否可以通过血液运输。在 1869 年到 1871 年的一系列实验中，他在不同品种的兔子之间输血，并检查了它们后代的特征，没有发现在输血的血液中有传染的特征。

　　但是达尔文质疑高尔顿实验的有效性，并在《自然》杂志上发表的一篇文章中给出了他的理由，他写道："现在，在我的《驯养下的动植物变种》中关于'泛生'的一章中，我没有提到过血液，也没有提到过任何适合于任何循环系统的液体。很明显，血液中存在的'gemmules'并不能构成我假设的必要部分；因为我在说明它的时候，是指最低级的动物，例如原生动物，它们没有血，也没有血管；我指的是那些在血管中存在的液体不能被认为是真正的血液的植物。生长、繁殖、遗传等基本规律，它们在整个有机王国中是如此的相似，以至于它们（暂时假定它们是存在的）在身体中扩散的方式，可能在所有的生命中都是相同的；因此，这种方法很难通过血液扩散。然而，当我第一次听说高尔顿先生的实验时，我没有充分地思考这个问题，也没有看到相信血液中有'gemmules'存在的可能性。"

高尔顿明确反对获得性遗传的观点，他是通过选择来进行"硬遗传"理论学说的早期支持者。他差一点就重新发现了孟德尔的遗传微粒理论，但因为他专注于连续性状而非离散性状（现在被称为多基因性状），所以未能在这方面取得最终突破。由此他与生物遗传里程碑的发现失之交臂。他接着创立了研究遗传的生物计量学方法，其特点是利用统计技术研究遗传的连续性状和种群规模方面。这种方法后来被卡尔·皮尔森和W. F. R. 韦尔登认可并接受，1901年，他们共同创办了极具影响力的杂志 *Biometrika*。高尔顿建立向均数回归形成的基础生物识别方法，现在基本所有社会科学中均有应用。

★ 阿尔弗雷德·伯德（Alfred Bird）

阿尔弗雷德·伯德于1811年出生在英格兰格洛斯特郡，是英国食品制造商和化学家，因发明无蛋奶沙司和泡打粉而闻名。他的父亲是伊顿公学的天文学讲师。父亲去世后，阿尔弗雷德·伯德继续发展他的家族生意。伯德于1842年在伯明翰注册成为一名药剂师，曾在该市的菲利普·哈里斯药店当学徒，获得了大量的实践经验。他是一位合格的药剂师，由于业务出众，后来他在伯明翰的布尔街开了一家实验性药店。

伯德的第一个重大发明是 1837 年的无蛋奶油蛋糊。他用玉米粉代替鸡蛋来做蛋糊。这一实验原本是为他的妻子伊丽莎白的健康考虑，因为伊丽莎白对鸡蛋和酵母过敏。伯德将他发明的无蛋蛋奶沙司送给客人吃时，客人觉得口感和普通蛋奶沙司一样好，伯德才意识到他的发明还有更广泛的用途。不久伯德创立了"阿尔弗雷德·伯德父子有限公司"，后来这家公司成为著名的伯德奶油蛋糊公司。位于伯明翰迪格贝斯的奶油蛋糕工厂就是伯德所创立的食品工厂所在地，但是随着食品工业的发展，当初的工厂效益锐减，以致后来整个厂区都遭到了废弃，现在经过改造已成为一个为艺术家提供空间的艺术中心。

伯德并不满足于彻底改造蛋奶沙司，他在 1843 年发明了一种发酵粉（泡打粉），这样他就可以为他的妻子制作没有酵母的面包了，他发明的发酵粉的配方与现代发酵粉的配方基本相同。

阿尔弗雷德·伯德于 1878 年 12 月 15 日在伍斯特郡去世，葬于伯明翰的基山公墓。《化学学会期刊》上发表了一篇著名的讣告（伯德也是该刊物编审委员会一员），该讣告详细地讨论了他的技能和研究，但没有提及他的其他发明——当时著名的伯德类奶油蛋糊。

★ 约翰·吉百利（John Cadbury）

说起今天的伯明翰，想必所有人都知道这里的吉百利巧克力工厂，位于伯明翰南郊的伯恩维尔（Bournville）就是驰名世界的吉百利巧克力的诞生地，这里不仅是工厂，还是伯明翰著名的旅游区。公司的创始人约翰·吉百利于 1801 年 8 月生于伯明翰，1889 年 5 月 11 日去世（享年 87 岁），安息于伯明翰的威特顿公墓。他还是一名慈善家。

Cadbury

约翰·吉百利的父亲理查德·塔珀·吉百利（Richard Tapper
Cadbury）来自一个富裕的贵格会（Quaker）家族，后来从英格
兰西部搬到了伯明翰。作为 19 世纪早期的贵格会教徒，他不被
允许进入大学，因此不能从事医学或法律等职业。因为贵格会
信徒是和平主义者，所以从军也是不可能的。因此，像当时的
许多贵格会信徒一样，他把精力转向商业，并开展了一场反对
虐待动物的运动，成立了动物之友协会（Animals Friend Socie-
ty），这是英国皇家防止虐待动物协会（Royal Society for the Pre-
vention of Cruelty to Animals）的前身。

与此同时，吉百利的食品制造企业蓬勃发展，他的兄弟本
杰明于 1848 年加入了这个行业，两兄弟在大桥街租下了一个更
大的工厂。两年后的 1850 年，吉百利兄弟退出了零售业务，把
它留给了约翰的儿子理查德·巴罗·吉百利（在 20 世纪 60 年
代之前，巴罗一直是伯明翰赫赫有名的零售商店）。

约翰·吉百利结过两次婚。1826 年，他与普莉希拉·安·
戴蒙德（Priscilla Ann Dymond，1799—1828）结婚，但两年后她

就去世了。1832 年，他娶了第二任妻子坎迪娅·巴罗（Candia Barrow，1805—1855），生了 7 个孩子：约翰（1834—1866）、理查德（1835—1899）、玛丽亚（1838—1908）、乔治（1839—1922）、约瑟夫（1841—1841）、爱德华（1843—1866）和亨利（1845—1875）。

本杰明和约翰·吉百利在 1860 年解散了他们的合伙企业。1861 年，约翰因第二任妻子去世而退休，他的儿子理查德和乔治继承了他的事业。1879 年，他们搬到了当时的北伍斯特郡，与诺斯菲尔德（Northfield）和金斯诺顿（King's Norton）的教区接壤，以乔治王建造的伯恩布鲁克大厅为中心，在那里他们开发了花园村伯恩维尔。现在伯恩维尔是伯明翰的主要郊区，那里风景如画，也是吉百利巧克力工厂的所在地，这里不仅生产驰名中外的吉百利巧克力产品，还是著名的旅游景点 Cadbury World 的所在地，每天吸引着来自世界各地的小朋友来参观巧克力工厂，学习巧克力加工的知识，品尝香甜的巧克力。目前伯明翰的吉百利工厂仍是吉百利在英国的主要生产基地。

★ 约翰·库里（John Curry）

约翰·库里，1949 年 9 月生于伯明翰，1994 年 4 月 15 日去世。库里是大英帝国勋章获得者，英国花样滑冰运动员。他是1976 年奥运会冠军和世界冠军。他以将芭蕾和现代舞的影响融入他的滑冰中而闻名，所获得的荣誉如下：

- 1974 年萨格勒布男子单人滑冰第三名
- 1975 年科罗拉多斯普林斯男子单人滑冰第三名
- 1975 年哥本哈根冬季奥运会男子单人滑冰亚军
- 1976 年布鲁斯男子单人滑冰冠军
- 1976 年哥德堡世界锦标赛男子单人滑冰冠军

- 1976 年日内瓦欧洲杯男子单人滑冰冠军

库里曾就读于索利赫尔学校（Solihull School），这是一所位于西米德兰兹郡的私立学校，后来又就读于萨默塞特郡（Somerset）的圣安德鲁斯寄宿学校（St Andrews）。孩提时代，库里就想成为一名舞蹈家，但他的父亲不同意将舞蹈作为男孩的职业，于是他在 7 岁时开始学习花样滑冰课程。在最初的几年里，库里对滑冰的学习相当随意。库里的父亲在他 15 岁时去世，随后他搬到伦敦，师从阿诺德·格施韦勒（Arnold Gerschwiler）。1972 年，库里找到了一位美国赞助人，让他得以与格斯·卢西（Gus Lussi）和卡洛·法西（Carlo Fassi）一起在美国学习。1976 年，法西带领库里获得了欧洲冠军、世界冠军和奥运会冠军。库里是 1976 年英国冬季奥运会的旗手。同年，他还被选为 BBC 年度体育人物。

作为一名业余选手，库里以其芭蕾舞般的姿势和伸展动作以及高超的身体控制能力而著称。与加拿大花样滑冰运动员托勒·克兰斯顿（Toller Cranston）一样，库里将男子花样滑冰的艺术性和表现力提升到一个新的水平。在他竞技生涯的巅峰时期，库里在强制性动作和自由滑冰的运动（跳跃）方面也取得了成就。库里的滑冰与众不同，他的跳跃动作是逆时针的，但他的大部分旋转动作（飞旋除外）都是顺时针的。

直到 1976 年世界锦标赛之后，库里才转为职业选手，并创立了一家巡回滑冰公司，与传统的舞蹈公司走的是同样的路线。除了为公司设计舞蹈动作外，库里还委托著名舞蹈指导肯尼斯·麦克米伦爵士（Sir Kenneth MacMillan）、彼得·马丁斯（Peter Martins）和特威拉·塔普（Twyla Tharp）等设计作品。据报道，库里是一个很难相处的人，20 世纪 80 年代中期，他与公司的业务经理发生争执，迫使公司停止运营。从那以后，库里很少在公众场合露面。

公司停止运营后，库里参编了一些戏剧作品，其中包括百老汇戏剧作品《冰舞》（1978），他不仅担任演员，还身兼导演要职。1989 年库里和 Roundabout 剧院合作，以演员的身份再一次迎来高光时刻，他制作演出了舞剧《士兵在游行》(*Privates on Parade*)，引起巨大反响。

库里一生饱受争议，在 1976 年世锦赛之前，库里被德国小报《图片报》(*Bild – Zeitung*) 曝光是同性恋。当时，库里的性取向在欧洲引起了短暂的丑闻，但此后许多年里，媒体和公众对他的性取向普遍抱持不予理睬、不予置评的态度。

1987 年，库里被诊断出患有艾滋病，但公众对此消息表现出不屑一顾的态度，1991 年又被再次确诊出患有艾滋病。他在去世前，曾公开向媒体谈论他所患的艾滋病并公布了自己的性取向。他生命的最后几年是和母亲一起度过的。库里于 1994 年 4 月 15 日在宾顿死于与艾滋病有关的心脏病发作，时年 44 岁。

★ 理查德·哈蒙德（Richard Hammond）

1969 年 12 月 19 日，理查德·哈蒙德出生在索利哈尔（Solihull），是英国著名的职业电视主持人、记者、作家、配音演员。2002 ~ 2015 年，哈蒙德与杰里米·克拉克森、詹姆斯·梅共同主持 BBC 二台汽车节目《疯狂汽车秀》。他还推出了《大脑互动体：科学滥用》（2003 ~ 2006）、《全面毁灭》（2009 ~ 2012）和《地球生命力》（2012）等著名节目，在广大观众中具有很高的知名度。

2016 年，哈蒙德开始主持由 W. Chump & Sons 制作的电视系列剧《教育旅行》(*Grand Tour*)，该节目由他的前《疯狂汽车秀》合作主持人克拉克森（Clarkson）和梅（May）共同主持，并通过亚马逊视频（Amazon Video）独家分享给亚马逊高端客户。

哈蒙德是伯明翰汽车工业工人的孙子。20世纪80年代中期，哈蒙德和他的家人（母亲艾琳，父亲艾伦，弟弟安德鲁——《地下室》系列的作者）搬到了北约克郡的大教堂城市里邦，他的父亲在那里的市场广场经营遗嘱认证业务。他原本是索利赫尔学校（Solihull School）的一名学生，这是一所收费的私立男校。后来他转到了里邦文法学校（Ripon Grammar School），并从1986年到1988年就读于哈罗盖特艺术与技术学院（Harrogate College of Art and Technology）。毕业后，哈蒙德在为《疯狂汽车秀》试镜之前，曾在多家BBC电台工作，包括克利夫兰广播电台、约克广播电台、坎布里亚广播电台、利兹广播电台、纽卡斯尔广播电台和兰开夏郡广播电台。2002年，哈蒙德成为《疯狂汽车秀》节目的主持人，当时该节目开始转为现在的形式播放。由于他的名字和相对矮小的身材，他有时被粉丝和节目上的合作主持人称为"仓鼠"。这也说明节目的观众对他的主持非常认可，在第七季的三个不同的场景中，他吃硬纸板，模仿仓鼠的行为，这进一步强化了他的外号。

2006年9月，哈蒙德在约克郡附近拍摄高速赛车时发生撞车事故，为此他暂时中断了该节目的主持工作，之后他在第九季第一集（2007年1月28日播出）中回归，受到了英雄般的欢迎，有跳舞的女孩、飞机式的楼梯和烟花。节目中还出现了飞机坠毁的画面，这些画面登上了国际新闻的头条。哈蒙德讲述了当天发生的事情，观众自发地爆发出掌声。哈蒙德随后要求在节目中永远不要再提到坠机事件，尽管这三位《疯狂汽车秀》的主持人后来都在节目的新闻部分开玩笑地提到了这件事。他告诉他的同事们："我现在和崩溃前唯一的区别是，我现在喜欢芹菜，以前不喜欢。"

在第二集系列 16 中，哈蒙德表示，没有人会想要拥有一辆墨西哥的汽车，因为汽车应该反映民族特色，而墨西哥的汽车令人感觉懒惰，想要睡觉。哈蒙德最后说道："我很抱歉，但你能想象一觉醒来，发现自己是墨西哥人吗?!"言论一经播出便受到了观众们的批评，在收到投诉后，BBC 为这一段的播出进行了辩护，理由是这种民族成见是传统英式幽默的"强势组成部分"。2015 年 3 月 25 日，英国广播公司（BBC）决定不再与克拉克森续约，之后哈蒙德的合同于 3 月 31 日到期。在 4 月的时候，他排除了留任在《疯狂汽车秀》节目组的可能性，还在推特上评论道："在所有关于我们'退出'或'不退出'的讨论中：我没有什么可以'退出'的，反正我也不会离开我的伙伴们。"2015 年 6 月 12 日，英国广播公司（BBC）确认，《疯狂汽车秀》将会以一个 75 分钟的特别节目回归，结合两个看不见的挑战，包括第 22 季的三名主持人，以及哈蒙德和梅的工作室链接。

2003 年，哈蒙德成为《大脑互动体：科学滥用》的第一位演讲者；在第二季中，约翰·提克尔和夏洛特·哈德森也加入了他的行列。在第四季播出后，哈蒙德与 BBC 签订了独家协议，他将不再主持天空电视台一套的节目。维克·里夫斯代替他担任主要主持人。

★ 尼古拉斯·伯克利·梅森（Nicholas Berkeley Mason）

尼古拉斯·伯克利·梅森出生于 1944 年 1 月 27 日，是英国音乐家和作曲家，最著名的身份是进步摇滚乐队平克·弗洛伊德的鼓手。

梅森是平克·弗洛伊德乐队成员中唯一出现在他们每一张

专辑中的人，也是乐队自 1965 年成立以来唯一的固定成员。据估计，截至 2010 年，该组合在全球已售出超过 2.5 亿张唱片，其中在美国售出 7500 万张。尽管只创作了几首"平克·弗洛伊德"的歌曲，梅森却参与创作了平克·弗洛伊德乐队的一些最受欢迎的歌曲，如《回声》和《时代》等。

2012 年 11 月 26 日，在威斯敏斯特大学建筑与建筑环境学院的颁奖典礼上，梅森获得了威斯敏斯特大学的荣誉文学博士学位（他于 1962 ~ 1967 年在该大学的前身摄政街理工学院学习建筑学）。尽管在"平克·弗洛伊德"这个名字的归属问题上存在法律冲突，但沃特斯和梅森现在关系不错。"平克·弗洛伊德"这个名字始于沃特斯 1986 年离开乐队，持续了大约 7 年。2005 年 7 月，梅森、吉尔摩、赖特和沃特斯在乐队解散 24 年来首次同台演出，在伦敦的 Live 8 音乐会上演奏了一套四首歌曲。2006 年 5 月 31 日，在伦敦皇家阿尔伯特音乐厅举行的 Gilmour 表演中，梅森也加入了吉尔摩和赖特的返场演出，重新团结了乐队。梅森还声称是吉尔摩和沃特斯之间的联系，并相信乐队会再次现场演奏，在过去几年的各种采访中提到了乐队"为慈善事业再次演奏"甚至"巡演"的可能性。他还在 2006 年表示，平克·弗洛伊德乐队尚未正式解散。

与平克·弗洛伊德乐队的其他成员不同，梅森除了击鼓和演奏大量的打击乐器外，很少演奏其他乐器，尽管他利用磁带，并为许多平克·弗洛伊德的专辑贡献了声音效果。梅森还说，在开始打鼓之前，他曾上过几次不及格的钢琴和小提琴课。

梅森偶尔与其他音乐家合作，特别是鼓手史蒂夫·希拉吉（Steve Hillage）和制作人罗伯特·怀亚特（Robert Wyatt），两人都是英国流行音乐的代表人物。梅森还出版过书籍，他的作品《头脑特工队：平克·弗洛伊德的个人历史》于 2004 年 10 月在英国出版。这本书也有 3 张 CD 的音频版，梅森还为此书献声。

2012 年 8 月 12 日，梅森在 2012 年奥运会闭幕式上表演。他制作并演唱了慈善单曲《拯救儿童》，一起表演的还包括贝弗利·奈特（Beverley Knight）、米克·贾格尔（Mick Jagger）和罗尼·伍德（Ronnie Wood），这首歌于 2015 年 5 月在"拯救儿童"尼泊尔地震募捐活动中发行并引起巨大反响。

梅森打鼓的风格受爵士乐和大乐队音乐的影响，他是一个先驱者，整合了原声鼓（包括单头和双头），调音打击乐、电子鼓和旋翼鼓，将所有这些融合成一个旋律的整体。他的小军鼓声从 2 拍和 4 拍的严格划分，变成了更圆润、更柔和的音色——这一变化反映出录音棚的制作能力越来越强。梅森的风格比当时其他的进步摇滚鼓手更温和、更轻松。梅森独奏了几首平克·弗洛伊德乐队的作品，包括《尼克的舞曲》《一碟秘密》《首相的花园聚会》《开伯尔河上游》《皮囊》《时代》。由于平克·弗洛伊德乐队充满活力的现场表演，梅森的风格更加充满活力和复杂，在 *Ummagumma* 和 *Live at Pompeii* 等专辑中都可以感受到梅森打鼓的特点。他在 20 世纪 60 年代和 70 年代使用过高级鼓。从 1970 年到 1992 年，他一直使用路德维希鼓。他的装备是一套 DW 重低音装备，鼓上有月亮黑暗面的标志。

梅森是特色艺术家联盟的董事会成员和联合主席。作为该组织的发言人，梅森表达了他对音乐家权利的支持，并在瞬息万变的音乐产业中为年轻艺术家提供建议。梅森与罗杰·沃特斯（Roger Waters）一起，对因巴以冲突而针对以色列的抵制、撤资和制裁行动表示支持，并敦促滚石乐队 2014 年不要在以色列演出。梅森是个无神论者，他在摇滚乐上的造诣和杰出贡献让他成为音乐史上的著名人物，也是伯明翰名人堂里最著名的人物之一。

★ 亚历山大·帕克斯（Alexander Parkes）

　　亚历山大·帕克斯于 1813 年 12 月生于伯明翰，1890 年 6月去世，享年 76 岁。亚历山大·帕克斯是英国伯明翰的一位冶金学家和发明家。他创造了人类历史上第一种人造塑料。

　　帕克斯的父亲是一名黄铜锁制造商，他曾在伯明翰的一家公司当学徒，后来为乔治和亨利·埃尔金顿夫妇工作，他们获得了电镀工艺的专利。帕克斯被任命负责铸造部门，他的注意力很快开始集中在电镀上，并因此取得了他的第一项专利。帕克斯一生总共拥有至少 66 项工艺和产品专利，其中大部分与电镀和塑料开发有关。1846 年，他为硫化橡胶的冷硫化工艺申请了专利，被托马斯·汉考克称为"那个时代最有价值和最非凡的发现之一"。他率先在金属和合金中添加了少量的磷，并开发了磷青铜，该专利是帕克斯与他的兄弟亨利·帕克斯共同获得的。1850 年，他发明并申请了帕克斯经济除银铅工艺的专利，并在 1851 年和 1852 年对该工艺的改进申请了专利。1856 年，他申请了第一个热塑性塑料——帕可辛（Parkesine）的专利，这是一种用多种溶剂处理过的硝化纤维素制成的赛璐珞。这种材料在 1862 年伦敦国际展览会上展出，展示了塑料的许多现代美学和实用价值。1866 年，他在伦敦哈克尼维克（Hackney Wick）成立了帕克辛公司（Parkesine Company），进行低成本批量生产。然而，这一生产并没有取得商业上的成功，因为帕克辛的生产成本过高，容易开裂，高度易燃，在无法盈利的情况下，这家公司在 1868 年倒闭了。

　　亚历山大·帕克斯因为他的众多发明专利和工艺革新而被人们铭记。2002 年，塑料历史协会在帕克斯位于伦敦达利奇的家中放置了一块蓝色的塑料牌匾用来纪念他在塑料发明的历史上做出的突出贡献。2004 年，伯明翰市民协会在伯明翰纽荷尔街（Newhall Street）的 Elkington Silver 电镀厂（老科学博物馆）原址上竖起了一块蓝色的牌匾来纪念他。在帕克辛工厂的墙上也有一块相似的用来纪念他的牌匾。2005 年 9 月，帕克斯被美国塑料学会列入名人堂。他被安葬在伦敦西诺伍德公墓，不过他的纪念碑在 20 世纪 70 年代被移除。

★ 弗朗西斯·威廉·阿斯顿（Francis William Aston）

　　1877 年 9 月弗朗西斯·威廉·阿斯顿出生在英国伯明翰的哈本区（Harborne），1945 年 11 月 20 日逝世，享年 68 岁。

　　弗朗西斯·威廉·阿斯顿是一位化学家和物理学家，他赢得了 1922 年诺贝尔化学奖。阿斯顿是英国皇家学会会员，剑桥大学三一学院会员。他是威廉·阿斯顿和范妮·夏洛特·霍利斯的第三个孩子。他在 Harborne Vicarage 学校接受教育，后来在伍斯特郡的 Malvern 学院寄宿。1893 年，阿斯顿在梅森学院（后来成为梅森大学学院和伯明翰大学）开始了他的大学生涯。在梅森学院，约翰·亨利·波因廷教授物理，弗兰克兰和蒂尔登教授化学。从 1896 年起，他在父亲家里的一个私人实验室里对有机化学进行了进一步的研究。1898 年，他成为弗兰克兰的学生，获得福斯特奖学金资助，他的工作涉及酒石酸化合物的光学性质。他在伯明翰的酿酒学院开始了发酵化学的工作，获得了伯明翰大学的奖学金。在 19 世纪 90 年代中期发现 X 射线和放射性物质后，他开始从事物理学研究。阿斯顿研究了通过充气管道的电流，通过自制放电管进行研究。阿斯顿在父亲去世后，于 1908 年开始环游世界。1909 年他被任命为伯明翰大学讲师，正是他对同位素的推测直接导致了能够分离化学元素的同位素的质谱仪的建立。阿斯顿最初的工作是鉴别元素氖的同位素，后来是鉴别氯和汞的同位素。第一次世界大战使他的研究停滞不前，并拖延了通过质谱分析提供同位素存在的实验证据的时间。在战争期间，阿斯顿在范堡罗皇家空军基地担任航空涂料研究的技术助理。

"一战"后，他回到剑桥的卡文迪什实验室进行研究，并于1919年完成了他的第一部质谱仪的研究报告。该仪器的后续改进导致了第二种和第三种仪器的发展，提高了质量分辨能力和质量精度。这些使用电磁聚焦的仪器使他能够识别212种天然同位素。1921年，阿斯顿成为国际原子量委员会的成员和英国皇家学会的成员，并在1922年获得了诺贝尔化学奖。

阿斯顿还是一名运动员，在定期访问瑞士和挪威期间，他会在冬季进行越野滑雪和滑冰；由于在第一次世界大战期间冬季运动会取消，他开始登山。在20岁到25岁之间，他花了大量的业余时间骑自行车。随着机动车辆的发明，他在1902年建造了自己的内燃机，并在1903年参加了在爱尔兰举行的戈登·贝内特汽车比赛。不满足于这些运动，他还从事游泳、高尔夫活动，赢得了公开锦标赛一些奖项；1909年在英格兰威尔士和爱尔兰学习冲浪。阿斯顿还是一位多才多艺的艺术家，他出生在一个音乐世家，钢琴、小提琴和大提琴的演奏水平都很高，因此他经常在剑桥的音乐会上演奏。从1908年开始，他进行了广泛的旅行，访问了世界各地的许多地方，并在1938年至1939年结束了对澳大利亚和新西兰的访问。阿斯顿还是一名熟练的摄影师，对天文学感兴趣。他参加了几次考察，分别在苏门答腊、加拿大的马格和日本。他还计划在以后的生活中继续参加1940年到南非和1945年到巴西的探险，但因为身体原因未能成行。阿斯顿一生未婚，将自己的聪明才智悉数奉献给了他热爱的化学事业。同时，他也是一个充满激情、多才多艺的人，不仅在

专业领域获得了至高荣誉，在艺术、体育、摄影等方面也取得
了卓越成绩。

★ W. H. 奥登（W. H. Auden）

奥登生于 1907 年 2 月 21 日，1973 年 9 月 29 日去世，享年
66 岁。他于 1946 年加入美国籍，之后常住约克。奥登的父亲乔
治·奥古斯都·奥登是一名医生，母亲康斯坦斯·罗莎莉·奥
登（娘家姓比克内尔）曾接受过传教士护士的培训（但从未服
过役）。奥登是三个儿子中的老三。老大乔治·伯纳德·奥登成
为了一名农夫，老二约翰·比克内尔·奥登成为了一名地质学
家。奥登的祖父是英国国教会的牧师。奥登把自己对音乐和语
言的热爱部分归因于童年时代的教会活动。他相信自己是冰岛
人的后裔，从他的作品中可以明显看出他一生都对冰岛传奇和
古老的挪威传奇着迷。

1908 年，奥登的家人搬到伯明翰附近的霍默路，在那里他
的父亲被任命为学校的医疗官员和公共卫生讲师，后来成为教
授。奥登一生对精神分析颇感兴趣，这都始于他父亲的图书收
藏。从 8 岁起，他就上寄宿学校，回家度假。在他的许多诗歌
中，探访了 Pennine 地区及其日渐衰落的铅矿工业。对他来说，
卢克霍普（Rookhope）这个偏远的、日渐衰败的采矿村庄是一
处"神圣的风景"，这在他后来的一首诗《爱的轨迹》（*Amor
Loci*）中被唤起。在 15 岁之前，他一直希望成为一名采矿工程
师，但他对文字的热情已经开始了。

奥登就读于萨里郡辛德黑德的圣埃德蒙学校，在那里他遇
到了克里斯托弗·伊舍伍德，后者后来以小说家身份出名。13
岁时，他去了诺福克的格雷欣学校；1922 年，当他的朋友罗伯
特·麦德利问他是否写诗时，奥登第一次意识到他的使命是成

为一名诗人。过了一会儿，他"发现他……失去了他的信仰"
（通过逐渐意识到他已经对宗教失去了兴趣，而不是通过任何决
定性的观点改变）。在学校演出的莎士比亚作品中，他在 1922
年的《驯悍记》中饰演凯瑟丽娜，在 1925 年的《暴风雨》中饰
演和卡利班，这是他在格雷欣姆剧院的最后一年。他第一首诗
发表在 1923 年的校刊上。

　　1925 年，奥登获得了生物学的奖学金，去了牛津的基督教
堂；但是他对生物学不感兴趣，第二年便改学英语。他在牛津
大学结识的朋友包括塞西尔·戴-刘易斯、路易斯·麦克尼斯和
斯蒂芬·斯彭德，这四人在 20 世纪 30 年代被误认为是"奥登
集团"，因为他们共享（但不完全相同）左翼的观点。1928 年，
奥登以三等学位从牛津大学毕业。从牛津毕业后，奥登的朋友
们一致认为他风趣、奢侈、富有同情心、慷慨大方，而且在一
定程度上由于他自己的选择，他很孤独。在群体中，奥登常常
以一种滑稽的方式独断专行；在比较私密的场合，除了肯定受
到欢迎的时候，他是羞怯和害羞的。他在生活习惯上很守时，
并执着于在最后期限前完成任务，然而他却选择在混乱中生活。
1928 年末，奥登离开英国 9 个月，前往柏林，部分原因是为了
反抗英国的压迫。在柏林，他第一次经历了政治和经济动荡，
这成为他的中心主题之一。1929 年回到英国后，他曾做过短暂
的家庭教师。1930 年，他的第一本书《诗歌》出版。该书的出
版奠定了奥登在诗坛的地位，他被认为是英国继艾略特之后最
重要的诗人。1930 年，他开始在男校担任了五年的校长：在苏
格兰海伦斯堡的拉奇菲尔德学院（Larchfield Academy）待了两
年，然后在莫尔文山（Malvern Hills）的唐斯学校（Downs
School）待了三年，在那里他是一位深受爱戴的老师。1933 年 6
月，在唐斯学校，奥登经历了他后来描述为"神的异象"，当他
和学校的三位老师坐在一起时，他突然发现他爱他们，他们的

存在对他有无限的价值；他说，这段经历后来影响了他 1940 年重返圣公会的决定。

1932 年奥登又出版了《演说家》。1935 年至 1938 年，他与克里斯托弗·伊舍伍德（Christopher Isherwood）合作创作了三部剧本，奠定了他作为"左翼"政治作家的声誉。奥登受马克思主义思想影响，在成名之后搬到美国的一部分原因是为了逃避"左翼"作家的名声，奥登在 20 世纪 40 年代的作品包括长篇诗歌《暂时》和《海洋与镜子》，都聚焦于宗教主题。1947年，他凭借长诗《焦虑的时代》获得普利策诗歌奖。"焦虑的时代"一词成为描述现代的流行语。从 1956 年至 1961 年，他担任牛津大学的诗歌教授，其讲座深受学生和教师的欢迎，并成为他 1962 年出版的散文集《染匠之手》的基础。

奥登是一位同性恋者，从 1927 年到 1939 年，奥登和伊舍伍德保持了一种持久但断断续续的友谊，但他与其他男性的关系更短暂、更紧密。1939 年，奥登爱上了 28 岁的年轻作家切斯特·卡尔曼（Chester Kallman），并将他们的关系视为婚姻。1941 年，卡尔曼拒绝接受奥登要求的忠诚关系，两人分手，但是分手之后这两个人仍保持着他们的友谊，直至奥登去世。

奥登是一位多产的作家，他的散文诗和评论涉及文学、政治、心理和宗教等领域。奥登涉猎广泛，曾多次参与纪录片、诗歌剧本和其他表演形式的创作。在他的整个职业生涯中，既有争议又有影响力，批评家对他的作品的批评意见从尖锐的轻蔑到把他当作叶芝（爱尔兰浪漫主义诗人，诺贝尔文学奖获得者）和艾略特的继承者。从 1935 年到 1939 年初离开英国，奥登一直担任自由评论员、散文家和讲师，最初在邮政总局的纪录片制作部门 GPO Film Unit 工作，该部门的负责人是约翰·格瑞尔森。1935 年，通过在电影部门的工作，他遇到本杰明·布里顿并与之合作，两人还合作过剧本、歌曲和剧本。奥登在 20

世纪 30 年代的戏剧是由集团剧院演出的，他在不同程度上监督演出。

奥登的现代作品反映了他的信念，即任何优秀的艺术家都必须"不仅是报道记者"。1936 年，奥登在冰岛待了三个月，在那里他收集了一些材料，写了一本旅行书《来自冰岛的信》（1937 年），这本书是他和路易斯·麦克尼斯合著的。1937 年，他前往西班牙，打算在西班牙内战期间为共和国开一辆救护车，但他被安排去做广播宣传，这并不是他想要的理想工作，于是他离开了这份工作去了前线。对西班牙为期七周的访问深深影响了他，当奥登深入前线，才发现政治现实比他想象的更加模糊和令人不安，于是他的社会观点变得更加复杂。1938 年，他和伊舍伍德在中日战争期间花了六个月的时间访问中国，为他们的新书《战争之旅》做准备，再次尝试将报告文学和艺术结合起来。在返回英国的途中，他们在纽约做短暂停留，并决定移居美国。1938 年底，奥登部分时间在英国，部分时间在比利时的布鲁塞尔。

20 世纪 30 年代及之后，奥登的许多诗歌都受到"左翼"思想的影响，从 20 世纪 30 年代末开始，他强烈希望自己拥有稳定的婚姻；在给朋友詹姆斯·斯特恩的信中，他称婚姻是"唯一的主题"。但是作为一名同性恋者，在当时的社会中，很难梦想成真。奥登最终也没有得到他想要的婚姻，只是与他的伴侣卡尔曼生活了一段时间。奥登一生都在做善事，有时是在公众场合（比如 1935 年他与埃里卡·曼恩的婚姻，为他提供了逃离纳粹的英国护照），但在后来的日子里，更多时候是在私人场合。1956 年，《纽约时报》头版报道了他为朋友多萝西·戴的天主教工人运动（Catholic Worker Movement）赠送礼物。

奥登是一名不折不扣的理想主义者，他致力于艺术的发展，1940 年至 1941 年，奥登与卡森·麦卡勒斯、本杰明·布里顿等人合住在布鲁克林高地米达街 7 号的一所房子里，这所房子后来成为著名的艺术生活中心，绰号"二月之家"。1940 年，奥登加入了他 13 岁时放弃的圣公会。他的回归部分原因是通过阅读克尔凯郭尔获得的灵感。1939 年 9 月，英国对德国宣战后，奥登希望故乡英国参战，他曾经告诉英国驻华盛顿大使馆，如果需要，他将返回英国，但被告知年龄不符合规定。1941 年至1942 年，他在美国的密歇根大学教英语。1942 年 8 月，他报名参加美国陆军，但是因为体检不合格而被拒绝入伍，奥登参战的理想再一次破灭。1942 年至 1943 年，他获得了古根海姆奖学金，但没有使用这笔奖学金，而是选择了于 1942 年至 1945 年在斯沃斯莫尔学院任教。1945 年中期，第二次世界大战在欧洲结束后，他在德国和美国辗转旅行并进行战略轰炸调查，研究盟军轰炸对德国士气的影响，这段经历影响了他战后的工作，就像他之前访问西班牙对他的影响一样。回到美国后，他定居在曼哈顿，担任自由撰稿人、社会研究学院讲师，在本宁顿大学、史密斯大学和美国其他大学担任客座教授。

　　1948 年，奥登开始在欧洲避暑，首先是在意大利的伊斯基亚，在那里他租了一所房子，然后从 1958 年开始，在奥地利的基尔施特滕买了一座农舍。他说，当第一次拥有自己的房子时，流下了喜悦的泪水。1956 年至 1961 年，奥登是牛津大学的诗歌教授，在那里他被要求每年做三次讲座，这相当轻的工作量使他能够继续在纽约过冬，到夏天去欧洲，每年只在牛津授课三周。他的收入主要来自阅读和巡回演讲，以及为《纽约客》（*The New Yorker*）、《纽约书评》（*The New York Review of Books*）和其他杂志撰稿。1972 年，奥登从纽约搬到牛津，他曾经接受教育的学院牛津大学基督学院为他提供了一间小屋，而他夏季继续在奥地利避暑。1973 年，他在维也纳去世，并被安葬在维也纳的基希施泰滕。

　　奥登一生发表了大约 400 首诗，其中包括七首长诗（其中两首有书的长度）。他的诗歌主题包罗万象，诗歌的形式也千变万化，可谓一部诗歌的百科全书，从晦涩的 20 世纪现代主义到明晰的传统形式，如民谣和打油诗，从打油诗到俳句，再到"圣诞清唱剧"和盎格鲁－撒克逊风格的巴洛克牧歌。从流行歌曲的陈词滥调到复杂的哲学思考，从他脚趾上的"鸡眼"到原子和星星，从当代的危机到社会的演变，令人应接不暇。因为受到艾略特的影响，奥登的诗歌晦涩难懂，充满神秘意象。自从他的诗歌问世以来，评论界和读者在对他的诗歌进行解读的时候从未达成过一致。

　　奥登还写了 400 多篇关于文学、历史、政治、音乐、宗教和许多其他学科的文章和评论。他曾与克里斯托弗·伊舍伍德合作过戏剧，与切斯特·卡尔曼合作过歌剧剧本，在 20 世纪 30 年代与一群艺术家和电影制作人合作过纪录片，在 20 世纪 50 年代和 60 年代与纽约职业音乐协会的早期音乐团体合作过音乐创作。关于合作，他在 1964 年写道："合作给我带来了更大的乐趣……比我有过的任何其他的关系带给我的乐趣都多。"

　　奥登在准备他后来诗歌精选集的版本时，重写或丢弃了一些他最著名的诗歌，这种做法在文学批评圈引发争议。他在这本精选诗集序言里写道，他拒绝那些认为"无聊"或"不诚实"的诗歌，因为这些诗歌表达的观点他从未持有过，只是觉得它们在修辞上很有效。他删改了他之前的诗歌包括《西班牙》和《1939 年 9 月 1 日》。他的文学出版执行人爱德华·门德尔松（Edward Mendelson）在《诗选》（*Selected Poems*）的序言中指出，奥登的做法反映了他对诗歌说服力的认识，以及他不愿滥用诗歌的心态。《诗选》还收录了奥登被拒稿的部分诗作，以及他修改过的早期诗作。

　　1940 年，奥登写了一首长诗《新年信》，这首富有哲理的诗与其他杂记和诗歌一起出现在《双面人》（1941）中。在他回到圣公会的时候，开始写神学主题的抽象诗，比如"Canzone""Kairos 和 Logos"都具有非常明显的宗教哲学意味。这些诗歌晦涩难懂、意象深远，1942 年前后，随着他对宗教主题越来越熟悉，他的诗歌也变得更加开放和放松，越来越多地使用从玛丽安·摩尔（Marianne Moore）的诗歌中学到的音节诗。

在 1946 年完成《焦虑的年代》之后，奥登又把注意力放在了短诗上，尤其是《天黑后的散步》《爱的盛宴》《罗马帝国的覆灭》。其中许多作品让人联想起 1948 年至 1957 年他避暑的意大利村庄，而他的下一本书《诺内斯》（1951）则为他的作品增添了一种地中海的新氛围。一个新的主题是人体的"神圣的重要性"，反映人类生活，例如呼吸、睡觉、吃饭和身体的关系；人类的身体与自然可以融为一体，也可以被割裂开来。1949 年，奥登和卡尔曼为伊戈尔·斯特拉文斯基的歌剧《浪子的进展》写了剧本，后来又合作为汉斯·维尔纳·亨兹的歌剧写了两篇剧本。

奥登也尝试写过散文，他的第一本独立的散文书是《迷人的洪水：浪漫主义的海洋肖像学》（1950），它是根据一系列关于浪漫主义文学中海洋形象的讲座而写成的。从 1949 年到 1954 年，他连续创作了七首耶稣受洗日的诗歌，题为 *Horae Canonicae*，这是一本关于地质、生物、文化和个人历史的百科全书，主要讲述了不可逆转的谋杀行为；这首诗也是对时间的循环和线性概念的研究。在写这些的同时，他还写了《田园牧歌》，这是七首关于人与自然关系的诗歌。这两个系列出现在他的下一本书——《阿基里斯的盾牌》（1955），还有其他短诗，包括书的标题诗——《舰队访问》和《无名战士的墓志铭》。

1955 年至 1956 年，奥登写了一组关于"历史"的诗歌，他用这个词来表示人类选择所产生的一系列独特事件，与之相对的是"自然"，即自然过程、统计数据和群体等匿名力量所产生的一系列非自愿事件。这些诗歌包括《伟大的 T》《造物主》，以及他的下一本诗集《向克利奥致敬》（1960）的题名诗。

20 世纪 50 年代末，奥登的诗歌写作风格变得不那么华丽，但风格的范围却扩大了。1958 年，他把避暑别墅从意大利搬到了奥地利，写了《再见了，梅佐乔诺》。这一时期的其他诗歌还包括《狄刻通与瓦雷特：一首不成文的诗》，一首关于爱情与个人及诗歌语言之间关系的散文诗，以及与之形成对比的《母性》，关于匿名的非个人的生殖本能。这些和其他的诗歌，包括他的 66 首关于历史的诗歌，都是为了《向克利奥致敬（1960）》而出现的。散文集《染匠之手》（1962）收录了他于 1956～1961 年在牛津大学作诗歌教授时的许多讲座，以及自 20 世纪 40 年代中期以来所写的散文和笔记的修订本。

在奥登后期作品中的新风格和形式是俳句和短歌，他是在翻译了达格·哈马舍尔德的《标记》中的俳句和其他诗句后开始写作的。《后来的奥登》收录了 15 首关于他在奥地利的避暑别墅所写的诗歌，"对栖息地的感恩"（以各种风格写成，包括模仿威廉·卡洛斯·威廉姆斯风格的创作）出现在《关于家》（1965）的诗集中，其他诗歌包括他对巡回演讲的反思。20 世纪 60 年代末，他写了一些非常具有活力的诗歌，包括《河流轮廓》和两首回顾他一生的诗——《六十岁的序幕》和《四十年后》来反思他的人生，所有这些都出现在《无墙之城》（1969）中。他一生对冰岛传奇的热爱在他的诗歌《埃达长者》（1969）的翻译中达到顶峰。他后期的主题之一是"无宗教的基督教"，他的诗歌《星期五的孩子》曾经写过将这些诗献给迪特里希·邦赫费尔，那是因为奥登认为自己的诗歌写作灵感部分是从邦赫费尔那里得来的。

《一个特定的世界：一本普通的书》（1970）是一种自画像，

由人们最喜欢的引语和注释组成，按主题的字母顺序排列。他的最后两本散文集是《随笔与评论》《序言与后记》（1973）。他的最后一部诗集《致教子的信》（1972）和未完成的《谢谢你》（1974）包括关于语言的反思性诗歌（《自然语言学》）和关于他自己的衰老（《新年问候》《自言自语》《催眠曲》《工作的喧嚣被压抑》）。他最后完成的诗歌是《考古学》，关于仪式和永恒，这是他晚年时期反复出现的两个主题。

20世纪30年代，英美刮起了一阵模仿奥登的写作风潮，奥登诗歌短小、讽刺的风格被年轻诗人广泛模仿，比如查尔斯·马奇，他在一首诗中写道："夏日的早晨，奥登在那里热切地等着我。我读着，打了个寒战，心里明白了。"

1963年和1965年，奥登是诺贝尔委员会向瑞典学院推荐的三位诺贝尔文学奖候选人之一，1964年诺贝尔文学奖则推荐了六位候选人。1973年去世时，他已成为受人尊敬的政治家。1974年，他的一块墓碑被安放在威斯敏斯特教堂的诗人角。《大英百科全书》关于奥登的词条这样写道："1965年艾略特死的时候……奥登的确是艾略特的继任者，这是一个令人信服的例子，因为在叶芝1939年去世时，艾略特继承了唯一的至尊遗产。"除了个别例外，英国评论家倾向于认为他早期的作品是最好的，而美国评论家则倾向于欣赏他中期和后期的作品。另一群批评家和诗人坚持认为，与其他现代诗人不同，奥登的声誉在他死后并没有下降，他后期的作品对包括约翰·阿什贝里、詹姆斯·梅勒、安东尼·赫克特和玛克辛·库明在内的美国年轻诗人的影响特别大。后来的典型评价把他描述为"可以说是20世纪最伟大的诗人"（彼得·帕克和弗兰克·克莫德），"现在看来，他显然是自阿尔弗雷德·丁尼生以来英国最伟大的诗人"（菲利普·亨舍尔）。

奥登的诗歌也经常出现在流行文化中，在英国电影《四个婚礼和一个葬礼》（1994）中，男主人公大声朗读了奥登的《葬礼蓝调》（《停止所有的钟》）之后，公众对奥登作品的认可度急剧提高。随后，他的 10 首诗的小册子版《告诉我关于爱的真相》卖出了超过 27.5 万册。2001 年 9 月 11 日以后，他在1939 年创作的诗歌《1939 年 9 月 1 日》被广泛传阅和广播。2007 年，在奥登百年诞辰之际，英国和美国都举行了奥登作品公众阅读活动，广播台、电视台和各大报纸、杂志也以不同形式向奥登进行了致敬，这些活动更加提升了奥登在文学界的声誉。

★ 詹姆斯·瓦特（James Watt）

　　詹姆斯·瓦特（1736 年 1 月 30 日—1819 年 8 月 25 日）是一名出生在苏格兰的发明家、机械工程师和化学家，但是他的大部分发明都是在伯明翰完成的。瓦特和托马斯·纽科门改进了蒸汽机，这是为基础工业革命带来的变化。

　　瓦特在格拉斯哥大学做乐器制造时，就对蒸汽机技术产生了兴趣。他意识到，当代的发动机设计通过反复冷却和加热汽缸浪费了大量的能量。瓦特引进了一种改进的设计，即独立冷凝器，它避免了这种能源浪费，并从根本上提高了蒸汽机的功率、效率和成本效益。最终，他使发动机产生了旋转运动，大大扩展了抽水之外的用途。

　　瓦特试图将他的发明商业化，但经历了巨大的经济困难，直到 1775 年他与马修·博尔顿合伙创业。博尔顿和瓦特的新公司最终非常成功，瓦特成为了一个富有的人。退休后，瓦特继续开发新发明，不过没有一项发明像他的蒸汽机工作那样重要。

　　瓦特 18 岁时，他的母亲去世了，父亲的健康状况开始恶化。瓦特去了伦敦，进行了一年的乐器制造培训，然后回到了苏格兰，定居在主要的商业城市格拉斯哥，打算建立自己的乐器制造公司。他还很年轻，还是没有接受过正式的学徒训练，没有通过以前的师傅建立起关系，没有成为一名熟练的乐器制造者。

瓦特被从牙买加运来的天文仪器所"拯救"，这些仪器是亚历山大·麦克法兰遗留给格拉斯哥大学的，获得了专家的关注。瓦特恢复了这些仪器的功能，并得到了报酬。这些仪器最终被安装在麦克法兰天文台。后来，三位教授给了他在大学里建立一个小型工作室的机会。瓦特的大学生涯始于 1757 年，两位教授——物理学家、化学家约瑟夫·布莱克和著名的经济学家亚当·斯密成了瓦特的朋友。

起初，瓦特致力于维护和修理大学里使用的科学仪器，帮助进行演示，并扩大象限仪的生产。他制作和修理了反射象限仪、平行尺、比例尺、望远镜部件、气压计等。1759 年，他与建筑师兼商人约翰·克雷格（John Craig）建立了合作关系，生产和销售一系列产品，包括乐器和玩具。这种合作关系持续了六年，雇用了 16 名工人。克雷格死于 1765 年。最后，一位名叫亚历克斯·加德纳的雇员接管了这家一直延续到 20 世纪的公司。

有一个广为流传的故事说，瓦特是受到了看到水壶沸腾的启发而发明了蒸汽机，蒸汽推动壶盖上升，从而向瓦特展示了蒸汽的力量。有时说是他母亲的水壶，有时说是他姑妈的水壶。瓦特并没有像故事中暗示的那样发明蒸汽机，但通过增加一个单独的冷凝器，大大提高了现有纽科门发动机的效率。从这个角度来看，它可以被看作类似于艾萨克·牛顿的故事和他发现万有引力前下落的苹果。尽管瓦特和水壶的故事经常被当作神话，但它确实有事实依据。为了理解热和蒸汽的热力学，瓦特进行了许多实验室实验，他的日记记录了他在进行这些实验时用水壶当锅炉来产生蒸汽的过程。

1759年，瓦特的朋友约翰·罗宾逊让瓦特注意到蒸汽作为动力的来源。纽科门发动机用于从矿井抽水已有近50年的历史，它的设计从第一次投入使用时几乎没有改变过。瓦特开始试验蒸汽机，尽管他从未见过运转的蒸汽机，开始尽可能地阅读有关这门学科的一切资料。他开始意识到潜热的重要性——在恒定温度的过程中释放或吸收的热能，这是他的朋友约瑟夫·布莱克几年前就发现的。

1763年，瓦特被要求修理属于大学的纽科门发动机模型。甚至在他修理之后，引擎几乎不工作。经过多次实验，瓦特证明，在每一次循环中，大约3/4的蒸汽热能被用于加热发动机汽缸。这些能量被浪费了，因为在后来的循环中，冷水被注入汽缸，使蒸汽凝结以降低压力。因此，通过反复加热和冷却汽缸，发动机浪费了大部分热能，而不是把它转换成机械能。瓦特在1765年5月得出的关键见解是，使蒸汽在与活塞分开的一个单独的腔室中凝结，并通过在汽缸周围加一层"蒸汽套"使汽缸的温度与注入蒸汽的温度保持一致。因此，在每个循环中圆柱体只吸收很少的能量，使更多的能量可以用来做有用的工作。同年晚些时候，瓦特有了一个工作模型。

尽管有可能是可行的设计，仍然有大量的困难，更有力的支持来自约翰·罗巴克（John Roebuck），他是福尔柯克附近著名的卡隆钢铁厂（Carron Iron Works）的创始人，瓦特现在与他建立了合作关系，主要的困难是加工活塞和汽缸。当时的钢铁工人更像铁匠，而不是现代的机械师，他们无法生产出足够精确的零部件。罗巴克在为瓦特的发明申请专利上花了很多钱，由于资金短缺，瓦特被迫从事了八年的测量员和土木工程师的工作。最终罗巴克破产了，在伯明翰附近拥有工厂的马修·博尔顿获得了他的专利权，在1775年成功地将专利延长到1800

年，通过博尔顿，瓦特终于接触到了一些世界上最好的钢铁工人。约翰·威尔金森（John Wilkinson）解决了制造带有紧密活塞的大圆筒的难题，他在北威尔士雷克瑟姆附近的伯沙姆发明了制造大炮的精密钻孔技术。瓦特和博尔顿建立了非常成功的合作关系，他们在接下来的 25 年里一直进行合作。

1776 年，第一批发动机被安装并在商业企业中使用，这些最初的发动机被用来给泵提供动力，并且只产生往复运动来移动轴底部的泵杆。这个设计在商业上取得了成功，在接下来的五年里瓦特忙着安装更多的发动机，主要是在康沃尔从矿井中抽水。这些早期的发动机并不是由博尔顿和瓦特制造的，而是由别人根据瓦特绘制的图纸制造的，瓦特当时担任顾问工程师，发动机的安装和试车由瓦特负责，在博尔顿的推动下，瓦特将活塞的往复运动转化为磨、织、磨的旋转动力，大大拓宽了本发明的应用领域。

在接下来的六年里，瓦特对蒸汽机做了许多其他的改进和修改。例如一种双作用发动机，蒸汽在活塞的两边交替作用，使活塞成为一体。他描述了蒸汽"膨胀"工作的方法，可以在远高于大气的压力下使用蒸汽。

瓦特从小就对化学很感兴趣。1786 年末，他在巴黎目睹了伯托莱的实验，他在实验中把盐酸和二氧化锰反应生成氯。他已经发现氯的水溶液可以漂白纺织品，并发表了他的研究成果，引起了许多潜在竞争对手的极大兴趣。当瓦特回到英国后，他开始沿着这些路线进行实验，希望找到一个商业上可行的方法。他发现盐、二氧化锰和硫酸的混合物可以产生氯，瓦特认为这可能是一种更便宜的方法。他把氯放入弱碱溶液中，得到了一种似乎具有良好漂白性能的混浊溶液。他很快就把这些结果告诉了他的岳父詹姆斯·麦格雷格尔。

在岳父和妻子安妮的帮助下，瓦特开始扩大制作的规模。

1788年3月，麦克格里戈将1500码的布料漂白到令他满意的程度。大约在这个时候，伯索利特发现了盐和硫酸的合成过程，并将其发表，使之为公众所知。其他许多人开始试验改进这一工艺，但它仍有许多缺点，其中最重要的是液体产品的运输问题。瓦特的竞争对手很快在开发过程中超过了他，便退出了实验比赛。

瓦特把科学的理论知识与实际应用的能力结合起来。汉弗莱·戴维这样评价他："那些认为詹姆斯·瓦特只是一个伟大的实用机械师的人，对他的性格形成了一种非常错误的看法；他是一位杰出的自然哲学家，也是一位杰出的化学家，他的发明证明了他拥有渊博的科学知识，以及天才的独特特征，即把这些科学结合起来用于实际应用。"

瓦特受到工业革命时期其他杰出人物的极大尊敬。他是月球协会的重要成员，与朋友和伙伴的私人关系总是融洽而持久的。瓦特还是一名多产的记录者，在康沃尔的那些年里，他每周给博尔顿写几封长信。然而，他不愿意将自己的研究成果发表在诸如《英国皇家学会哲学汇刊》之类的刊物上，相反，他更愿意用专利的形式来传达自己的想法。

瓦特于1800年退休，同年他的基本专利和与博尔顿的合作关系到期。著名的合作关系转移到了他们的儿子马修·罗宾逊·博尔顿和小詹姆斯·瓦特身上。长期担任公司工程师的威廉·默多克很快成为公司的合伙人，公司持续兴旺发达。

瓦特在半退休前和退休期间继续发明其他东西。在他位于斯塔福德郡汉兹沃斯的家中，瓦特利用一间阁楼作为工作室，在这里他完成了许多发明。除此之外，他还发明并制造了几台用于复制雕塑和大奖章的机器，这些机器工作得非常好，但他从未申请过专利，他保持着对土木工程的兴趣，并在几个重大项目中担任顾问。例如，他提出了一种建造柔性管道的方法，用于在格拉斯哥的克莱德河地下抽水。

1819 年 8 月 25 日，瓦特在斯塔福德郡（现在伯明翰的一部分）汉斯沃斯附近的家中去世，享年 83 岁。他于 9 月 2 日被安葬在汉斯沃斯的圣玛丽教堂墓地。

2009 年 5 月 29 日，英格兰银行宣布博尔顿和瓦特将出现在新的 50 英镑纸币上。该设计是第一个在英格兰银行纸币上出现的双人肖像，并将瓦特的蒸汽机和博尔顿的工厂的图像并排呈现在纸币上。

★ 罗兰·希尔爵士（Sir Roland Hill）

罗兰·希尔爵士（1795 年 12 月 3 日—1879 年 8 月 27 日），英语教师、发明家和社会改革家。他发起了英国邮政系统的全面改革运动，以统一邮资的概念和他的预付解决方案为基础，促进安全、快速和廉价的信件转移。后来，希尔担任政府邮政官员。人们通常认为，是他开创了现代邮政服务的基本概念，包括邮票的发明。

希尔提出，如果寄信的费用更低，人们（包括穷人）就会寄更多的信，最终利润就会上升。他提出了一种黏性邮票来指示邮资预付——这就是邮票黑便士的由来。1840 年，现代邮政的第一年，在英国发送的信件数量增加了 1 倍多，在 10 年内又翻了一番。3 年后，邮票被引入瑞士和巴西，稍晚一点被引入美国。到 1860 年，邮票已经在 90 个国家发行。

罗兰·希尔出生于英国伍斯特郡基德明斯特的布莱克威尔街。希尔的父亲托马斯·赖特·希尔是教育和政治领域的革新者，他的朋友包括约瑟夫·普里斯特利、汤姆·潘恩和理查德·普莱斯。12 岁时，希尔在他父亲的学校当了一名学生教师，他教天文学，并靠修理学校的科学仪器赚外快。他还在伯明翰实验室工作，业余时间画风景画消磨时间。

1819 年，他将父亲的学校从伯明翰市中心搬了出来，在伯明翰富裕的社区埃德巴斯顿建立了黑兹尔伍德学校，作为"对普里斯特利思想的教育回应"。黑兹尔伍德学校旨在为新兴的中产阶级提供一种公共教育模式，旨在提供有用的、以学生为中心的教育，这种教育将提供足够的知识、技能，使学生能够在"对社会最有用，对自己最快乐"的生活中继续自我教育。这所学校由希尔设计，包括一些创新，如科学实验室、游泳池和暖气系统。在他的学校科学成为一门必修课，学生们将学会自我管理。

1823 年 6 月，法国教育领袖、前罗伯斯庇尔秘书马克·安托万·朱利恩访问了黑兹尔伍德学校，并在他的《百科全书》杂志上发表了关于黑兹尔伍德学校的文章，这所学校因此获得了国际关注。朱利恩甚至把他的儿子也转到了这里。黑兹尔伍德学校给杰里米·边沁留下了深刻的印象，1827 年希尔在伦敦托特纳姆的布鲁斯城堡建立了一所分校。1833 年，原来的黑兹尔伍德学校关闭，其教育体系继续在新的布鲁斯城堡学校实施，希尔从 1827 年到 1839 年担任校长。

罗兰·希尔于 1835 年开始对邮政改革产生了浓厚的兴趣。国会议员罗伯特·华莱士于 1836 年向希尔提供了大量的书籍和文件，希尔开始详细研究这些文件，这使他在 1837 年初出版了一本小册子，名为《邮局改革的重要性和实用性》。1837 年 1 月 4 日，他向财政大臣托马斯·斯普林·赖斯递交了一份副本。这个第一版被标记为"私人的和机密的"并且没有向公众发布。1837 年 1 月 28 日，英国财政大臣召开了一次会议，会上财政大臣提出了改进意见，要求重新考虑，并要求提供一份补编改革计划。

19 世纪 30 年代，英国至少有 12.5% 的邮件是贵族、达官贵人和国会议员的个人进行传送的。从根本上说，邮政系统管理不善、浪费资源、价格昂贵、效率低下。它已不能满足日益扩张的商业和工业国家的需要。有一个杜撰的著名故事，是关于希尔如何对改革邮政系统产生兴趣的，说他注意到一个年轻女子穷得连她未婚夫写给她的信都不要了。在那个时候，信件邮费通常是由收信人而不是寄件人支付的。收件人可以简单地拒绝交付，欺诈司空见惯，例如，编码信息可能出现在信的封面上；收件人会检查封面以获取信息，然后拒绝投递，以避免付款；此外，邮费计算也很复杂，取决于信件的距离和页数。

自由贸易的倡导者理查德·科布登和约翰·拉姆西·麦卡洛克抨击了保守党政府的特权和保护政策。1833 年，麦卡洛克提出了这样的观点："没有什么比安全、快捷、廉价的信件运输更能促进商业的发展了。"

希尔的改革小册子《邮局改革：其重要性和实用性》于1837 年已经在私下流传，该报告呼吁"根据邮件重量而不是距离收取费率"。希尔的研究报告了他和查尔斯·巴贝奇的发现，即邮政系统的大部分费用不是用于运输，而是用于在起点和终点进行烦琐的处理程序。如果邮资是由寄件人预付的，费用可以大幅降低，预付邮资可以通过使用预付信笺或黏性邮票来证明，由于当时信封还不常见，人们开始使用信纸；它们还没有大量生产，在那个时代，邮资的计算部分是基于纸张的使用数量，此外，希尔建议将邮费降低到每半盎司一便士，而不考虑距离。他第一次向政府提出这项建议是在 1837 年。

在英国上议院邮政局长、辉格党人利奇菲尔德勋爵谴责希尔的"荒唐和不切实际的计划"。同样是辉格党成员的邮局秘书也谴责了希尔的研究："这个计划似乎很荒谬，完全没有事实依据，完全建立在假设的基础上。"但商人、交易员和银行家认为，现有体系存在腐败和贸易限制。他们成立了一个"商业委员会"来支持希尔的计划并推动其通过。1839 年，希尔得到了一份为期两年的合同，负责运行新邮政系统。

　　统一的邮费从 1839 年 12 月 5 日的四便士降至 1840 年 1 月 10 日的一便士，那时还没有邮票或信纸印刷出来。从 1839 年 11 月到 1840 年 2 月，付费通信的数量急剧增加了 120%。1840 年，人们就开始发行由威廉·穆拉迪设计的预付信笺。这些信封并不受欢迎。根据国家邮政博物馆（现在的英国邮政博物馆和档案馆）显示，信封威胁了文具制造商的生计，以至于政府只在官方邮件中使用信封，并销毁了许多其他私人邮件。

　　1840 年 5 月，世界上第一张黏性的邮票发行了。这枚 1 便士的黑色邮票上刻着年轻的维多利亚女王的精美肖像，立刻获得了成功，后来他们又对邮票进行改进，如在邮票边缘穿孔，以减轻邮票的分离难度。

　　改革大功告成之后，罗兰·希尔继续在邮局工作，直到 1841 年保守党赢得大选。罗伯特·皮尔爵士于 1841 年 8 月 30 日复职，任职至 1846 年 6 月 29 日。在激烈的争论中，希尔于 1842 年 7 月被解职。伦敦和布莱顿铁路公司任命他为董事，并在 1843 年至 1846 年期间担任董事长。他降低了从伦敦到布莱顿的票价，扩大了路线，提供了特殊的短途火车，并使乘客的通勤更舒适。1844 年，埃德温·查德威克、罗兰·希尔、约翰·斯图亚特·密尔、里昂·普莱费尔、尼尔·阿诺特博士和其他朋友组成了一个名为“议会之友”的社团，他们在彼此的家中聚会，讨论政治经济问题。希尔也成为有影响力的政治经济学俱乐部的成员，该俱乐部由大卫·李嘉图和其他古典经济学家创立，但现在包括许多有权势的商人和政治人物。

　　1846 年，保守党因废除《谷物法》而分裂，罗素勋爵领导的辉格党政府取而代之。从 1854 年到 1864 年，希尔先后被任命为邮政总局局长秘书和邮政局局长。由于他的贡献，希尔于 1860 年被封为巴斯骑士团的骑士指挥官，他被任命为英国皇家学会会员，并被牛津大学授予荣誉学位。

希尔于 1879 年在伦敦汉普斯特德去世。他被安葬在威斯敏斯特教堂。海格特墓地的家族墓地上有他的纪念碑。

希尔为人类留下两大遗产：第一个是他对新兴中产阶级的教育模式。第二个是他的高效邮政系统的典范，为商业和公众服务，包括邮票和低而统一的邮费制度，他不仅改变了世界各地的邮政服务，而且使商业变得更有效率和更有利可图，尽管英国邮局的收入花了 30 年才恢复到 1839 年的水平。英国统一的便士邮政一直延续到 20 世纪。

为了表彰罗兰·希尔对现代邮政系统发展做出的贡献，万国邮政联盟（Universal Postal Union）为罗兰·希尔树立了专门的纪念碑。万国邮政联盟是负责管理国际邮政系统的联合国机构。他的名字出现在位于瑞士伯尔尼的万国邮联总部的两个大会议厅之一。

为了纪念第一张邮票问世一百周年，葡萄牙发行了一款小型邮票，上面有八枚以罗兰·希尔的名字命名的邮票。后来，在他逝世 100 周年之际，大约 80 个国家发行了纪念罗兰·希尔的综合性邮票。据统计，截至目前共有 147 个国家发行过纪念他的邮票。

★ 阿瑟·柯南·道尔爵士（Sir Arthur Conan Doyle）

无论是不是侦探小说迷，相信很多人都会读过或者至少听说过《福尔摩斯探案集》，柯南·道尔爵士（1859 年 5 月 22 日—1930 年 7 月 7 日）就是这一享誉世界的侦探系列小说的作者。1887 年，他最初是一名医生，在《血字的研究》（Study in Scarlet）一书中发表了一篇文章。柯南·道尔最令人熟悉的还是他一生创作的 50 多部以福尔摩斯为主角的著名侦探小说。夏洛克·

福尔摩斯的故事通常被认为是犯罪小说领域的里程碑。柯南·道尔还以创作《查伦杰教授的冒险》和宣传《玛丽·塞莱斯特》的神秘故事而闻名。他是一位多产作家，其他作品包括奇幻和科幻小说、戏剧、爱情小说、诗歌、非小说和历史小说。

柯南·道尔通常被称为"阿瑟·柯南·道尔爵士"或简称为"柯南·道尔"（柯南·道尔是一个复合姓的一部分，而不是他的中间名）。在爱丁堡圣玛丽大教堂登记的受洗记录中，柯南·道尔的名字是"亚瑟·伊格那修斯·柯南"，他的姓氏是"道尔"。这本受洗录还记载了迈克尔·柯南为他的教父。

1859年5月22日，道尔出生于苏格兰爱丁堡的皮卡迪广场11号。他的父亲查尔斯·阿尔塔蒙特·道尔出生于英国，爱尔兰天主教血统，他的母亲玛丽是爱尔兰天主教徒。他的父母在1855年结婚。1864年，由于查尔斯的酗酒问题日益严重，这个家庭解散了，孩子们被暂时安置在爱丁堡各处。1867年，这家人又团聚了，住在塞恩斯街3号一套简陋的公寓里。道尔的父亲在经过多年的精神疾病后，于1893年在邓弗里斯的克莱顿皇家酒店去世。

柯南·道尔由富有的叔叔们资助，在9岁时被送往英格兰兰开夏郡斯托尼赫斯特郡霍德中学的耶稣教会预备学校，然后他去了斯托赫斯特学院，直到1875年。从1875年到1876年，他在奥地利费尔德基什的斯特拉·马图蒂纳耶稣会学校接受教育。他后来拒绝天主教信仰，成为不可知论者。他后来也成为唯心论的神秘主义者。

从1876年到1881年，柯南·道尔在爱丁堡大学医学院学习医学，包括在阿斯顿（当时是沃里克郡的一个镇，现在是伯明翰的一部分）、谢菲尔德和什罗普郡工作。在此期间，他在爱丁堡的皇家植物园学习实用植物学。在学习期间，道尔开始写短篇小说。他现存最早的小说《哥斯索普闹鬼的画眉山庄》并没有被提交给布莱克伍德的杂志。1879 年 9 月 6 日，他发表的第一篇文章《萨沙山谷之谜》发表在钱伯斯的《爱丁堡期刊》上，这篇文章讲述了一个发生在南非的故事。1879 年 9 月 20 日，他在英国医学杂志上发表了他的第一篇学术论文《Gelsemium 是一种毒药》。《每日电讯报》认为这项研究在 21 世纪的谋杀案调查中可能有用。

1880 年，道尔在彼得黑德的格陵兰捕鲸船上担任医生，1881 年大学毕业，获得文学硕士学位。他是前往西非海岸的 SS Mayumba 号上的一名外科医生，并于 1885 年获得了医学博士学位。

1882 年，柯南·道尔在普利茅斯的一家医疗诊所与老同学乔治·图尔纳文·巴德一起工作，但两人的关系并不融洽，柯南·道尔很快便离开了普利茅斯，成立了自己的诊所。1882 年 6 月，他带着不到 10 英镑（相当于今天的 900 英镑）的钱来到了朴茨茅斯，在南海榆树林的一座丛林别墅里开了一家诊所。这家诊所最初并不十分成功，柯南·道尔职业生涯受挫，生活拮据，但是柯南·道尔并不担心，门可罗雀的诊所为他提供了大量的闲暇时间，在等待病人的时候，柯南·道尔又开始写小说了。因为教育背景和早期职业生涯的影响，柯南·道尔是强制接种疫苗的坚定支持者，他写了几篇文章提倡这种做法，并谴责了反对接种疫苗者的观点。

1891 年初，柯南·道尔在维也纳尝试研究眼科。他之前曾在朴茨茅斯眼科医院学习，以获得进行眼科检查和配戴眼镜的资格。他的朋友弗农·莫里斯建议他去维也纳，在那里待了六个月，接受眼科医生的培训。然而，柯南·道尔发现在维也纳的课堂上很难理解德语医学术语，于是很快就放弃了那里的学业。在维也纳两个月的逗留期间，他还参加了其他活动，比如与妻子路易莎滑冰，与《伦敦时报》(*London Times*) 的布林斯

利·理查兹喝酒。他还写了莱佛士的活动。在参观了威尼斯和
米兰之后，他在巴黎待了几天，观察眼科疾病专家埃德蒙·兰
多特。离开维也纳三个月后，柯南·道尔回到了伦敦。他在五
号楼开了一个小办公室和咨询室。伦敦 W1 上温普尔街 2 号（当
时被称为德文郡广场 2 号，今天可以看到前门上的威斯敏斯特
议会牌匾）。根据他的自传，他从来没有接待过一个病人，他作
为眼科医生的努力是失败的。职业生涯的失败让他不得不转行，
同时他的写作也渐渐走上正轨。1904 年，柯南·道尔努力为自
己的作品寻找出版商，这是一部关于夏洛克·福尔摩斯和华生
医生的作品。1886 年 11 月 20 日，沃德洛克公司拍摄了《血字
的研究》中的华生，给了柯南·道尔 25 英镑（相当于今天的
2500 英镑）的版权。一年后，这篇文章出现在《比顿圣诞节年
鉴》上，受到《苏格兰人》和《格拉斯哥先驱报》的好评。

　　据柯南·道尔自己透露，夏洛克·福尔摩斯的部分原型是
他以前的大学老师约瑟夫·贝尔。1892 年，道尔在给约瑟夫·
贝尔的信中写道："没有您就没有夏洛克·福尔摩斯，这一形象
的塑造离不开您的启发……在我听您反复灌输的推理理念以及
将推理和观察视为学习的中心，我曾试图塑造一个这样的形
象。"在他 1924 年的自传中，他说："难怪在研究了这样一个人
物之后。在以后的生活中，当我试图塑造一个科学侦探形象时，
我使用并扩展了他的方法。"苏格兰著名作家罗伯特·路易斯·
史蒂文森（Robert Louis Stevenson）曾经这样评论柯南·道尔的
侦探小说："即使在遥远的萨摩亚，也能看出约瑟夫·贝尔和夏
洛克·福尔摩斯之间的巨大相似之处"，"我对你、对夏洛克·福
尔摩斯非常巧妙和有趣的冒险行为表示赞赏。这是我的老朋友
乔·贝尔吗？其他作家有时也会提出其他的影响，例如著名的埃
德加·爱伦·坡笔下的人物 C、奥古斯特·杜宾、华生的姓（但
没有其他明显的特征）来自柯南·道尔在朴茨茅斯的一位医学同

事詹姆斯·华生医生"。

柯南·道尔的《血字的研究》续集已委托制作，但是出版之后柯南·道尔发现作者变成四个人并且这四个人的名字出现在 1890 年 2 月的利平科特的杂志上，柯南·道尔虽不乐意，但这是与沃德索出版公司达成的协议。作为一名初来乍到的作家，柯南·道尔感到沃德·洛克对他的剥削，气愤之下柯南·道尔与他们解了约。随后以夏洛克·福尔摩斯为主角的短篇小说发表在《海滨》杂志上。他最初的五篇福尔摩斯短篇小说是在上文波尔街 2 号（当时的德文郡广场）的办公室里写成的，现在这里有一块纪念碑。

道尔对他最著名的作品的态度是矛盾的。1891 年 11 月，他写信给他的母亲说："我想杀死福尔摩斯……让他永远完蛋。他让我忘记了更好的事情。"他妈妈回答说："你不会的！你不能！你不能！"为了转移出版商对更多福尔摩斯故事的需求，他把价格提高到一个让出版商望而却步的水平，但发现他们甚至愿意支付他要求的大价钱。结果，他成为当时收入最高的作家之一。

1893 年 12 月，为了把更多的时间投入历史小说中，柯南·道尔在小说《最后的问题》中让福尔摩斯和莫里亚蒂教授一起从莱辛巴赫瀑布跳下，走向死亡。然而，公众的强烈抗议使他在 1901 年的小说《巴斯克维尔庄园的猎犬》中仍以福尔摩斯为主角。1903 年，柯南·道尔出版了他十年来的第一部福尔摩斯短篇小说集《空屋历险》，书中解释道，只有莫里亚蒂一个人倒了下来，但福尔摩斯还有其他危险的敌人——尤其是塞巴斯蒂安·莫朗上校——他已经安排好让别人认为他已经死了。福尔摩斯最终共出现在 56 篇短篇小说中，上一次出版是在 1927 年，另外还有柯南·道尔的四部小说，此后还出现在许多其他作家的小说和故事中。

除了著名的《福尔摩斯探案集》，柯南·道尔还有其他作品

问世，但是因为《福尔摩斯探案集》在世界上影响太大，以至
于许多读者都忽略了他的其他作品，比如柯南·道尔的第一部
小说是 1888 年才出版的《克洛姆伯之谜》(*The Mystery of
Cloomber*)，以及 2011 年才出版的《约翰·史密斯未完的故事》
(*The Unfinished Narrative of John Smith*)。他写作并收集了一系列
短篇小说，包括《北极星船长》和《J. 哈巴克吉的声明》，两
者的灵感都来自柯南·道尔在海上行医的时光。

　　1888 年至 1906 年，柯南·道尔写了七部历史小说，他本人
和许多评论家都认为这是他最好的作品。他还创作了其他九部
小说，在他后来的职业生涯（1912～1929 年）中，他写了五篇
小说，其中两篇是中篇小说，主角是性情暴躁的科学家查伦杰
教授。"挑战者号"的故事包括他继福尔摩斯系列之后最有名的
作品《失落的世界》。他还是一位多产的短篇小说作家，包括两
本以拿破仑时代为背景的合集，主角是法国人杰拉德准将
(Brigadier Gerard)。

　　柯南·道尔是一位精力充沛、技术很好的球员，住在英国
南部海滨期间，柯南·道尔化名为业余球队朴茨茅斯协会足球
俱乐部 (Portsmouth Association Football Club) 效力，担任守门
员。这个俱乐部于 1883 年由当地建筑师成立，于 1896 年解散，
与今天的朴茨茅斯足球俱乐部毫无关系。柯南·道尔还是一名
狂热的板球运动员，在 1899 年至 1907 年期间，他为马里波恩板
球俱乐部 (Marylebone Cricket Club, MCC) 打了 10 场一流的板
球比赛。1902 年对阵伦敦球队时，他的最高分是 43 分。他还偶尔
打打保龄球，只打过一次一流的三柱门。柯南·道尔也是一名高
尔夫球爱好者，1910 年，他被选为苏塞克斯克罗伯勒灯塔高尔夫
俱乐部 (Crowborough Beacon Golf Club) 的队长。1907 年，他和
第二任妻子简·莱基搬到克罗伯勒的小温德勒沙姆庄园，与家人
一起住在那里，直到 1930 年 7 月去世。

1885 年，柯南·道尔与路易莎·霍金斯结婚。她是柯南·道尔一位病人的妹妹。路易莎患肺结核，于 1906 年 7 月 4 日去世。第二年，他与莱基结婚，两人相识并相爱于 1897 年，此时他的第一任妻子路易莎·霍金斯尚在世，出于对妻子的忠诚，他与简保持着柏拉图式的关系。简·莱基于 1940 年 6 月 27 日在伦敦逝世。

柯南·道尔于 1909 年写了一本名为《刚果之罪》的长篇小册子，谴责了刚果殖民地发生的恐怖行径。他结识了莫尔和凯斯门特，很有可能，他们与伯特伦·弗莱彻·罗宾逊一起，激发了 1912 年小说《失落的世界》中几个人物的灵感。第一次世界大战期间，罗宾逊成为和平主义运动的领导人之一，柯南·道尔与他决裂。复活节起义后，凯斯门特被判叛国罪，柯南·道尔认为凯斯门特疯了，不能为自己的行为负责，试图通过自己的努力营救自己的朋友，使他免于死刑，但未能成功。

此外，柯南·道尔亦热心倡导司法公正，并亲自调查两宗结案，两名男子因此被判无罪。第一起案件发生在 1906 年，当事人是一名害羞的律师，他有一半英国血统、一半印度血统，名叫乔治·艾达尔基，据称他曾在大威利村写恐吓信、残害动物。警方对艾达尔基的定罪进行了调查，尽管在此案的嫌疑人入狱后，对艾达尔基的残害仍在继续。柯南·道尔为此多方奔走，除了帮助乔治·艾达尔基申诉，柯南·道尔还竭尽全力帮助建立了一种纠正司法误判、保护司法公正的方法，因为这个案件和柯南·道尔的努力，英国 1907 年成立了刑事上诉法院，专门处理冤假错案。

柯南·道尔和乔治·艾达尔基的故事被改编成 1972 年英国广播公司（BBC）电视剧《爱德华人》（*The Edwardian*）中的一集。在尼古拉斯·迈耶（Nicholas Meyer）1976 年的《西区恐怖》（*The West End Horror*）中，福尔摩斯成功地帮一个害羞的帕西印第安人角色洗清了被英国司法系统冤枉的罪名。艾达尔基继承了他父亲的帕西血统。这个故事是由朱利安·巴恩斯（Ju-lian Barnes）2005 年的小说《亚瑟和乔治》（*The Arthur and George*）改编而成的，2015 年 ITV 将其改编成三集电视剧。

柯南·道尔参与的第二起案件是奥斯卡·斯莱特（Oscar Slater）案，斯莱特是一名赌博的商人，因 1908 年在格拉斯哥用棍殴打一名 82 岁的妇女而被定罪。这起案件引起了柯南·道尔的好奇心，因为检方的说法前后不一，而且人们普遍认为斯莱特无罪，1928 年，他为斯莱特的成功上诉支付了大部分费用。

柯南·道尔对神秘题材有着长期的兴趣。他于 1887 年 1 月 26 日在凤凰社 257 号正式成为共济会会员。他在 1889 年从分会辞职，但在 1902 年又回到分会，直到 1911 年才再次辞职。

同样是在 1887 年的英国南海之滨，受朴茨茅斯文学和哲学学会成员阿尔弗雷德·威尔克斯·德雷森少将的影响，他开始了一系列的精神研究。那一年，他在给唯心论杂志《光》（*Light*）的信中宣称自己是一个唯心论者，并谈到了令他信服的一件特殊的精神事件。尽管后来他动摇了，但他仍然对超自然现象着迷。他是 1889 年汉普郡心理研究学会的创始人之一，1893 年加入伦敦心理研究学会。1894 年，他与西德尼·斯科特爵士（Sir Sidney Scott）和弗兰克·波德莫尔（Frank Podmore）一起，在德文郡（Devon）进行了一项恶作剧调查。然而，在这一时期，他在本质上仍然是一个业余爱好者。

1916 年"一战"最激烈的时候，柯南·道尔的信仰发生了变化，他认为他的孩子们的保姆莉莉·洛克·西蒙兹显然有特异功能，柯南·道尔的信仰也随之改变。这一点，再加上他看到周围的死亡，使他合理地认为唯心论是上帝为了给死者家属带来安慰而送来的"新启示"。《新启示》是他两年后出版的第一部唯心论著作的书名。在接下来的几年里，他给《光》杂志写了关于他的信仰的文章，并经常就唯心论的真理发表演讲。与战争相关的死亡无疑加强了他长期以来对死后重生和精神交流的信念，尽管声称他的儿子金斯利之死使他转向了人们常说的唯心论是错误的。1916年，柯南·道尔以唯灵论者的身份出现在公众面前，那是在他儿子死前整整两年。1918年10月28日，金斯利在1916年索姆河战役中受重伤，康复期间感染肺炎去世。1919年2月，英尼斯·道尔准将也死于肺炎。后来柯南·道尔的两个姐夫去世，"一战"后不久，他的两个侄子也相继去世。他的第二本关于唯心论的书《生命的信息》于1919年出版。

柯南·道尔在唯心论里找到慰藉，并试图找到死后存在的证据。这与他的人生经历有着不可分割的关系，尤其是他的至亲在战争中死亡更加加重了他对唯心论的痴迷，在唯心论中，他能找到解释至亲死亡之后的归宿问题。柯南·道尔还于1920年到澳大利亚和新西兰进行了唯心论传教工作，并一直坚持到去世，他在英国、欧洲和美国讲述了自己对唯心论的信念。柯南·道尔爵士还受到他的唯心主义信仰的启发，写了一部关于"雾之国"的中篇小说，主角是查林杰教授。他还写了许多其他非虚构的唯心主义作品，也许他最著名的唯心论作品是《仙女来了》（1922）。他在书中再现了这些理论，以及关于仙女和精灵的本性和存在的理论。

柯南·道尔曾与美国魔术师哈里·胡迪尼有过一段时间的朋友关系。20世纪20年代，在他深爱的母亲去世后，胡迪尼成为唯心主义运动的著名反对者。尽管胡迪尼坚称唯心论的灵媒使用了诡计（并不断地揭露他们是骗子），柯南·道尔开始相信胡迪尼自己拥有超自然的力量——这一观点在柯南·道尔的《未知的边缘》中得到了表达。胡迪尼显然无法让柯南·道尔相信他的表演只是幻觉，这导致了公众对他的不满。胡迪尼的朋友伯纳德在回忆录中讲述了一个具体的事件。在恩斯特，胡迪尼在柯南·道尔面前表演了一个令人印象深刻的魔术。胡迪尼向柯南·道尔保证，这个把戏纯粹是幻觉，他只是想证明柯南·道尔不"认可现象"的一个观点，因为他没有任何解释。据恩斯特称，柯南·道尔拒绝相信这是一个骗局。

1922 年，心理学研究员哈利·普赖斯（Harry Price）指控精神摄影师威廉·霍普（William Hope）欺诈。柯南·道尔为霍普辩护，但从其他研究人员那里获得了更多的欺骗证据。柯南·道尔威胁要把普赖斯赶出国家精神研究实验室，并声称如果他坚持写关于唯心论的"丑事"，他就会遭遇与哈利·胡迪尼同样的命运。普赖斯写道："阿瑟·柯南·道尔和他的朋友多年来一直骂我揭露了霍普。"由于霍普和其他欺诈性唯心论的曝光，柯南·道尔迫使 84 名心理研究协会成员集体辞职，因为他们认为该协会反对唯心论。

★ J. R. R. 托尔金（John Ronald Reuel Tolkien）

英国的魔幻小说杰作数不胜数，而目前最为世人所熟知的就是来自苏格兰爱丁堡的 J. K. 罗琳的《哈利·波特》系列，和来自牛津大学语言学教授 J. R. R. 托尔金的《指环王》系列。托尔金基于北欧神话完成了《霍比特人》《指环王》《精灵宝钻》的写作。

托尔金的祖先是中产阶级的工匠，他们在伦敦和伯明翰制造和销售钟表、手表和钢琴。托尔金（Tolkien）家族在 18 世纪从德国移民到英国，但很快就变成了"地道的英国人"。根据家族传统，托尔金一家是在 1756 年来到英国的，当时他们是"七年战争"期间腓德烈大帝入侵萨克森选民的难民。几个姓托尔金或类似拼写的家庭住在德国西北部，主要在下萨克森州和汉堡。托尔金认为他的姓氏来源于德语单词"tollkuhn"，意思是"鲁莽的"，他开玩笑地把自己作为"客串角色"插入了俱乐部报纸的概念中，并将其直译为"拉什博尔德"。然而，这个名字的来源还没有得到证实。德国作家认为该名称更有可能来自拉斯滕堡 Tolkynen 附近的村庄东普鲁士。虽然那个村庄离下萨克森州很远，但它的名字却来源于现今已灭绝的古普鲁士语。1892 年，带有布隆方丹托尔金家族彩色照片的圣诞贺卡寄往英国伯明翰的亲戚。约翰·罗纳德·勒尔·托尔金于 1892 年 1 月 3 日出生在布隆方丹的奥兰奇自由邦（现南非自由邦省），父亲是亚瑟·勒尔·托尔金（1857—1896），一位英国银行经理，妻子梅布尔，娘家姓萨菲尔德（1870—1904）。这对夫妇离开英国时，亚瑟被提升为他工作的那家英国银行布隆方丹（Bloemfontein）分行的办公室主任。托尔金有一个兄弟，他的弟弟希拉里·亚瑟·勒尔·托尔金出生于 1894 年 2 月 17 日。

小时候，托尔金在花园里被一只巨大的狼蜘蛛咬了一口，一些人认为这一事件后来在他的《指环王》小说中得到了呼应，在《指环王》中，男主人公弗罗多在去往魔多的路上，被一只硕大无比的蜘蛛蜇伤，差点丧命，这一桥段就是托尔金儿时经历的写照，尽管他承认自己对这件事没有真实的记忆，成年后对蜘蛛也没有特别的仇恨。在另一件事里，一个年轻的家仆认为托尔金是个漂亮的孩子，就把托尔金带到他的畜圈里炫耀，第二天早上就把他送回来了。

3 岁时，他随母亲和弟弟去了英国，打算进行一次漫长的探亲之旅。然后他们可以举家团圆，但是，托尔金的父亲在他完成工作即将从南非回到英国之际，死于南非的风湿热。于是，无依无靠的托尔金的母亲梅布尔·托尔金带他和弟弟住在伯明翰的金斯西斯（King's Heath 地区），这里是托尔金外祖母的居所，从此托尔金和妈妈与弟弟就和外祖父母住在一起。不久之后，在 1896 年，他们搬到了 Sarehole（现在在 Hall Green），那是伍斯特郡的一个村庄，后来被伯明翰兼并。他喜欢探索 Sarehole 轧机、莫斯利沼泽和 Clent Lickey 莫尔文丘陵，这些地方的场景后来都成为激发托尔金书写《指环王》的场景，在他的小说里，连同附近的城镇和村庄，如 Bromsgrove Alceste、Alvechurch 和他姑姑简等经营的农场都被用在了托尔金的小说里，比如，霍比特人所居住的小村庄被称为袋底（Bag Ends）就是托尔金姑姑经营的农场的名字。

托尔金曾是伯明翰的一名教区居民和教堂侍童，梅布尔·托尔金在家里教她的两个孩子。她教给他许多植物学知识，使他体会到植物的外观和感觉。年轻的托尔金喜欢画风景和树木，但他最喜欢的课程是关于语言的，他的母亲很早就教会了他拉丁语。托尔金是个早慧的孩子，四岁时就能阅读，不久就能流利地写作。他母亲允许他读许多书。他不喜欢《金银岛》和《花衣魔笛手》，认为刘易斯·卡罗尔的《爱丽丝梦游仙境》"有趣但令人不安"。他喜欢关于"红印第安人"（印第安人）的故事和乔治·麦克唐纳的奇幻作品。此外，安德鲁·朗的"童话书"对他特别重要，其影响在他后来的一些作品中表现得很明显。

梅布尔·托尔金在 1900 年被罗马天主教会接纳，尽管她的家庭强烈抗议，停止了对她的所有经济援助。在 1904 年，当托尔金 12 岁时，母亲死于急性糖尿病，住在她租住的雷德纳尔的乡村。那时她大约 34 岁，在她死后九年，托尔金写道："我亲爱的母亲的确是一名殉道者。"在她去世之前，梅布尔·托尔金把她两个儿子的监护权交给了她的好朋友——伯明翰教会的弗朗西斯·泽维尔·摩根，他被指派把他们培养成虔诚的天主教徒。在 1965 年写给儿子迈克尔的信中，托尔金回忆起这个被他称为"弗朗西斯神父"（Father Francis）的人的影响："他是一个上层社会的威尔士—西班牙裔托利党人，在一些人看来，他只是个闲聊的老家伙。他过去是，现在不是。我首先从他那里学到了仁慈和宽恕；在这光的照耀下，我从'自由'的黑暗中走出来，知道得更多。"托尔金在成长过程中对《血腥玛丽》的了解比耶稣的母亲还要多——耶稣除了被罗马主义者当作邪恶崇拜的对象外，从未被提及过。

母亲去世后，托尔金在伯明翰的埃吉巴斯顿（Edgbarston）地区长大，先后就读于爱德华国王学校、伯明翰和后来的圣菲利普的学校。1903 年，他获得了基金会奖学金，回到了爱德华国王学院。当托尔金还是这里的一名学生时，他是学校军官训练团的一名学员，1910 年乔治五世国王加冕游行时，他帮助"安排路线"。和爱德华国王学院的其他学员一样，托尔金被安排在白金汉宫的大门外。

在埃吉巴斯顿，托尔金生活在埃吉巴斯顿水厂的维多利亚塔的阴影下，这一生活经历可能影响了他作品中黑暗塔的形象。另一个强大的影响是伯明翰博物馆和美术馆，这里有大量的作品向公众展出爱德华·伯恩-琼斯和前拉斐尔派的浪漫中世纪绘画，这些绘画也让托尔金有了更广阔的想象空间，为了后来构建指环王的场景提供了丰富的素材。

在托尔金十几岁的时候，他第一次接触到一种被创造出来的语言——动物语言，这是他的表兄弟发明的。那时，他正在学习拉丁语和盎格鲁-撒克逊语。他们对动物的兴趣很快就消失了，但表兄弟包括托尔金自己，发明了一种新的更复杂的语言，叫作 Nevbosh。托尔金后来使用另一种人工构建的语言，他在语言上的天赋得到了充分的开发，他对语言机制的理解不仅让他成为著名的语言学家，也让他在小说写作中游刃有余，托尔金在他的小说《指环王》中设置了不同的种族，有人类，矮人族，还有精灵族，其中精灵族有他们特定的语言系统，而这一特定的语言系统，是遵循一定的语言机制编制出来的，这一有趣现象是小说《指环王》与众不同的地方，多年来也吸引着众多读者去探索精灵族语言的奥秘，这一语言的创造就得益于托尔金作为语言学家的专业知识。

托尔金在1909年以前学过世界语。1909年6月10日前后，他写了一本16页的笔记本《福克斯鲁克之书》，"他发明的一种字母的最早范例"就出现在那里，这本笔记本上的短文是用世界语写的。1911年，当托尔金和他的三个朋友——罗伯·吉尔森、杰弗里·巴切·史密斯和克里斯托弗·怀斯曼还在爱德华国王学院读书的时候，组成了一个半秘密的社团，他们把这个社团叫作"T. C. B. S."。这个名字的首字母代表"茶社"和"巴罗社会"，暗指他们喜欢在学校附近的巴罗商店里喝茶，也暗指在学校图书馆里喝茶。成员们离开学校后保持联系，1914年12月，他们在伦敦怀斯曼的家中举行了一次"会议"。对托尔金来说，这次会面的结果是激发了他对写诗的强烈投入。

1911年，托尔金在瑞士进行了一次深入的暑假旅行，在1968年的一封信中，他生动地指出，《指环王》中比尔博·巴金斯穿越迷雾山脉（包括滑步下滑行石头松树森林）的桥段是直接根据他在瑞士徒步的冒险经历写出来的，从茵特拉肯Lauterbrunnen到营地的整个过程被托尔金移植到小说里。57年后，托尔金想起了自己的遗憾，因为他离开了永别的琼弗劳和锡尔伯霍恩的雪景，"我梦想中的银田（西莱布迪尔）"。他们穿过克莱茵·斯凯德格到达格林德沃，然后穿过格罗斯·斯凯德格到达梅林根。他们继续穿过格里姆塞尔山口，穿过上瓦莱州，到达布里格，然后到达阿莱奇冰川和泽马特，但是没有去探索更加幽深的风景。

同年10月，托尔金开始在牛津大学埃克塞特学院学习。他最初学的是古典文学，但于 1913 年改学英语语言文学，1915 年以优异的成绩毕业。

1925 年至 1945 年，他担任英国盎格鲁-撒克逊和博斯沃思教授，牛津大学彭布罗克学院研究员。1945 年至 1959 年，担任默顿大学英语语言文学教授，默顿学院研究员。他曾经是 C. S. 刘易斯（英国 20 世纪文学巨擘，基督文学的代表人物，著名哲学家、神学家、文学家）的好朋友。20 世纪 50 年代，刘易斯、托尔金都是被称为非正式文学讨论小组的成员。1972 年 3 月 28 日，英国女王伊丽莎白二世为托尔金颁发大英帝国勋章。

虽然在托尔金之前就有很多作家出版过奇幻作品，但《霍比特人》和《指环王》的巨大成功直接导致了奇幻文学的复兴。托尔金也承认他的一些故事和思想受到了一些非日耳曼文化的影响或来源。他引用索福克勒斯的戏剧《俄狄浦斯王》作为《精灵宝钻》和《休林的孩子们》的灵感来源。此外，托尔金在爱德华国王学院读书时，第一次读了威廉·福塞尔·柯比翻译的芬兰民族史诗《卡莱瓦拉》。他把瓦纳莫宁这个角色描述为他对灰袍甘道夫的影响之一。卡拉瓦拉的反英雄库勒沃被进一步描述为都灵图拉姆巴尔的灵感来源。A. 安德森、约翰·加斯和其他许多著名的托尔金学者认为，托尔金也受到凯尔特（爱尔兰、苏格兰和威尔士）历史和传说的影响。然而，《精灵宝钻》的手稿被拒后，托尔金否认了它的凯尔特血统，部分原因是它的凯尔特名字"令人瞠目"："不用说，他们不是凯尔特人！故事也不是。我确实了解凯尔特语（很多是他们的母语爱尔兰语和威尔士语），我对他们有一种厌恶感：主要是因为他们根本没有理性。他们有明亮的颜色，但就像一个破碎的彩色玻璃窗重新组装没有设计。事实上，正如你的读者所说，他们是'疯了'——但我不认为我是。"

天主教神学和意象塑造了托尔金富有创造力的想象力，而这种想象力又弥漫着托尔金浓厚的宗教精神，托尔金自己也承认了这一点：《指环王》本质上是一部宗教和天主教作品；开始是无意识的，但在复习时是有意识的。这就是为什么我没有加入，或删除，几乎所有的参考，像"宗教"，崇拜或实践，在想象的世界。因为宗教元素被故事和象征所吸收，这使托尔金被普遍认为是"现代奇幻文学之父"，或者更准确地说，是"严肃高雅奇幻文学之父"。当然今天托尔金的知名度也应该感谢好莱坞的电影，正是因为彼得·杰克逊导演的《指环王》电影，使托尔金的小说更加为世人所知，也为他带来一批年轻的粉丝。2008年，《泰晤士报》将他列为"1945年以来最伟大的50位英国作家"中的第六位。《福布斯》将他列为2009年第五大收入最高的"已故名人"。

托尔金死后，他的儿子克里斯托弗根据父亲大量的笔记和未发表的手稿出版了一系列作品，其中包括《精灵宝钻》。这些书，连同《霍比特人》和《指环王》，构成了一个由故事、诗歌、虚构历史、虚构语言和文学散文组成的整体，讲述了一个名为阿尔达和中土世界的奇幻世界。从1951年到1955年，托尔金将"传奇小说"一词应用于这些著作的大部分。

16岁的时候，托尔金遇到了比他大三岁的伊迪丝·玛丽·布拉特，伊迪丝和托尔金经常光顾伯明翰的茶馆，尤其是一家有阳台可以俯瞰人行道的茶馆。他们会坐在那里，把糖块扔到路人的帽子里，等糖罐空了再移到旁边的桌子上。这两个人都是需要爱的孤儿，他们发现可以把爱给对方。1909年夏，他们决定相爱，他的监护人，父亲摩根，认为伊迪丝是托尔金考试失误的原因，他禁止托尔金在21岁之前与她见面、交谈，甚至是通信。托尔金严格遵守了这条禁令。

在1941年写给儿子迈克尔的信中，托尔金回忆道：我必须在不服从父亲的禁令和思念伊迪丝的悲伤（或欺骗）之间做出选择，一个是对我来说比大多数父亲都更像父亲的监护人，一个是自己朝思暮想的爱人，在这种煎熬里度过了多年后，直到我21岁才"放弃"这段恋情。我不后悔我的决定，虽然放弃我的爱人很艰难。但这不是我的错。她是完全自由的，也没有向我发过誓，如果她嫁给了别人，我也不会有什么抱怨。我差不多有三年没有见过我的爱人，也没有给她写信。这是非常艰难的决定，尤其是在刚开始的时候。这样的结果对我自己也是一种打击：我又回到了愚蠢和懒散的状态，浪费了大学一年级的大部分时间。21岁生日那天晚上，托尔金写信给伊迪丝，他说他从未停止过对她的爱，并向她求婚。伊迪丝回信说，她已经接受了乔治·菲尔德的求婚，乔治是她一个最亲密的同学的哥哥。然而，伊迪丝说，她之所以同意嫁给菲尔德，只是因为她觉得自己"被冷落"，她开始怀疑托尔金是否还在乎她。不过她在信中解释说，托尔金的信改变了一切，让她重拾对托尔金的信心，也让她更加笃定地相信托尔金是爱她的。

　　1913年1月8日，托尔金乘火车前往切尔滕纳姆，在站台上见到了伊迪丝，两人在乡间散步，坐在铁路高架桥下聊天，到那天晚上，伊迪丝已经同意接受托尔金的求婚。但是因为有婚约在身，伊迪斯不得不写信给菲尔德，告诉他退婚的消息，并随后归还了她的订婚戒指。乔治·菲尔德一开始非常沮丧，菲尔德一家也感到屈辱和愤怒。得知伊迪丝的新计划后，有人写信给伊迪斯的监护人说："我没有什么可以反对托尔金的，他是一个有教养的绅士，但他的前途非常渺茫，我无法想象他什么时候能结婚，也不知道什么时候能够给伊迪丝安稳的生活，如果他能够选择了一种体面的职业，可能情况会有所不同。"伊迪丝·布拉特和罗纳德·托尔金于1913年1月在伯明翰正式订婚，同年在圣·马丁·金学院结婚。托尔金在1941年写给儿子迈克尔的信中，对他的妻子愿意嫁给一个没有工作、没有钱、除了可能死于"一战"之外没有前途的男人的勇气表示钦佩。

1914 年 8 月，英国加入第一次世界大战。当托尔金决定不立即加入志愿军时，他的亲戚们都很震惊。在 1941 年写给儿子迈克尔的信中，托尔金回忆道："那些日子里，人们要么联合起来对付我，要么公开嘲笑我。对于一个想象力太丰富而缺乏实际勇气的年轻人来说，这是一个令人讨厌的差距，现实与理想的差距。"相反，在这段时间里托尔金忍受了诽谤，参加了课程学习，在牛津大学继续学习令他推迟了入伍，直到完成学业并得到了学位。

完成学位之后，托尔金加入军队，1916 年 6 月 5 日，托尔金搭乘运兵船连夜前往法国的加来。和其他第一次到达这里的士兵一样，他被派往位于伊塔普勒斯的英国远征军（BEF）基地仓库。6 月 7 日，他被通知已被派往兰开夏郡（Lancashire）第 11（勤务）营担任信号官。该营是第 25 师第 74 旅的一部分。在等待被召唤回部队的过程中，托尔金陷入了无聊。为了打发时间，他写了一首名为《孤独的小岛》的诗，这首诗的灵感来自他在横渡大海到加来的途中的感受。为了逃避英国军队的邮政检查，他还发明了一种圆点代码，伊迪丝可以通过它来跟踪他的行动。1916 年 6 月 27 日，他离开埃塔普勒，在亚眠附近的 Rubempre 加入了他的军队。他发现自己指挥的士兵主要来自兰开夏郡的采矿、铣削和纺织城镇。根据约翰·加斯的说法，他对这些工人阶级有一种亲和感，但是军事上的礼节禁止他与其他阶层发展友谊。相反，他被要求管理他们，管教他们，训练他们，可能还要审查他们的信件……如果可能的话，他应该激发他们的爱和忠诚。托尔金后来哀叹道："这是对我而言最不合适的工作，对别人发号施令不是我能胜任的工作。对任何人来讲这都是艰难的工作，即使百万分之一的人都做不到，尤其是那些寻求机会的人。"

托尔金于 1916 年 7 月初到达法国索姆河。在布津古战役期间，他参加了对施瓦本堡和莱比锡突出部的进攻。托尔金在战场上的日子对伊迪丝来说是一种可怕的压力，她害怕每一次敲门都可能带来她丈夫死亡的消息。为了避开英国军队的邮政审查制度，托尔金夫妇继续使用他为自己的家书设计的密码，通过使用密码，伊迪丝可以在西线地图上追踪丈夫的行动。

1916 年 10 月 27 日，托尔金的部队进攻雷吉娜·特伦奇时，染上了由虱子传播的战壕热。他于 1916 年 11 月 8 日被遣送到英国。许多他最亲密的同学在战争中丧生，当中有他在伯明翰所组成的 T. C. B. S. 俱乐部的罗伯·吉尔森和巴罗社团的成员，他在索姆河的第一天带领他的人向博蒙特·哈默尔发起进攻时被杀死了。T. C. B. S. 俱乐部成员杰弗里·史密斯在同一场战斗中被杀，当时一枚德国炮弹落在一个急救站上，托尔金的军队在他返回英国后几乎全军覆没。

战争中托尔金的朋友很多都牺牲了，虚弱羸瘦的托尔金在战争的剩余时间里一直在医院和驻军之间来回奔波，因为他的身体状况不适合担任一般的军职。在斯塔福德郡小海伍德的一间小屋里康复期间，他开始写他所谓的《失落的故事》，从贡多林的陨落开始。《失落的故事》代表了托尔金为英格兰创造神话的尝试，后来他放弃了这个写作项目。1917 年和 1918 年，他的病一直反复发作，但他基本已经康复，可以在不同的营地做简单事务了。就在这个时候，伊迪丝生下了他们的第一个孩子，约翰·弗朗西斯·勒尔·托尔金。1918 年 1 月 6 日，托尔金被晋升为临时中尉。当他驻扎在赫尔的金斯敦时，他和伊迪丝在附近鲁斯的树林里散步，伊迪丝在开花的铁杉丛中的一块空地上为他跳舞。1971 年妻子去世后，托尔金回忆道："我从未让伊迪丝露过面，但她是后来成为《精灵宝钻》主要部分的故事的来源。它最初是在约克郡（Yorkshire）的鲁斯（Roos）一片长满铁杉的林地空地上构想出来的［1917 年，我曾在那里短暂地指挥过亨伯要塞（Humber Garrison）的一个前哨站，她得以和我团聚并住了一段时间］。在那些快乐的日子里，她头发乌黑，皮肤光洁，她的眼睛比你所见过的眼睛还要明亮，她还会唱歌和跳舞，但是这个故事已经落下了帷幕，我被抛弃了，我无法在无情的死神面前恳求让伊迪丝留下来，我无能为力。"

1920 年 11 月 3 日，托尔金被遣散并离开军队，保留了中尉军衔。第一次世界大战后，他的第一份文职工作是在《牛津英语词典》（*Oxford English Dictionary*）做编纂工作，主要研究日耳曼语系单词的历史和词源学，这些单词的词源以字母 W 开头。1920 年，他在利兹大学担任英语教师，成为那里最年轻的教授。在利兹大学期间，他和 E. V. 高登合作编写了中古英语词汇表和权威版的《高文爵士与绿衣骑士》（*Sir Gawain and the Green Knight*），由于杰出的工作表现，托尔金和高登此后多年都被视为学术标杆。他还翻译了高文爵士、珀尔和奥费奥爵士的作品。1925 年，他回到牛津大学，担任盎格鲁-撒克逊语的罗林森和博斯沃思教授。

托尔金在彭布罗克学院教书期间，住在牛津北部的北摩尔路 20 号（2002 年，为了纪念托尔金，这座故居被镶上一块蓝色的牌匾），托尔金就是在这里写了《霍比特人》和《指环王》的前两卷。

20 世纪 20 年代，托尔金开始翻译《贝奥武夫》，因为这部叙事诗使用古英语写成，托尔金决定将其翻译成现代英语，该书于 1926 年完成但他从未发表过这个作品。最终，在托尔金去世多年以后他的儿子编辑了这本书，并于 2014 年出版，此时距离托尔金去世已经过去了 40 多年，托尔金的其他著作也已经完成了近 90 年。虽然该书在托尔金有生之年没有发表，但是在翻译完成十年后，托尔金发表了一篇备受赞誉的演讲，题为《贝奥武夫：怪物与批评家》，对贝奥武夫的研究产生了深远的影响。刘易斯·尼克尔森说，托尔金写的关于《贝奥武甫》的那篇文章"被广泛认为是《贝奥武甫》批评的一个转折点"。他指出，托尔金确立了作品的诗性本质的首要地位，而不是纯粹的语言元素。当时，学术界的共识反对贝奥武夫进行的是幼稚的与怪兽的战斗，而不是现实的部落战争；托尔金认为《贝奥武夫》的作者是在笼统地谈论人类的命运，而不是受到特定部落政治的限制，因此怪物在这首诗中是必不可少的。《贝奥武夫》确实涉及了特定的部落斗争，但托尔金坚决反对《奇幻元素》的阅读。托尔金在文章中还透露了他对《贝奥武夫》的高度评价："《贝奥武夫》是我最宝贵的资料来源之一"，这种影响贯穿于托尔金中土世界的传奇故事中。

从 1959 年退休到 1973 年去世，托尔金的公众关注度和文学声誉稳步上升。1961 年，他的朋友 C. S. 刘易斯甚至提名他为诺贝尔文学奖得主。他的书卖得很好，他后悔没有选择早退休。一开始，他对读者的询问写了热情的回信，但他对自己的书在 20 世纪 60 年代的反文化运动中突然流行起来越来越不满。在 1972 年的一封信中，他对自己成为一个邪教人物表示遗憾，但承认"即使是一个非常谦虚的偶像的鼻子……也不能完全不被熏香的香味逗乐！"

粉丝们的注意力变得如此强烈，以至于托尔金不得不把自己的电话号码从公众电话簿中删除，最终他和伊迪丝搬到了伯恩茅斯，那里是当时英国中上层阶级经常光顾的海滨胜地。托尔金作为畅销书作家的身份让他们很容易地进入当地的上流社会，但托尔金却深深地怀念那些与他志同道合的人。然而，伊迪丝非常高兴能成为上流社会的女主人，这也是托尔金最初选择伯恩茅斯的原因。据汉弗莱·卡彭特说："认识罗纳德·托尔金和伊迪丝·托尔金多年的朋友们从不怀疑他们之间有着深厚的感情。这一点从小事上就能看出来，从每个人都为对方的健康担忧的近乎荒谬的程度，到他们为对方挑选和包装生日礼物的细心程度；在重要的事情上，罗纳德在退休后心甘情愿地放弃生命中的大部分时间，让伊迪丝在伯恩茅斯度过最后的几年，他觉得这是她应得的，她对他作为一个作家的名声感到自豪。他们幸福的主要源泉是对家庭共同的爱。这把他们绑在一起，直到他们的生命结束，这也许是婚姻中最强大的力量。他们喜欢讨论和仔细考虑孩子们生活的每一个细节，他们甚至也会为他们的孙辈如此考虑。"伊迪丝·托尔金于 1971 年 11 月 29 日去世，享年 82 岁。根据他们的孙子西蒙·托尔金的说法："我祖母比我祖父早两年去世，而我祖父回到牛津居住。默顿学院给他安排了离大街不远的房间。我经常去那里，他会带我去东门饭店吃午饭。对于一个 12 岁的小男孩来说，和爷爷一起吃午饭是一件很美妙的事情，但有时他看起来很悲伤。有一次他来看望我，告诉我他多么想念我的祖母。他们结婚 50 多年了，他一个人肯定感到很孤独。"

托尔金最初打算把《指环王》写成霍比特人风格的儿童故事，但很快就变得更加黑暗和严肃。尽管是《霍比特人》的直接续集，但它面向的是年纪较大的观众，取材于托尔金前些年构建的庞大的贝拉兰德背景故事，并最终在《精灵宝钻》和其他几卷书中得以出版。托尔金对奇幻题材的影响很大，这种题材是在《指环王》大获成功后发展起来的。

英国共有七块蓝色牌匾纪念与托尔金有关的地方：一块在牛津，一块在伯恩茅斯，四块在伯明翰，一块在利兹。伯明翰的蓝色牌匾在 Sarehole，以纪念这里的环境为托尔金提供的灵感，今天到访伯明翰的游客可以循着这些遗迹去追寻托尔金的足迹，想象他在伯明翰生活的经历如何影响他作品。

★ 朱莉·沃尔特斯（Julie Walters）

朱莉·沃尔特斯于 1950 年出生在伯明翰的艾吉巴斯顿，沃尔特斯和她的家人住在毕晓普顿路 69 号，位于斯塔福德郡斯梅斯威克的比尔伍德地区。她是五个孩子中最小的，也是第三个存活下来的孩子，沃尔特斯在修道院学校接受了早期教育，后来在女子文法学校接受了教育。

沃尔特斯是英国最受欢迎的女演员之一，堪称演艺界的老戏骨，朱莉·沃尔特斯在演艺的道路上已辛勤耕耘 40 多年。她被观众熟知是在 1983 年，主演电影《凡夫俗女》（*Educating Rita*），这部电影让她获得英国电影与电视艺术奖（BAF TA）、金球奖以及奥斯卡最佳女演员提名。之后，她还出演过音乐剧《跳出我天地》（*Billy Elliot*）、电影《日历女郎》（*Calendar Girls*）、电影《妈妈咪呀!》（*Mamma Mia*!）以及电影《哈利·波特》（*Harry Potter*），朱莉·沃尔特斯获得两次 BAFTA 奖以及四次 BAFTA 最佳女演员奖。因其在喜剧表演上的卓越成绩被英国女王封为女爵士。

沃尔特斯后来在接受艾莉森·奥德伊（Alison Oddey）采访时谈到了她早年接受学校教育的经历。"……我被要求退学，所以我想我最好还是退学。"她 15 岁时就开始工作，她的第一份工作是保险业。18 岁时，她在伯明翰伊丽莎白女王医院受训成为一名实习护士；在那里工作的 18 个月里，她在眼科病房、急诊室和冠状动脉病房工作。出于对戏剧的热爱，她决定放弃护理工作，于是辞去了伊丽莎白女王医院的工作，继续在曼彻斯特理工学院戏剧学院（现在是曼彻斯特城市大学）学习戏剧。20 世纪 70 年代中期，她曾在利物浦的 Everyman 戏剧公司工作，与比尔·奈伊、皮特·波斯尔思韦特、乔纳森·普赖斯、威利·拉塞尔和艾伦·布利斯代尔等著名演员和作家一起工作，由此走上自己的演艺之路，并一路做得风生水起，成为英国知名的女演员。

★ 约翰·泰勒（John Taylor）

约翰·泰勒是英国著名摇滚乐队杜兰杜兰（Duran Duran）的创始人和贝斯手。

杜兰杜兰摇滚乐队于 1978 年在伯明翰成立，是英国流行摇滚音乐流派中最为成功，也最有影响力的团体之一，是英国最具代表性的乐队之一。

自成立以来，乐队获奖无数，唱片全球销量超过 1 亿张，被美国誉为"英国文化的二次入侵"。早期的杜兰杜兰成员变动频繁，直到 1980 年，乐团阵容才正式定为键盘手尼克·罗德斯、贝斯手约翰·泰勒、吉他手安迪·泰勒、鼓手罗杰·泰勒以及主唱西蒙·乐邦。杜兰杜兰乐队是英伦新新浪潮（BNWONW）的领军人物乐队，可谓是 20 世纪 80 年代英国新浪漫主义流派音乐最成功的乐队。他们的歌曲兼顾了商业及艺术的需求，加上前卫的衣着、发型、俊朗外表，以及在精心制作的 MTV 配合下，其气势在英国本土及全球刮起了一阵流行旋风。

杜兰杜兰乐队虽然在音乐上取得了辉煌成就，但是这支乐队刚刚出道的时候却寂寂无名，还经常遭同伴与异己的耻笑——新浪漫主义者认为他们是登不上大雅之堂的乡下人，朋克乐手们认为他们的音乐毫无意义。1981 年，他们从伯明翰的 Rum Runner 俱乐部中脱颖而出，给当地的歌迷们带来了大胆脱俗的电子浪漫歌曲《行星地球》（*Planet Earth*）。这首单曲获得当年音乐排行榜第 12 名的佳绩，杜兰杜兰乐队一战成名。同年，乐队推出的首张同名专辑，受到好评。次年推出的两张专辑《里约》（*Rio*）和《丰收欢宴》（*Carnival Harvest*）也取得了不错的成绩。1983 年和 1984 年乐队分别推出单曲《是否我该知道某些事》（*Is There Something I Should Know*）和《野孩子》（*Wild Boy*），均登上音乐排行榜冠军之位。

70 年代末期，英国伦敦许多地下夜总会中开始盛行一种被称作"未来主义和新浪漫主义"的运动，人们经常可以在夜晚的大街上迎面撞见一群化了妆、扎着头带、戴头宽边帽、穿着小丑装般有褶边衣裤的男孩子。杜兰杜兰乐队也因为曲风非常符合当时的流行趋势而受到人们的欢迎，正是这种新浪潮的领军人物。

就在他们事业的顶峰，他们却决定退出舞台，尝试进入其他行业。1986 年，主唱西蒙·乐邦在一次游艇事故中几乎丧命，而安迪和罗杰·泰勒也永远地离开了乐队。到 80 年代晚期的时候，他们失去了很多歌迷，随着乐队成员或受伤或离开，杜兰杜兰乐队进入低谷期，为了挽回颓势，该乐队吸纳了新成员，但是新的乐队也没有维持很长时间，又有新的成员退出，人们对杜兰杜兰乐队再次产生兴趣是因为他们的新歌《平凡世界》（*Ordinary World*），这首单曲成为英美两地的榜上明星，在英国达到第六名，在美国达到第七名。然而杜兰杜兰乐队留给大家印象最深的还是他们 MTV 与众不同的创意。他们曾被誉为"现代艺术的视觉领域的挑战者"，在 80 年代初的英国着实掀起一阵"杜兰"热。这些作品充满着浓烈的后现代和未来主义色彩，拍摄手法新奇、角度标新立异，成为后来许多 MTV 导演借鉴、效仿的对象。或许从 MTV 制作这方面而言，他们更配得上"先锋"的称号。

★ 奥兹·奥斯本（Ozzy Osbourne）

奥兹·奥斯本20世纪70年代出生于伯明翰，他是重金属乐队黑色安息日（Black Sabbath）的主唱。黑色安息日这支乐队以及乐队主创奥斯本代表了伯明翰音乐组合的最高成就。遗憾的是1979年，奥斯本退出组合，开始个人演出，之后他的发展势头强劲，先后发行了11张专辑。2011年，他再次返回伯明翰，并重新加入黑色安息日乐队，举办现场演出，并发表了一张专辑。据统计，黑色安息日其组合及个人专辑销量超过1亿张。

1967年末，吉泽·巴特勒（Geezer Butler）组建了他的第一支乐队 Rare Breed，并很快招募奥斯本担任主唱。乐队只演出了两场，然后就解散了。奥斯本和巴特勒在波尔卡 Tulk Blues 俱乐部重聚，还有吉他手托尼·伊奥米（Tony Iommi）和鼓手比尔·沃德（Bill Ward）重新组成了乐队，叫作神话乐队，但是这支乐队最近也解散了。之后他们将乐队重新命名为"地球"，但在一次演出中意外地被组织方预订了表演，但去参加演出的却不是他们，究其原因却是他们的乐队与其他乐队重名，他们决定再次更改乐队的名字。最终他们在1969年8月确定了"黑色安息日"这个名字，这个名字来自一部同名电影。乐队注意到人们是多么喜欢被惊悚、意外、暗黑色调所吸引，受此启发，乐队决定演奏一种带有忧郁的声音和歌词的布鲁斯（蓝调）风格的音乐。在录制他们的第一张专辑时，巴特勒读了一本神秘的书，醒来时发现床尾有一个黑影。巴特勒把这件事告诉了奥斯本，然后他们一起写了《黑色安息日》的歌词，这是他们第一首以黑暗的风格来创作的歌曲。

黑色安息日乐队很快吸引了美国华纳兄弟公司的注意，他们决定签下这支乐队，尽管来自美国唱片公司的投资不多，但

"黑色安息日"却迅速获得了持久的成功。围绕着托尼·伊奥米重复的吉他即兴弹奏，吉泽·巴特勒的歌词，比尔·沃德黑暗节奏的鼓点，再加上奥斯本怪诞的声音，黑色安息日早期的唱片都非常受听众欢迎，他们的首张专辑《黑色安息日》和《偏执》销量巨大，播放量也相当可观。奥斯本回忆起乐队的一首挽歌时曾经说，"在那些歌迷疯狂的日子里，我们的唱片销量巨大，但是有一个问题，那就是乐队不是很受女性听众的欢迎"。

　　大约在乐队开始受到瞩目的时候，奥斯本第一次见到了他未来的妻子莎朗·阿登（Sharon Ardon），在他们的第一张专辑获得意想不到的成功之后，黑色安息日乐队考虑让莎朗·阿登的父亲唐·阿登（Don Arden）担任他们的新经理，而莎朗·阿登当时帮助父亲接待顾客。奥斯本承认他立刻就被她吸引了，但他认为"她可能认为我是个疯子"。奥斯本说，多年以后，他最终选择唐·阿登做他的经纪人，最大的好处就是他能经常见到莎朗，尽管当时奥斯本还没有和唐·阿登交涉好关于当他们乐队经理的事宜。

　　自从有了唐·阿登的专业打理，黑色安息日乐队开始发行更专业的单曲，就在他们的单曲《偏执》发行 5 个月后，乐队发行了音乐专辑《现实大师》（Master of Reality）。这张专辑在美国和英国都进入了音乐排行榜前十，并在不到两个月的时间里获得了黄金唱片。在 20 世纪 80 年代获得了白金唱片，并在 21 世纪初获得了双白金唱片。但是音乐评论界却对他们刚开始发表的作品评论不佳，这些评论对专辑扩大影响力不利。《滚石》杂志的莱斯特·邦斯（Lester Bangs）曾以"天真、简单、重复、绝对的打油诗"来驳斥《现实大师》，这篇批评在业界影响巨大，令黑色安息日乐队成员感到十分沮丧，但是奥斯本不为所动，坚信乐队选择的曲风具有先锋价值，果不其然，在黑色安息日不畏批评勇往直前，继续坚持自己的曲风，且在后来日益受到听众们的喜欢之后，这家《滚石杂志》将他们曾经批评过的这张专辑列入了他们 2003 年编撰的 "史上最伟大 500 张专辑" 的第 298 位，也算是在多年以后为自己失误的判断和批评进行了变相的道歉。《黑色安息日》第 4 卷于 1972 年 9 月发布，评论家们再次对这张专辑不屑一顾，但它在不到一个月的时间里就获得了黄金唱片的地位。这是该乐队连续第四次发行专辑，在美国卖出 100 万张。

1973 年 11 月，黑色安息日乐队发行了广受好评的《血腥安息日》。这是该乐队第一次在主流媒体上获得好评。《滚石》杂志的戈登·弗莱彻称这张专辑是 "一件非常扣人心弦的事情" "绝对成功"。几十年后，*All Music* 的编辑称这张专辑是 "任何重金属收藏都不可缺少的杰作"，同时也声称乐队展示了 "一种全新的技巧和成熟感"。这张专辑标志着该乐队在美国连续第五张白金销量专辑。之后黑色安息日乐队于 1975 年 7 月发布并发行了 Sabotage 唱片，这次乐队终于迎来正面的评论。《滚石》杂志称，"Sabotage 不仅是黑色安息日自唱片偏执狂以来最好的记录，也可能是他们有史以来最好的记录"。

1978 年，奥斯本暂时离开乐队三个月，开始了他的个人音乐项目，他把这个项目命名为 "暴雪的 Ozz"，这个名字是他父亲建议的。乐队 Necromandus 的三名成员曾在伯明翰支持过黑色安息日乐队的演出，他们为奥斯本提供了录音室，并短暂地成为了他的独唱乐队成员。三个月后在其他成员的请求下，奥斯本重新加入了黑色安息日乐队。这支乐队在加拿大安大略省多伦多市的录音棚花了五个月的时间来创作和录制《永不气馁》专辑！"这花了很长时间，" 伊奥米说，"我们像是被下了很多药，做了很多麻醉手术一样。" 之后因为他们的音乐受到观众的欢迎，黑色安息日乐队开始进行巡回演出，所到之处都受到歌迷的欢迎。1979 年，乐队结束巡回演出重新回到录音室，但是就在这时乐队成员之间出现了紧张的矛盾冲突。奥斯本回忆起他被要求一遍又一遍地录制自己的声音，而歌曲则被伊奥米无休止地操纵着，这是奥斯本和伊奥米争论的焦点。在伊奥米的坚持下，在巴特勒和沃德的支持下，奥斯本于 1979 年 4 月 27 日被解雇。解雇的理由是：与其他成员相比，奥斯本不够可靠，而且有过度的药物滥用问题，奥斯本声称他当时的吸毒和饮酒情况并不比其他成员好或坏，他认为这是乐队对他持有异议的一种报复行为。

　　乐队用前彩虹乐队歌手罗尼·詹姆斯·迪奥代替了他。据报道，多年来，伊奥米曾多次猛烈攻击和批评奥斯本，当时这位歌手醉酒后的滑稽动作实在让人难以忍受。伊奥米回忆起 20 世纪 70 年代初的一次事件，当时奥斯本和吉泽·巴特勒在酒店房间里打架。伊奥米把奥斯本从巴特勒身边拉开，想要打断这场醉醺醺的打斗。伊奥米的处理方式是一拳打在奥斯本的下巴上，将其击昏。由此可见，黑色安息日成员之间的矛盾由来已久，奥斯本后来被解雇也在情理之中。

　　离开黑色安息日乐队的时候，奥斯本回忆道，"被解雇的时候，他们支付了我 96000 英镑，所以我把自己锁在一间屋子里，花了三个月的时间喝可乐和喝酒，不与外界接触"，我的想法是，"这是我最后一次狂欢，因为在这之后，我将回到伯明翰领取失业救济金"。然而，奥斯本的命运还是被改写了，唐·阿登也就是奥斯本的岳父把他签到了 Jet 唱片公司，目的是录制新唱片。为了保护他的投资，阿登派女儿莎朗去洛杉矶"照顾奥斯本，不管他需要什么，基本都可以满足他"。一开始，阿登希望奥斯本能回到原来的乐队（当时他亲自管理乐队），后来他试图说服这位歌手将他的新乐队命名为"安息日之子"，这是奥斯本所不喜欢的。莎朗试图说服奥里斯与吉他手盖瑞·摩尔（Gary

Moore）组成一个超级组合。1979 年末，在阿登的管理下，奥斯本组建了"奥兹暴雪"乐队，唱片公司最终将这支乐队的首张专辑命名为《奥兹暴雪》，并将其归功于奥斯本，由此开始了他的独唱生涯。20 世纪 80 年代的 100 张畅销专辑中，《奥兹暴雪》是少数几张没有进入前 40 名就获得白金销量的专辑之一。据英国唱片工业协会称，截至 1997 年 8 月，它的白金唱片销量已翻了 4 倍。前黑色安息日乐队鼓手比尔·沃德说，"我羡慕奥兹的事业……"，"他似乎从他所经历的一切中苏醒过来，似乎又上路了；制作唱片之类的东西……我嫉妒它，因为我也希望我自己取得奥兹一样的成绩，我很痛苦，我过得非常痛苦"。

奥斯本的第二张专辑《狂人日记》（*Diary of a Madman*）收录了更多与李·克尔斯莱克（Lee Kerslake）合作创作的歌曲。1982 年 3 月 19 日，奥斯本和新组的乐队在佛罗里达进行《狂人日记》巡回演出，一周后他们将在纽约麦迪逊广场花园演出。但是乐队的一架飞机在乐队巡演巴士上低空飞行时坠毁，飞机的左翼撞上了巴士，导致飞机擦伤了一棵树，撞进了附近一座大厦的车库，乐队成员和化妆师遇难。这起事故被裁定为"飞行员判断失误"。奥斯本本人并不在飞机上，这次事故让新组的乐队损失惨重。亲眼目睹了好友和乐队成员的惨死后，奥斯本陷入了深深的抑郁之中。

奥斯本的商业成功一直持续到 20 世纪 90 年代。他的专辑在电台和 MTV 上广受欢迎。唱片公司还开创了一种引入外部作曲家来帮助奥斯本创作独奏材料的做法，奥斯本凭借专辑《生活和大声》（*Live & Loud*）中的歌曲《我不想改变这个世界》（*I Don't Want to Change the World*）获得了 1994 年格莱美最佳金属音乐表演奖。这张专辑原是奥斯本的最后一张专辑，但它却获得了四次白金销量，并在当年的摇滚排行榜上排名第十。取得这样的成绩之后，奥斯本表达了他对巡演的厌倦，并宣布他的

"暂休巡演"。1995 年，奥斯本重新灌录并重新发行了他的著名单曲，并重新开始巡回演出。

20 世纪 90 年代，奥斯本经历了转型并取得了成功，他的最大的成就是成立了名为 Ozzfest 的音乐节，由他的妻子兼经理莎朗创建和管理，并由他的儿子杰克协助管理。第一届 Ozzfest 于 1996 年 10 月 25 日在美国亚利桑那州菲尼克斯举行。Ozzfest 在金属音乐爱好者中迅速走红，帮助许多崭露头角的团体获得了广泛的曝光度和商业上的成功。在 1997 年的 Ozzfest 巡回演出中，一些艺人与改组后的黑色安息日乐队分享了巡演方案。1997 年，奥斯本与黑色安息日乐队的最初成员重聚，此后便定期与他们同台演出。

自开幕以来，已经有 500 万人参加了 Ozzfest，总票房超过 1 亿美元。20 世纪 90 年代末和 21 世纪初，该音乐节帮助推广了许多新的硬摇滚和重金属音乐。2005 年，奥斯本和他的妻子莎朗在 MTV 竞赛真人秀节目《为奥斯菲斯特而战》中担任主角。一些尚未签约的乐队派出一名成员参加真人秀，胜出者可以参加 2005 年 Ozzfest 的比赛，并可能获得一份唱片合同。在 2005 年的 Ozzfest 之后不久，奥斯本宣布他将逐渐退休，但他仍然是巡演的主角。2006 年，奥斯本关闭了一半以上的音乐会，他还于 7 月 1 日在加州山景城的海岸圆形剧场和 7 月 29 日在纽约的兰德尔斯岛表演了第二阶段的音乐节闭幕式。2018 年 2 月 6 日，奥斯本宣布，他将开始他最后一次世界巡演，命名为"不再巡演第二季"，这是 1992 年奥斯本同名巡演的名字，后来他坚持说他不会退休，因为他的演唱会叫作"不再巡演"，而不是"不再演出"，所以奥斯本解说他只是不再做世界巡演了，但还会继续做演唱会，因为他想待在家里。

2007 年，一颗纪念奥斯本的青铜星被放置在英国伯明翰的布罗德街。5 月 18 日，奥斯本接到通知，他将成为伯明翰星光大道的第一个入选者，他接受了伯明翰市长颁发的奖项。2008年，奥斯本在经典摇滚荣誉奖中荣获久负盛名的"活着的传奇"奖。2010年，在加利福尼亚州卡尔弗城索尼电影公司举办的"男性选择奖"上，奥斯本凭借回忆录《我是奥兹》获得"文学成就奖"，本·金斯利爵士为奥斯本颁奖，这本书首次登上《纽约时报》非虚构类精装书畅销榜的第二位。奥斯本也是第6届、第10届和第11届年度独立音乐奖的评委，以支持独立艺术家的事业。2015年5月，奥斯本在伦敦格罗夫纳酒店举行的颁奖典礼上获得了英国作曲家、作曲家和作家学会（British Academy of Songwriters, Composer and Authors）颁发的 Ivor Novello 终身成就奖。2016年，奥斯本在家乡伯明翰以自己的名字命名了一辆有轨电车。2012年4月27日，奥斯本在洛杉矶好莱坞星光大道上留名。

根据《星期日泰晤士报》的富豪榜，奥兹和他的妻子是英国最富有的夫妇之一。他们在2005年排名第458位，从录制、巡演和电视节目中赚了大约1亿英镑。

奥斯本的音乐风格及行事方法自成一体，他的身上有着深刻的伯明翰文化的烙印，这座城市赋予他创作的灵感，奥斯本是伯明翰多元文化的一个载体，他将这座城市的多元、包容、进步与颓废完美地结合在一起，在音乐创作上达到了一定的高度。

★ 斯图亚特·霍尔（Stuart Hall）

斯图亚特·霍尔（1932年2月—2014年2月）是英国著名社会学家，也是伯明翰大学当代文化研究中心中心主任。1932年出生于牙买加。霍尔在他所著的《熟悉的陌生人》中反思了伯明翰市，伯明翰是他所描述的众多英国城市中的一个，这部著作对英国种族理论的发展具有重要意义。在种族、民族和文化领域工作或感兴趣的学生、活动人士和学者中，伯明翰经常被人铭记并提起，这座城市的多元、历史和现代的交织值得人们去思考和研究。斯图尔特·霍尔和伯明翰大学当代文化研究中心（CCCS）的活动常在这里举行，作为"左翼"的文化研究批评家，霍尔从来不对自己发现和观察到的种族问题遮遮掩掩，相反他以敏锐的眼光、尖锐的批评为种族问题发声。霍尔担任当代文化研究中心主任长达 15 年（1964～1979 年），在这个时期和地点（这里指伯明翰）种族关系一直显现着紧张气氛。

《熟悉的陌生人》是霍尔抵达伯明翰前的生活写照，也是他在创建当代文化研究中心（CCCS）中所扮演的角色。在此之前，霍尔的散居之旅可以被解读为一系列时空事件，其中夹杂着各种偶遇，这些偶遇同时粉碎并重新制造了他来到这里的幻觉。他的《两个岛屿之间的生活》由"多重轨迹"组成，其中伯明翰成为一个重要的中转站，标志着霍尔的思想从殖民的"那里"转向种族的"这里"。在此，对伯明翰这座城市进行反思——当时这个地方充满了种族紧张和种族色彩——作为一个结合点，见证了霍尔的生活和思想之间的联系所产生的反响；由此产生了丰富的种族和民族关系理论，这些理论至今仍有重要意义。

霍尔于 1964 年抵达伯明翰，并接受了伯明翰大学的教职，这解决了他是否留在这里的难题。这种承诺和投资将不仅是个人的：他已经通过参与新左派评论和相关活动发现了"政治"领域的扩展意义，这些活动使他在全国各地会见了各种活动家、学术领域代表人物和文化制作人。霍尔把他这一阶段的生活描述为"永久的本土民族志"。直到他去世前，他还在为他是谁以及他在哪里而烦恼，不考虑他的出身。"身份的不合适"是霍尔之前阐述过的一个条件。在《熟悉的陌生人》中，这被赋予了更多的质感，包括对生活在帝国阴影下的家庭生活以及社会和政治活动的反思。霍尔不断地收集了一系列事件的资料，他细致地描述了这些事件对他思想的影响。这些迅速的转变或不同策略的引入，帮助他辨别他所看到的与他的思想和感觉之间的意义。这些精神上的冒险总是由他所居住的地方和人所塑造的：在20世纪30年代的童年时期，霍尔穿越了祖国牙买加，经过牛津、伦敦，然后来到伯明翰。霍尔所经历的不平静也是他思想中固有的反射性的一种表达。

到达伯明翰时，霍尔已经敏锐地意识到白人社会中种族差异所引发的矛盾心理。差异存在于多个领域，既有象征意义，也有物质意义，在黑人聚居的地方，这些地方后来与种族有关。在20世纪50年代和60年代的城市叛乱之后，无论是在"家乡"的种植园还是移民定居的地方，都引人注目。随着工作机会的消失，被白人遗弃的英国中部地区重新崛起，成为黑人"殖民地"，为战后的黑人社区提供了许多新的机会，他们将学会在幻想破灭的情况下拼命工作。

20世纪60年代，伯明翰成为讨论种族关系的标志性城市。这座城市已经成为各种移民的家园——主要来自南亚和加勒比地区的前殖民地——他们在战后的岁月里拯救了英国经济。早期的研究主要从阶级和空间动力学的角度来研究这些问题。该研究模式提供了一个概念框架，根据城市地区的隔离定居模式，这些早期的反思普及了不同的黑人和南亚"社区"的概念，作为密封的单元。伯明翰当地报纸刊登了一些粗糙的照片，描述了汉兹沃斯地区——这里曾是黑人和南亚移民的早期定居地——被好战的黑人青年占领，他们称这里为"小哈莱姆"（Little Harlem：哈莱姆是美国纽约的一个区，这里是黑人聚居区，曾经以经济落后，犯罪率高而闻名，后来成为纽约先锋文化区域）和"有色人种之都伯明翰"。

1968年4月20日，伊诺克·鲍威尔在伯明翰保守党协会会议上发表了著名的演讲《血流成河》。自 1965 年邻近的斯梅斯威克举行补选以来，这种势头已持续多年。在那次补选中，种族关系已成为各主要政党之间竞选的决定性特征。1965 年 2 月，美国黑人民权活动人士马尔科姆·艾克斯（Malcolm X，美国黑人伊斯兰教人权活动家）访问伯明翰的斯梅特威克地区（Smethwick in Birmingham）时发现伯明翰深陷种族主义的泥淖，斯梅特威克的英国保守党赢得了 1964 年大选的国会席位，但是在选举期间保守党支持者使用的标语把整个小镇变成了种族歧视的代名词，比如 "如果你想要个黑人住在你隔壁，那就投票给工党吧（If you want a nigger for a neighbour, vote Labour）"。考虑到该地区高度紧张的种族关系，他的出现被一些人评论为具有挑衅性。对于霍尔来说，20 世纪六七十年代的伯明翰为他迄今为止的思想提供了一个缝合点。他认为所留下的思想和遗产也就是他现在所在的地方，这促使他问："我们是如何走到今天这一步的？""这件事发生的过程在伯明翰成为霍尔斯关注的焦点，在那里他越来越多地通过种族的视角来体验周围发生的事情。"这构成人们对他印象的表征和所指行为，邀请他去探索他们的社会和政治后果。在这种早期的预见中，蕴含着对黑人主观性的认识，这种认识源于对种族主义的体验。对种族的动态和关系性质的关注，作为一些历史和社会相关的和生活的东西，霍尔增加了新的维度来谈论种族和生活的差异。在工作中，霍尔通过流行的种族关系的方法，采取了有关种族的新领域的讨论。霍尔一生与马克思主义和葛兰西的接触，影响了这些理论和政治的转变。

　　对霍尔来说，更准确地说，像伯明翰这样的地方，不同的民族、历史和政治聚集在一起，也是 "从第一代移民生活到第二代移民生活的过渡点，在这一过渡中，一个新的黑人主题出现了"。在这里，霍尔提出了一种理解分歧的方法：分歧是各种力量的一种组合，包括不断争论的民族、地方和历史，更重要的是斗争。在整个20世纪70年代和80年代，这些新的或另类的身份概念，在霍尔的思想中被政治编码，被捕捉进电影中，如约翰·阿科姆拉的《汉斯沃斯之歌》和范利·伯克和波格斯·凯萨的《伯明翰黑人生活》的摄影记录中。霍尔对其中呈现的种族化主题的历史和他们自己在讲述故事中的角色进行了批判性的反思。他提出这些思考作为概念和理论问题，成为他后来的文化认同工作的一个标志；也就是身份是如何通过对代表关系的斗争而被定义和政治化的。

霍尔在伯明翰的生命可以被视为一种重建的轨迹，他在20世纪70年代从美国接受了"抢劫"一词，用来描述一种现象，这种现象将成为理解有关群体和个人的种族主义思想如何被社会建构的关键。在当代伯明翰，这种"结合点"也发生了变化，不同的表现或发展轨迹标志着城市的文化景观及其内在表征。2011年的人口普查显示，就人口而言，伯明翰几乎是一个非白人占多数的城市。然而，从定居模式显示，几乎50%的少数民族人口集中在城市1/3的病房。

与伯明翰这座城市相关联的著名人物还有很多，他们要么出生在伯明翰，要么在伯明翰长大，要么一生大部分时间都在伯明翰生活，正是因为伯明翰深厚的历史文化、多元宽松的城市氛围，才能够孕育出不同行业的杰出人物，尽管这些名人的成就可能存在争议，但并不影响他们被载入史册，他们为人类文明进程做出了卓越贡献，也展现了历史的局限性，和伯明翰这座城市一样，它能呈现给今天的我们的只有激情、梦想、多元和包容。

第三章　巧克力名片：吉百利

　　说起伯明翰的工业，大多数人的印象是蒸汽机和汽车制造，然而这座老工业城市也是食品工业的繁盛之地，其中吉百利糖果工厂就诞生于此。如今这家著名的英国糖果公司在世界各地开疆拓土，不断壮大，但在它的肇始之地伯明翰，吉百利不仅保留着它的糖果生产线，还将自己的糖果制作进行了主题包装，成为非常著名的旅游景点，每天吸引着世界各地的人们来此旅游参观。这也是伯明翰工业转型的一个著名范例，它不仅将这座百年老店的业务拓展到旅游领域，也为自己的食品加工业务起到了相辅相成的宣传作用。这也体现了伯明翰人的智慧，在发展中审时度势，稳中求变。

　　吉百利（Cadbury）创立于 1824 年，是英国伯明翰老牌糖果制造商，是英国历史最悠久的巧克力品牌之一，也是英国最大的巧克力生产商，更是目前全球最大的糖果公司、第二大口香糖公司、第三大软饮料公司，也是唯一一家同时拥有巧克力、糖果及口香糖产品的公司。吉百利史威士股份有限公司（Cadbury Schweppes）是一家国际性公司，集团公司总部位于英国伦敦，主要生产、推广及分销糖果（巧克力、糖制糖果、口香糖等）及饮料产品。目前全球雇员有 55000 名，产品遍布全球 200多个国家。从 1824 年吉百利的开创者约翰·吉百利在伯明翰的牛街（Bull Street）开设第一家小商店开始，这家以家族姓氏命名的公司开始不断扩展业务，最终成长为一家享誉世界、业务遍布全球的大公司。吉百利主要生产吉百利巧克力、怡口莲太妃糖、天宝粒粒糖、魄力口香糖、荷氏薄荷糖系列、维果 C 系列、使立消系列……吉百利的糖果一经推出就受到了消费者的欢迎。目前为了适应市场的需求，吉百利开发了各种健康糖果，以适应不同人群的需求。

巧克力工厂广告

资料来源：英国吉百利巧克力工厂官方网站。

吉百利史威士公司的历史可以追溯到 200 年前。杰克布·史威士（Jacob Schweppes）于 1783 年在日内瓦完善了矿泉水的制作工艺。约翰·吉百利（John Cadbury）于 1824 年开始在英国伯明翰销售茶叶和咖啡，并在短短的几年中将可可和巧克力变为公司的主导产品。吉百利和史威士公司于 1969 年宣告合并，此后便开始实施其全球性的发展计划。吉百利史威士公司为全球第三大软饮料公司（以销量计算），在 10 个国家中拥有自己的装瓶厂和合作厂，并在 21 个国家中与当地企业签订许可证经营和分销合同。

吉百利的发展堪称是一部典型的英国创业史。1824 年，年轻的约翰·吉百利一手开创了位于牛街 93 号的小店，很快成了伯明翰时尚男女的聚焦之地。除了茶叶、咖啡这样的主业外，约翰·吉百利还经营着一些副业，其中一项就是可可豆和亲自制作的巧克力饮品。因为这家小店的生意蒸蒸日上，约翰·吉百利也积累了一定的资本。1831 年约翰·吉百利租借了一处位于伯明翰 Crooked Lane 的老旧麦芽制作厂，并把它改建成了巧克力饮品和可可豆加工厂，这标志着吉百利巧克力食品工业腾飞的初始。1854 年吉百利兄弟作为"维多利亚女王荣誉可可豆及巧克力制造商"正式接受了他们的第一份皇室授权。时至今日，吉百利依然骄傲地拥有英国皇室的特别授权。

1866 年吉百利兄弟成功研发了一种能使可可精华更美味的制造工艺，这种工艺正是当今可可处理法的先驱。之前的可可豆处理只是简单地研磨压榨工艺，但是他们发现可可豆压榨后，若能有更多的可可脂，制出的巧克力就会有更好的味道，且口感更加滑润。这一工艺的改进让吉百利的产品备受消费者青睐，吉百利工厂的业务量也随之提高，吉百利并没有在推陈出新的路上止步不前。1868 年，吉百利推出许多新式食用巧克力，不仅使纯巧克力口味更细润，而且夹心巧克力花样也不断翻新。精心制作的巧克力包装盒，更成为维多利亚后期的流行时尚。1897 年，吉百利首次制造出牛奶巧克力，这是吉百利发展史上一件里程碑式的大事。1905 年，吉百利首次运用新鲜牛奶制造牛奶巧克力。20 世纪 20 年代中期，吉百利鲜牛奶巧克力登上英国巧克力市场的头把交椅，并一直延续至今。20 世纪 60 年代，吉百利引入最先进的食品生产科技，建成了最专业的牛奶处理及可可豆处理制造工厂。1969 年，吉百利与史威士合并，共同组成吉百利史威士股份上市公司。2006 年，该公司共有 2500 款产品，在英国每年营业额超过 10 亿英镑，并与饮品公司玉泉合并，公司更名为 Cadbury Plc。2007 年，私募基金黑石集团（Blackstone）、KKR 与 Lion Capital 考虑再向吉百利玉泉提出收购汽水业务计划，由黑石为首的财团曾提出以介乎 64 亿 ~69 亿英镑作价收购该项汽水业务，但有关收购方案于 9 月初遭吉百利玉泉拒绝。

纵观吉百利的发展历程，就是一部长达一个半世纪的、精彩生动的社会、工业演变史。如何从一家不起眼的家族企业蜕变成一家强大的跨国公司，吉百利无疑是一个最好的成功案例。自创始之日，吉百利完美秉承第一流的品质标准，始终运用最前沿科技智慧，不断创新永攀高峰。

吉百利已经是英国历史最悠久的巧克力品牌之一，生产的巧克力也代表着传统的英国风味。该企业品牌在世界品牌实验室（World Brand Lab）编制的 2006 年度"世界品牌 500 强"排行榜中位列第 263。

吉百利巧克力怡口莲作为巧克力夹心太妃糖市场的领导品牌，上市以来深受消费者喜爱，销量迅速攀升，市场份额长期占据领先地位。其特有的双重美味，以甜润的太妃糖包裹着香浓的巧克力，甜润可口，回味无穷，令人爱不释"口"。吉百利的产品线也从袋装扩展至瓶装和礼品装，针对消费者的不同需求，先后推出了原味、榛仁夹心和咖啡口味。

吉百利有着非常清晰的愿景，并且以业绩为驱动力，以价值观为导向。吉百利的价值观是业绩、品质、尊重、诚信和责任。时代在变，但吉百利的价值观不会变，它鼓励公司员工在业务经营和企业责任方面都一马当先。为实现公司的目标，即"携手共创大家喜爱的品牌"，吉百利的每一位员工都在孜孜以求，不懈努力！这也是整个英国公司和员工特有的精神，那就是上下一心、努力开拓，每个人的敬业精神都非常令人钦佩。

第四章　慈善事业：
英国人的日常

　　慈善商店是通过企业经营的方式获得善款的一种慈善组织。其开办者是儿童基金会、癌症基金会、乐施会、帮助长者会等各类慈善机构。店内出售的物品，小到书籍、服装、针线盒、烟嘴、鼻烟壶、锅碗瓢盆，大到沙发、钢琴、家具等，可谓应有尽有。慈善商店出售的物品都是无偿捐赠来的，销售所得全部用于慈善活动。据说，这些小小的慈善商店每年可从社会上募集到 1.1 亿英镑，在英国慈善环境中扮演着极为重要和活跃的角色。

　　初到伯明翰，你会发现大街小巷都有各种各样的慈善店，每家慈善店所支持的慈善事业是不一样的，而通过慈善店为不同的事业添砖加瓦也成为伯明翰人的共识，放眼整个英国，慈善店几乎无处不在，哪怕是偏僻的村庄，幽静的街巷，都有慈善店的身影。人们的日常就是向慈善店捐献自己不用的物品，有家具、服装、其他生活用品等，而这些捐赠物再经过分类、清洗消毒、重新估价、打上价格标签，被放到慈善店进行售卖。人们也会经常光顾慈善店，购买慈善店的商品，一方面为慈善事业尽微薄之力，另一方面也可以使物品进一步循环使用，避免浪费，践行了英国人的环保理念。伯明翰的慈善店店面不大，里面的东西倒是很丰富，从服装、玩具、书籍、音像制品到日用品和工艺品等，价格都很便宜，一件衣服大多在3～5英镑，一件很漂亮的羊绒大衣的售价只有十多英镑，一条很漂亮的珍珠项链售价也只有1.99英镑，这里的商品很少有重复的，有的很新，有的则有古董的味道。店里的服装有些特别标明了是新的，但大多数是二手的，特别是一些书籍和音像制品，都有很明显的翻看痕迹，还有残缺不全之处，而且售价和定价都差很大。英国人的生活那么好，怎么还有这么多二手用品商店？有这样一个场景：许多当地人会在路过慈善店的时候把一包东西交给店里的一位售货员，简单说几句就走了，工作人员把那包东西拿进了里屋的工作间，查看着那些物品，有新的带着商标的，也有旧的刚从洗衣店洗过还带着洗衣店标签的。

资料来源：https：//www.bhf.org.uk/。

以伯明翰为例，在各个郊区的居民街道上，都有各种各样的慈善店分布，更别说每个小镇的中心了，可以说是慈善店云集，这些慈善店与其他高街品牌相邻，顾客也并没有特别大的区别，顾客可能会经常光顾高街品牌，但随后会到慈善店淘几件自己喜欢的旧物品。这些购买习惯体现了英国民众成熟的消费观。常驻高街的几家慈善店分别为："St. Peter's Hospice Shop"（专门资助圣彼得临终关怀医院的慈善店）、两家乐施会（OXFAM）、一家"British Heart Foundation"（保护心脏基金会慈善店）、"AGE Concern"（关注老年健康慈善店），"St. Mary's Hospice Shop"（专门资助圣玛丽临终关怀医院的慈善店，圣玛丽临终关怀医院位于伯明翰的塞利奥克区的 Selly Park 公园内，这里设施完备，风景优美，是英国最大的临终关怀医院之一）。除此之外，伯明翰还有众多的 Sue Ryder 慈善店，该慈善机构为疾病募集医疗善款；Bernardos 是为儿童筹集医疗善款的慈善机构。总之英国的慈善机构目标各异，善款募集却大同小异。

据英国慈善商店协会的统计，全英国有 6500～7500 家慈善商店，年交易总量在 3.5 亿～4.5 亿英镑，年收入 1 亿英镑左右（约合 15 亿元人民币），这个数字占英国年零售业总额的 2‰。

英国还有很多家慈善商店，比如救助儿童基金会（Save the Children）、红十字会（Red Cross）、玛丽·居里癌症基金会（Marie Curie Cancer Care），有为流浪猫流浪狗募集善款的慈善商店，还有为儿童医疗救治募集善款的慈善商店；等等。

也许我们会认为慈善店的物品都是二手的，购买这些商品的人也都是社会底层的人，这样的观点大错特错，英国慈善店的顾客来自社会的各个阶层，光顾这里的并不都是普通人或穷人，有很多是衣着考究的中老年人，还有衣着时尚的女孩们，有的店里还接待过不少明星、名人。前任英国首相布莱尔的夫人还到慈善商店当过义工，帮忙打理事务。还有一些英国老年义工，他们在店里干了很多年，慈善商店的工作不仅让他们生活得充实，觉得自己还可以为社会做力所能及的贡献，他们还在慈善商店里结识了很多来送物或购物的朋友，形成了自己的朋友圈，所以尽管他们上了年纪却还在这里做义工，不舍得离开。人们可以将自己不需要的物品整理后分类送到自己想要捐助的慈善商店。笔者在伯明翰期间，所居住的街区刚好有一家圣玛丽临终关怀医院的慈善商店，这里离圣玛丽临终关怀医院只需步行五分钟，经常会看到人们将大包小包的物品送到该商店来，有时如果不开门的话，也会看到门口会有包裹好的袋子堆在商店门前，工作人员开门的时候会把捐助物品拿到屋内进行分类整理，定价挂牌销售。

这些慈善店的存在向人们展示着英国社会的互助友爱、施行善事的传统。早在1601年，英国就颁布了世界上第一部《慈善法》，首次将对慈善事业的保护以及对乐善好施的鼓励写进法律。如今，英国人设计的慈善方式早已突破"慈善"一词的字面含义，在各个城市、小镇、乡村、社区都能发现彰显互助友爱精神的事物。慈善商店就是这类事物之一。英国的慈善商店或是开在繁华的商业街上，与著名的大百货公司和高档商店毗邻，或是散落在社区里，为周围的普通百姓提供便利。可以说，有了慈善商店的慈善创收，儿童基金会、癌症基金会、乐施会等慈善机构才得以在英国乃至全球范围内推进其慈善事业。

每家慈善商店有不同的受捐渠道。癌症基金会旗下的旧货店里物品档次一般都比较高，常常能见到精美的瓷器和名牌服装。社区里的慈善商店主要接受社区居民的捐赠，英国人喜欢及时处理家里闲置的物件，所以慈善商店售出的物品质量都不错。慈善商店会定期往居民家中发放旧货袋，向大家征集需要处理的物件。很多家庭会把旧货装袋放到门口，等工作人员来取；没有旧货的，也会把空袋原封不动地放到门口。有时，社区居民也会主动将捐赠物品送到慈善商店。周末，慈善商店门口堆积的黑色垃圾袋里装的就是居民大扫除收拾出来的闲置物品，工作人员周一上班后会把这些物品收进去。慈善商店的店员一般都是附近居民，以老年人居多。他们可以说身负多项职责，既要宣传，又要到社区捐助点收集捐赠物，还要理货、分类、清理、定价，也要接待顾客、介绍产品、打印发票，总之事无巨细，这里的工作人员都要参与。

英国人喜欢有事没事到慈善商店转一转，看看有什么新到的货品。因为慈善商店里经常能找到物美价廉的物品，中低收入者特别喜欢到慈善商店淘货，在这里不仅可以买到便宜的衣物饰品，还可以淘到古董家具、餐具和玩具，很多人还会对自己淘到的商品视若珍宝，向朋友展示。不过，光顾慈善商店的并不都是中低收入者，不少明星、名人也喜欢光顾慈善商店，大名鼎鼎的英国女演员海伦·米伦就曾说过，自己喜欢在外地拍外景时到慈善商店购买衣服。当然，慈善商店也离不开英国政府给予的政策支持。在一个资源相对匮乏的岛国，最大限度地利用资源是治国理政者必须认真考虑的事情。慈善商店使废旧物品物尽其用，既节省了资源，又保护了环境，慈善事业还因此得到了有力的支持。一举多得的事情，政府自然会大力支持。英国的慈善商店是一个物品循环利用的典范，它在最大程度上减少了浪费，保护了环境，减少了社会的损失，同时这些慈善商店创造了许多的就业机会，而慈善店的收入也为救济社会弱势群体发挥了非常重要的作用。

圣彼得临终关怀医院是布里斯托尔的一个慈善机构，专门照顾患有限制生命疾病的成年人。其目标是提高他们的生活和死亡质量，同时向他们的家人和亲人提供关爱和支持。临终关怀是一种医疗保健，侧重于减轻末期病人的痛苦和症状，并照顾他们在生命的最后的情感需求和精神需求。临终关怀提供了一种"替代疗法"，治疗的重点是延长生命的措施，这可能是艰巨的，可能导致更多的症状，或不符合一个人的目标。临终关怀的目标是优先考虑舒适、生活质量和个人愿望。舒适的定义取决于每个人，如果病人不能自理，则取决于病人的家人。这可以包括解决身体、情感、精神和社会需求。在临终关怀中，以病人为导向的目标在整个护理过程中是不可分割和相互交织的。收容所通常不提供诊断或治愈疾病的治疗，但也不提供加速死亡的治疗。

"Hospice"这个词来源于拉丁语"医院"，意思是"款待"休息的人、保护生病和疲惫的人的地方。历史学家认为，第一批临终关怀中心大约在1065年起源于马耳他，致力于照顾在往返圣地的途中生病和死亡的人。10世纪90年代欧洲十字军运动的兴起将治疗绝症带入医学领域的领域。14世纪早期，耶路撒冷圣约翰骑士团在罗德岛开设了第一家临终关怀医院。临终关怀中心在中世纪繁荣一时，但随着宗教秩序的分散而逐渐衰落。在17世纪的法国，圣文森特·德·保罗的慈善女儿们使它们"复活"了，法国继续得到临终关怀领域的发展。1843年，由简·加尼尔（Jeanne Garnier）创办的十字架（Calvaire）妇女协会收容所正式开放。1900年之前，又有六家收容所相继成立。

与此同时，临终关怀在其他地区也得到了发展。19世纪中期，《柳叶刀》和《英国医学杂志》发表文章指出，贫困的晚期病人需要良好的护理和卫生条件，这引起了人们对晚期病人的关注。随着伦敦弗里登海姆收容所（Friedenheim）的开放，政府采取了一些措施来弥补设施不足。到1892年，该收容所为死于结核病的病人提供了35张床位。到1905年，伦敦又建立了四所收容所，澳大利亚也经历了临终关怀的积极发展，著名的临终关怀医院包括阿德莱德的"无病之家"（1879年）、"和平之家"（1902年）和悉尼的"圣公会临终者和平之家"（1907年）。1899年，纽约的"癌症救济服务队"开办了圣罗斯临终关怀医院，不久就扩展到其他六个城市。

英国早期更有影响力的临终关怀组织包括爱尔兰宗教慈善修女会，他们于 1879 年在爱尔兰都柏林的哈罗德十字车站开办了圣母临终关怀医院。从 1845 年到 1945 年，它为 2 万多人提供了服务，主要是患有结核病和癌症的人。慈善姐妹会在国际上扩展，1890 年在悉尼为临终者开设了圣心临终关怀医院，20 世纪 30 年代在墨尔本和新南威尔士州相继开设了临终关怀医院。1905 年，他们在伦敦开办了圣约瑟夫临终关怀医院。

在西方社会，临终关怀的概念在 11 世纪的欧洲开始演变。在罗马天主教的传统中，收容所是病人、伤员、垂死的人以及旅行者和朝圣者的接待场所。现代临终关怀的概念包括医院、疗养院等机构对绝症患者的治疗，以及家庭护理。1967 年，西塞莉·桑德斯创建了第一家现代临终关怀医院，西塞莉·桑德斯夫人是一名英国注册护士，她的慢性健康问题迫使她从事医务社会工作，她与一名即将去世的波兰难民建立的关系巩固了她的观点，即晚期病人需要有同情心的护理，以帮助他们消除恐惧和担忧，并缓解身体症状。这名难民去世后，桑德斯开始在圣路加的临终穷人之家做志愿者，那里的医生告诉她，作为一名医生，她能更好地为晚期病人做治疗。桑德斯进入医学院，同时继续她在圣约瑟夫医院的志愿工作，她在 1957 年完成她的学位时，就在圣约瑟夫医院找到了一个工作职位。

桑德斯强调关注病人而不是疾病，并引入了"完全疼痛"的概念，包括心理和精神以及身体不适，她用阿片类药物来控制身体疼痛，还考虑了病人家庭的需要，她在圣约瑟夫医院提出了许多现代临终关怀的基本原则。这些年来，这类临终关怀中心变得越来越普遍，从 20 世纪 70 年代开始，他们把即将离世的人安置在这里，让他们度过生命的最后一段时间。

从 1963 年开始，桑德斯在美国的一系列访问中向国际传播了她的临终关怀哲学。1967 年，桑德斯开办了圣克里斯托弗临终关怀医院。1969 年，耶鲁大学护理学院院长佛罗伦斯·沃尔德（Florence Wald）在英国听了桑德斯的演讲，并与桑德斯一起工作了一个月，之后沃尔德将现代临终关怀的原则带回美国，并于 1971 年成立了临终关怀公司（Hospice, Inc.）。1975 年 11 月 14 日，美国的另一个早期临终关怀项目 Alive Hospice 在田纳西州的纳什维尔成立。到 1977 年，遍及美国全国的临终关怀组织成立。1979 年，安·G. 布鲁斯（Ann G. Blues）当选为临终关怀组织主席，临终关怀的原则也得到了贯彻。1965 年，就在桑德斯传播她的理论并发展她的临终关怀的同时，瑞士精神病学家伊丽莎白·库伯勒－罗斯（Elisabeth Kubler－Ross）开始考虑对绝症的社会反应，她发现在她的美国医生丈夫工作的芝加哥医院，这种反应是不充分的。她出版于 1969 年的畅销书《论死亡与垂死》影响了医学界对绝症的反应，与桑德斯和其他死亡学先驱一起，集中关注对即将离世的人群可用的护理类型。

约瑟芬那·尼克尔博士（Dr. Josefina Nickel）在 1984 年曾是第一家美国国家临终关怀组织的执行董事，在她的主导下美国成立了国际临终关怀协会。1996 年这个组织演变成为国际临终关怀研究所和大学，即后来国际协会临终关怀和治疗所（IAHPC）。IAHPC 遵循的理念是，每个国家都应该根据自己的资源和条件发展临终关怀医疗模式。IAHPC 创始成员德里克·道尔博士（Dr. Derek Doyle）在 2003 年接受《英国医学杂志》采访时表示，临终关怀组织 Magno 已经在 100 多个国家建立了 8000 多家临终关怀和治疗服务机构，包括澳大利亚、加拿大、匈牙利、意大利、日本、摩尔多瓦、挪威、波兰、罗马尼亚、西班牙、瑞士、英国和美国在内的一些国家已经制定了安息疗法和临终关怀的标准。

2006 年，总部设在美国的国家临终关怀和临终关怀组织（NHPCO）和英国的帮助临终关怀组织联合委托进行了一项关于全球临终关怀实践的独立的国际研究，他们的调查发现，世界上 15% 的国家提供广泛的临终关怀治疗服务，并将其纳入主要的医疗机构，而另外 35% 的国家提供某种形式的临终关怀治疗服务，在某些情况下是本地化的或有限的。截至 2009 年，估计有 10000 个国际项目提供临终关怀治疗，尽管"临终关怀"一词并不总是用来描述这种服务。

在安养护理中，主要的监护人是家庭护理人员和定期来访的安养护士/团队。安养院可以在疗养院、安养院大楼，有时也可以在医院实施；然而，在家里是最普遍的做法，临终关怀的对象一般是预计会在六个月内死亡的绝症患者。

Age UK 是一家在英国注册的慈善机构，成立于 2009 年 2 月 25 日，并于 2009 年 4 月 1 日成立，它结合了之前独立的慈善机构 Age Concern England 的运作，并成立了英国最大的老年人慈善机构。尽管进行了全国性的合并，许多当地的关注老年人的慈善机构决定不成为 Age UK 的品牌合作伙伴，继续作为独立的、完全独立的年龄关注机构，直到今天仍然如此。

在 2010 年 4 月 19 日新品牌发布之前，该慈善机构一直以"关爱英国，帮助老年人"的名义运作。该品牌还包括独立但相互依赖的英国地区慈善机构：Age Scotland、Age Cymru 和 Age NI，以及其商业服务部门、Age UK Enterprises 和新国际慈善机构 Age International。这是自 2002 年英国癌症研究运动（Cancer Research Campaign）和帝国癌症研究所（Imperial Cancer Research）合并成立英国癌症研究所（Cancer Research UK）以来，英国慈善机构中规模最大的一次合并。

英国老龄人口慈善协会成立于 2009 年的英国老年关怀帮助老年人和合并，创建一个组织收入总计约 1.6 亿英镑，包括一年通过募捐筹集 4700 万英镑，超过 520 个慈善商店，通过其商业服务来提高收入。合并在 9 月首次得到确认，当时黛安娜·

杰弗里（Dianne Jeffrey）被确认为新的受托人主席。

　　大英帝国勋章获得者汤姆·莱特（Tom Wright）是 Visit-Britain 的前任首席执行官，帝国战争博物馆的受托人，他于2008年11月被任命为英国老龄人口慈善机构的首席执行官。汤姆·莱特于2017年6月辞职，成为导盲犬协会的新任首席执行官。

　　"关注老年人"的理念起源于英国，可以追溯到"二战"对英国老年人的影响。征兵所引起的家庭生活的混乱和崩溃使人们认识到，现有的《济贫法》未能为那些与家庭支持网络分离的老年人提供有效的支持。1940年，由埃莉诺·拉斯伯恩（Eleanor Rathbone）担任主席的老年人福利委员会（OPWC）成立，作为政府与志愿组织之间的联系桥梁。OPWC 是利物浦个人服务协会（PSS）的一个小组委员会，1944年，该委员会更名为全国老年福利委员会（NOPWC），并负责协调当地众多的OPWC 的活动。从20世纪50年代起，英国政府利用与战后福利国家发展有关的政府和地方基金，向地方委员会提供服务，并培训养老院的看护人员。"帮助老年人"组织由塞西尔·杰克逊-科尔于1961年创立，旨在帮助贫困、孤独和被忽视的老年人摆脱困境。1971年，在戴维·霍伯曼的领导下，NOPWC 将其公共名称改为英国老龄人口慈善协会，并将自己完全从政府和国家社会服务委员会（现在的 NCVO）中分离出来。它在这样做的同时，还发布了"老年宣言"，并在全国范围内确立了自己作为一个游说团体以及一个提供服务、培训和研究的组织的地位。1986年，英国老龄人口慈善协会在伦敦国王学院建立了一个老年学研究所，并将自己的英国老龄人口慈善协会研究单位并入其中。在新时代英国品牌发布（2010年4月19日）并在2010年开发了新的品牌意识之后，合并后的慈善机构的两个品牌标识逐渐消失。好莱坞明星埃莉诺·布朗、布莱恩·考克斯和伊恩·麦克莱恩出现在一系列英国老龄人口慈善协会的电视广告中，支持这个新的慈善机构，这三位演员的出镜都是免费的。

英国老龄人口慈善协会帮助筹集资金，并得到由国家遗嘱制订计划（National Will - making Scheme）筹集的资金资助。在该计划中，参与的律师放弃通常应支付的撰写基本遗嘱的费用，作为交换，邀请客户向慈善机构捐款。2016 年 1 月，英国老龄人口慈善协会被宣布将成为桑坦德银行与巴纳尔多银行合作的"发现项目"选定的慈善机构之一。桑坦德银行不仅会为慈善项目捐款，还会允许员工在电话线路上做志愿者。

2012 年 4 月，英国老龄人口慈善协会推出了无线电台，最初是一个只有互联网的电台，一天 24 小时播出。前首都广播电台和维珍广播电台格林厄姆·迪恩（Graham Dene）和前 BBC 广播电台、首都黄金广播电台和传奇广播电台戴维·汉密尔顿（David Hamilton）作为该电台主要主持人，提供无线音乐、娱乐和信息的节目，以改善英国老人的晚年生活。电台还包括一档每周新闻和时事节目，由播音员和前 BBC 新闻读者马丁·刘易斯主持。2018 年，无线广播被缩减到 TuneIn 上的播放列表。

2016 年，英国老龄人口慈善协会因建议通过与 E. On（E. On 是英国一家能源公司，为英国居民提供燃气和电力服务）的合作伙伴关系征收能源税而遭到抨击。英国老龄人口慈善协会的企业部门对注册客户收费过高，煤气及电费表以长者用户为目标客户。据了解，英国老龄人口慈善协会通过英国老龄人口有限公司（Age UK Enterprises Ltd.）向老年人提供保险和葬礼服务，赚了数百万英镑。2019 年，有消息称，英国老龄人口慈善协会正通过其商业部门（Age Co.）将用户送往由 Just Group 集团公司全资拥有的 Hub Financial 提供的股票发行咨询服务。

★ 英国心脏疾病基金会

英国心脏疾病基金会（British Heart Foundation）成立于1961年，由一群关注心血管疾病死亡率不断上升的医学专家组成。他们希望为心脏疾病和循环系统疾病的病因、诊断、治疗和预防的额外研究提供资金。这一基金会是心血管研究、教育和护理领域的主要资助者和权威机构，主要依靠自愿捐款来实现其目标。为了增加收入和最大限度地发挥其工作的影响，该基金会还与其他组织合作，以对抗心血管疾病导致的过早死亡和残疾。

英国心脏疾病基金会的主要目标是资助心血管研究，目标是每年投入约1亿英镑资助英国各地的科学家。他们目前资助了1000多个研究项目。自2008年以来，英国心脏疾病基金会一直在投资于卓越的研究中心。英国目前的六个研究中心汇集了来自多个学科的科学家，从事心脏和循环系统疾病的研究项目。目前的研究中心有：伦敦帝国理工学院、伦敦国王学院、剑桥大学、爱丁堡大学、格拉斯哥大学、牛津大学。2013年，英国心脏疾病基金会承诺资助三家多机构再生医学中心，在四年内投资750万英镑资助科学家寻找新的治疗心脏衰竭的方法。英国心脏疾病基金会赞助了两部电视连续剧。这两部电视连续剧都鼓励健康饮食和锻炼，为家庭提供实用建议，并在探索健康频道播出。英国心脏基金会和英国癌症研究所是反烟草运动组织"吸烟与健康行动"的主要支持者。

英国心脏疾病基金会赞助了超过3800个英国心脏启动计划，教育人们在各种紧急情况下应该做什么（不仅是心脏紧急情况）。超过350万人在学校（例如通过拯救伦敦人生命项目）和社区接受了英国心脏疾病基金会的培训。2013年，英国心脏疾病基金会的总收入超过 1.33 亿英镑。在英国，每年每 145 个出生的婴儿中就有一个患有先天性心脏病。"心跳"标志是 1971 年由英国心脏疾病基金会的地区组织者之一希拉·哈里森设计的，它至今仍在使用，现在是英国最知名的标志之一。英国心脏疾病基金会主要由遗产和遗嘱资助，占该基金会收入的 40%，其余部分由其他自愿收入（31%）、来自零售部门的利润（23%）和投资收入（5%）组成。该慈善机构通过学校组织了一项受赞助的跳绳比赛，名为"心之跳绳"，参与比赛的学校有权保留所筹集资金的 20%。其他的年度活动包括"全国心脏月"（整个 2 月举行）、穿红色衣服的日子和大捐赠以及许多其他活动招募志愿者，以此提高人们对英国心脏疾病基金会的认识，同时该组织也出售股票和举办各种活动增加捐赠。

英国心脏疾病基金会商店部门成立于 1986 年，2010 年更名为零售部门。英国心脏疾病基金会在英格兰、威尔士和苏格兰运营着一系列大型慈善连锁店，截至 2016 年 12 月，他们运营着 737 家店铺，其中包括 160 多家家具店和电器店，他们正在寻求在未来几年收购更多的店面。另外还有一家网上商店和一家 eBay 商店。英国心脏疾病基金会零售部门每年大约盈利 3000 万英镑。英国心脏疾病基金会商店主要由大约 22500 名志愿者组成，每个商店也有一个由商店经理、助理经理和店员组成的付费员工。英国心脏基金会是第一家通过向捐赠者追缴税款来获得额外收入的慈善机构。

英国心脏疾病基金会是因资助动物研究而受到全国抵制的四个组织之一。"动物援助组织计划在报纸上刊登一系列广告，敦促公众停止向英国癌症研究中心、英国心脏疾病、阿尔茨海默氏症协会和英国帕金森氏症协会捐款，除非他们停止支持动物实验。"2011 年 11 月发生了一场抗议活动，要求英国心脏疾病基金会和利兹大学停止对狗进行联合资助的"致命实验"。动物援助组织表示，自 1988 年以来，已有 100 只狗在实验中死亡。对于这些批评，英国心脏疾病基金会回应说，该慈善机构只在拨款申请经过独立的同行审查程序后才资助动物研究，并且在考虑这类拨款时遵循动物实验的三个原则。

2016 年 12 月 6 日，英国信息专员办公室裁定英国心脏疾病基金会被罚款 18000 英镑，因为该慈善机构违反了数据保护立法，采用外部机构的财务状况分析，从而进一步吸引支持者的捐款，这种做法被称为"财富筛选"。英国广播公司报道称，捐赠者不知道该慈善机构的做法，因此无法同意或反对。数百万为慈善事业奉献时间和金钱的人会悲哀地发现，他们的慷慨是不够的。

但是英国心脏疾病基金会的设立为相关疾病的治疗所提供的资金支持确实为广大患者带来了福音，其不合理的财务制度也在曝光之后得到了纠正。如今的英国心脏疾病基金会在英国仍然是影响较大的慈善基金会之一，人们也可以在英国的任何城市可看到为英国心脏疾病基金会募捐设立的慈善商店。

圣玛丽临终关怀医院为生命受限的患者提供专业的支持和护理。1891 年，在霍尔银行家族的倡议下，位于伦敦南部克拉彭的三一医院在英国成立了第一家临终关怀医院。半个多世纪后，在西塞莉·桑德斯夫人于 1967 年开办了被广泛认为是第一家现代临终关怀医院的圣克里斯托弗临终关怀医院后，一场临终关怀运动应运而生。根据英国帮助收容所，2011 年，英国安养服务包括 220 个成人住院部，3175 个床位；42 个儿童住院部，334 个床位；288 项家庭护理服务，127 项家庭安养服务，272 项日托服务和 343 项医院支持服务。这些服务在 2003 年和 2004 年总共帮助了超过 25 万名患者。资金来源不一，从国家医疗服务体系（National Health Service）提供的 100% 资金到慈善机构提供的几乎 100% 资金，但该服务始终对患者免费。英国的临终关怀服务被评为世界上最好的临终关怀服务，由于综合的国家政策，临终关怀服务被广泛整合到国家卫生服务，强大的临终关怀运动和深入的社区参与也让临终关怀服务有了更有力的支持。

截至 2006 年，英格兰和威尔士约 4% 的死亡发生在临终关怀机构（约 2 万名患者）；还有一些患者在临终关怀医院度过了一段时间，或者得到了基于医院的支持服务的帮助，但却在其他地方去世了。临终关怀服务还为英国 10 万多人提供志愿服务机会。据估计，这些人对临终关怀服务运动的经济价值超过 1.12 亿英镑。

★ 英国癌症研究中心

英国癌症研究中心是英国和马恩岛的一个癌症研究慈善机构，由癌症研究运动和帝国癌症研究基金于 2002 年 2 月 4 日合并而成，其目的是减少癌症死亡人数。作为世界上最大的独立癌症研究慈善机构，它对癌症的预防、诊断和治疗进行研究。研究活动在英国各地的研究所、大学和医院进行，由该慈善机构的员工和接受资助的研究人员共同完成。它还提供有关癌症的信息，并开展旨在提高对这种疾病的认识和影响公共政策的运动。

英国癌症研究慈善会的工作几乎完全由公众资助。它通过捐赠、遗产、社区筹款、活动、零售和企业合作来筹集资金，超过 4 万人是定期志愿者。该组织的前身是帝国癌症研究基金（Imperial Cancer Research Fund, ICRF），成立于 1902 年，当时名为癌症研究基金（Cancer Research Fund），两年后改名为帝国癌症研究基金。这家慈善机构在接下来的 20 年里成长为世界领先的癌症研究慈善机构之一。它的旗舰实验室以前在伦敦的林肯学院和赫特福德郡的克莱尔霍尔，被称为英国癌症研究所伦敦研究所，现在是弗朗西斯克里克研究所的一部分。大英帝国癌症运动（BECC）成立于1923年，最初引起了ICRF和医学研究委员会的敌意反应，他们认为这是一个竞争对手。1970年，该慈善机构更名为癌症研究运动（CRC）。

2002年，两家慈善机构同意合并，成立英国癌症研究中心（Cancer Research UK，CRUK），这是世界上最大的致力于对抗癌症的独立研究机构。合并时，ICRF的年收入为1.24亿英镑，而CRC的年收入为1.01亿英镑。2014~2015财政年度，该慈善机构在癌症研究项目上花费了4.2267亿英镑（约占当年总收入的67%）。其余费用大部分用于交易和筹资费用，也有少量用于信息服务、宣传、宣传、行政和其他活动，或作为储备。该慈善机构资助了英国4000多名研究人员、医生和护士的工作，支持了超过200项临床试验和研究，以及英国100多万人的癌症和癌症风险。该慈善机构约40%的研究经费用于与各种癌症相关的基本实验室研究，以了解癌症的分子基础。这项研究旨在增进对癌症如何发展和扩散的了解，从而为其他研究提供基础。其余资金用于支持对100多种特定癌症类型的研究，重点放在药物发现和开发等关键领域；预防、早期发现和成像、手术和放疗以及存活率仍然很低的癌症，如食道癌、肺癌和胰腺癌。除了资助个别研究人员和项目外，CRUK还有几个研究机构：英国癌症研究所位于格拉斯哥大学；与苏格兰西部癌症中心有密切联系，位于剑桥大学内，靠近剑桥生物医学园区的阿登布鲁克医院；英国曼彻斯特癌症研究所（Cancer Research UK Manchester Institute），前身是帕特森癌症研究所（Paterson Institute for Cancer Research），隶属于曼彻斯特大学（University of Manchester），与克里斯蒂医院（Christie Hospital）关系密切。

英国癌症研究慈善会是以下公司的合伙人：弗朗西斯·克

里克研究所，医学研究委员会和维康基金会；牛津大学放射肿瘤学研究所，以及医学研究委员会；古尔登研究所和维康基金会。曼彻斯特癌症研究中心由曼彻斯特大学、英国癌症研究中心和克里斯蒂 NHS 信托基金于 2006 年成立。

英国癌症研究慈善会参与了许多公民科学项目。从早期研究中提取的乳腺癌肿瘤样本，通过一个基于网络的应用程序进行了分析。这是一个最新的项目，以基于网络的应用程序的形式观察组织样本，识别癌细胞的存在和不存在，目的是在收到反馈后通过对应用程序进行调整来提高准确度。

英国癌症研究慈善会与其他组织合作，这些机构包括英国卫生部、惠康信托基金、英国国民健康服务（National Health Service）和英国公共健康署（Public Health England National Cancer Registration and Analysis Service）。英国癌症研究慈善会还是国家癌症研究所的合作伙伴之一，该研究所还包括英国医学研究委员会和白血病与淋巴瘤研究，它也是弗朗西斯·克里克研究所的主要合作伙伴。

英国癌症研究中心的科学家已经参与了一些临床批准的癌症药物的发现和开发，包括在伦敦癌症研究所发现的广泛使用的细胞毒性化疗药物顺铂和卡铂；阿比特龙是一种前列腺癌药物，在伦敦癌症研究所的英国癌症治疗研究中心发现；替莫唑胺是阿斯顿大学（University of Aston）的克鲁克（CRUK）科学家发现的治疗胶质母细胞瘤的一线药物。英国癌症研究慈善会的几位科学家也获得了主要奖项，包括：托马斯林达尔教授，他是 2015 年诺贝尔化学奖获得者，从事 DNA 修复的机械的研究；保罗·纳斯（Paul Nurse）和蒂姆·亨特（Tim Hunt）教授，2001 年诺贝尔生理学或医学奖得主，他们发现了控制细胞周期中细胞分裂的蛋白质分子，这是伦敦研究所（London Research Institute）的研究成果。

　　该慈善机构向公众、科学界和医疗保健专业人士提供信息。通过英国癌症健康网站，即一个为所有受癌症影响的人写的通俗易懂的网站，它提供了关于癌症和癌症治疗的信息，以及一个独特的临床试验数据库。一个由癌症信息护士组成的专家小组提供了保密的电话服务，癌症聊天论坛为用户提供了与其他受癌症影响的人交谈的场所，向癌症发病率和死亡率高于平均水平的地点提供健康信息。它通过癌症统计部门向医疗保健专业人员提供统计信息，还提供出版物供公众订购和下载。

　　英国癌症研究慈善会还资助出版了每月两次的专业医学杂志《英国癌症杂志》。该慈善机构与英国政府合作，提供信息并改善癌症服务。它努力促成了英国的禁烟令，并继续推动采取进一步的禁烟行动。该慈善机构游说，要求更好的筛查项目，并就获取新的癌症药物等问题提出建议。

　　英国癌症研究慈善会的筹款活动包括"为生命而赛跑""对抗英国癌症""一次对抗癌症比赛"。2012 年 7 月 18 日，英国癌症研究慈善会宣布将收到来自一位匿名捐赠者的 1000 万英镑的有史以来最大单笔捐款。这笔钱将用于伦敦弗朗西斯·克里克研究所所需的 1 亿英镑，这是欧洲最大的生物医学研究大楼。

★ 苏·莱德慈善基金会

　　苏·莱德慈善基金会（Sue Ryder Care）是一个英国的临终关怀和丧亲支持慈善机构，总部设在伦敦。该组织于 1953 年由第二次世界大战特别行动执行志愿者苏·莱德创建，为身患绝症和神经系统疾病的人以及失去亲人的人提供护理和支持。该慈善机构在 1996 年改名为 Sue Ryder Care，2011 年更名为 Sue Ryder Care。

　　苏·莱德慈善基金会支持那些患有限制生命和长期疾病的

人，这些疾病包括脑损伤、癌症、痴呆、中风、多发性硬化症、亨廷顿舞蹈症、帕金森症和运动神经元疾病。该中心设有专科缓和医疗中心、复杂病人护理中心、家庭护理服务和越来越多以社区为基础的服务。该慈善机构还通过其中心的面对面服务，以及在线服务，作为定制在线社区的一部分，向那些正在失去亲人的人提供支持。

该慈善机构还在苏格兰安格斯和斯特灵地区提供以家庭为基础的神经系统护理。苏·莱德慈善基金会在英国有超过450家慈善商店，每年提供超过300万英镑的收入。

截至2018年3月31日，苏·莱德慈善基金会的收入为4960万英镑，其中包括来自NHS和地方当局的2690万英镑，以及来自筹款活动和零售销售的2070万英镑（包括网上和该慈善机构的449家店铺）。这笔收入用于为英国97000多人提供250万小时的护理服务。除了全职员工，该慈善机构目前在英国有超过1.1万名志愿者支持其工作，2017~2018年度的工作价值约为3020万英镑。志愿者的角色涵盖了慈善工作的许多领域，包括行政、餐饮、交通、园艺、筹款、金融、零售、摄影、活动协调、清洁、研究、交友和丧亲支持。

苏·莱德慈善基金会在2006年发起了"囚犯志愿者计划"，它与全国大约40个监狱合作，在100个地点提供工作岗位，包括办公室、商店和仓库。该项目获得了多个奖项，包括2013年公民社会慈善奖的教育和培训奖。2014年，该慈善机构在思劳开设了一家商店，帮助无家可归人员慈善组织合作，为无家可归的人提供工作岗位。

2013年2月，苏·莱德与其他慈善组织一起，因参与英国政府的工作福利计划而受到批评。在该计划中，靠福利生活的人被要求参加各种公司和慈善机构的无薪工作，否则就有失去福利的风险。在招募了大约1000名志愿者作为该计划的一部分后，苏·莱德后来承诺由于网上抗议将分阶段退出该计划。该慈善机构随后发布了一份声明，解释称他们选择退出是为了"保护员工免受网上骚扰"。

英国的慈善机构运行在世界各国同类机构中都名列前茅，他们目标鲜明，分工明确，既有民间广泛的支持，也有政府和机构的支持，这些慈善机构和慈善商店在运转的过程中不断优化，其专业程度和受众之广泛堪称慈善事业的典范。这些慈善商店不仅为社会弱势群体募得了可观的基金，同时支持了物品重复利用，避免了浪费，保护了环境，更重要的是这种遍布英国大街小巷的慈善商店潜移默化地影响着当地人的生活，成就了英国人乐善好施、勤俭持家、关注环保的理念，可谓一举多得，不断塑造英国人的文化特质和精神世界。

第五章　多民族聚居的万花筒

英国作为资本主义国家，因其优越的社会福利和良好的社会环境成为移民首选的国家之一，这也造就了英国多民族多元文化的聚集，而伯明翰作为早期的工业城市，因为对劳动力的大量需求经历过大量移民引入而成为最具典型的多民族融合的城市代表。直到20世纪60年代，以伯明翰为中心的西米德兰兹地区一直是英国发展最快的地区之一，其优势在于拥有强大的汽车制造、材料制造和工程制造基地，因此伯明翰曾有过"英国的底特律"之称，是"英国汽车工业的摇篮"。然而，在20世纪70年代和20世纪80年代，该区域工业严重衰退，这对该地区造成了严重影响，伯明翰市是受工业衰退影响最严重的城市之一。企业的转型、城市的转型使失业率的上升速度远远快于新工作岗位的创造。直到最近，不断扩大的服务业才开始对当地经济产生影响，创造出更多的就业机会，并因此增加了城市的财富。

随着工业的衰退，当地居民通过"白人外逃"的过程从伯明翰迁出，少数族裔被吸引到衰落的行业工作，定居在"过渡区"。随后，这些地区变得贫困，就业机会变得更加渺茫，形成了恶性循环。这加速了当地白人人口的流出，导致劳动力不足。为了得到低廉的劳动力，以支撑工业的发展，英国政府通过战后移民的不同阶段，以最初的非洲加勒比移民和后来的南亚人的连续移民的形式，在伯明翰市中心的部分地区渐渐发展并建成了集中的少数民族社区。许多不同的种族群体是当初劳工移民的第二代人和第三代人。

两次世界大战后，伯明翰有许多少数民族定居于此。被有意地称为"少数民族聚居区"的斯帕克布鲁克已成为一个以巴基斯坦人为主的地区，汉兹沃斯地区是伯明翰的加勒比中心，苏荷区绝大多数是印度人聚居区。

在整个英国，就像在其他一些发达的西欧国家一样，少数民族劳工移民，无一例外地来自曾经被殖民的土地，填补了社会底层的缺口。少数民族移民实际上被置于劳动力市场的最低阶层，被东道主国家社会视为廉价劳动力，在资本主义积累的范围内被系统化地种族化。这些工人被招募到衰退最严重的工业部门，从事最为繁重的工作。因此，长期以来他们在社会中的地位低于白人工人阶级。实际上，在劳工移民的过程中一个"下层阶级"形成了，而这个阶级大多由非裔加勒比人和南亚人组成。在20世纪60年代初，从南亚进入英国的移民数量达到顶峰。然而，在20世纪60年代末，来自南亚的移民几乎结束了。南亚移民于1961～1962年达到高峰，1968年以后开始下降，这与《1962年联邦移民法》和《1968年联邦移民法》的颁布有密不可分的关系。1962年的法案颁布以后南亚移民的模式基本是男性为主，大多是印度人、巴基斯坦人和孟加拉国人，这些男性肩负着开拓者的重任，来到英国希望得到工作机会，立稳脚跟，再将他们的妻子、孩子或未婚妻带到英国，许多来自印度和巴基斯坦的南亚人似乎都经历了相同的移民过程。

伯明翰的人口资料表明，1991年的人口普查发现，伯明翰拥有英国7%的少数民族；22%的城市人口是少数民族血统，与非洲加勒比人相比，南亚人的数量几乎是他们的两倍。巴基斯坦人构成伯明翰最大的单一少数民族群体，占城市总人口的

7%。而且少数族裔人口在这座城市的人口比例依然呈上升趋势，2001年的人口普查证实了这些趋势，数据显示30%的人口是少数民族。人数最多的少数民族仍是巴基斯坦人，占城市总人口的10%多一点。伯明翰的少数民族集中在各个内城地区。1991年的人口普查显示，第二代和第三代南亚人倾向于与父母生活在相同的地理位置。研究表明这是年轻人希望延续上一代人的宗教和文化传统的一种功能。2001年的人口普查显示，在伯明翰，38%的巴基斯坦人年龄在16岁以下，而英国白人的这一比例为20%，年轻的巴基斯坦人占据这个种族的很大一部分，当地教育机构2000年1月的数据显示，根据伯明翰市政府的统计数据，伯明翰全部学校招生中超过40%的学生来自少数民族社区。此外，在2001年的人口普查中首次统计了宗教问题。虽然这是一个自愿回答的问题，但92%的人提供了答案。这次数据显示伯明翰的伊斯兰城市人口占3%（约14万人），其中巴基斯坦人超过10.4万人。尽管伯明翰伊斯兰人口在英国城市中所占比例排名第七，但其人口数量却是英国伊斯兰人口最集中地区（伦敦以外）的两倍。2001年4月，9%的英国伊斯兰人口中有16%（600万人）居住在伯明翰市。

在1991年的人口普查中，伯明翰的失业率在不同的少数民族之间差别很大。非洲裔和南亚男性的失业率几乎是白人男性的两倍，南亚女性的失业率是白人女性的三倍多。失业率最高的群体是巴基斯坦人和孟加拉国人，35%的巴基斯坦男性和45%的巴基斯坦女性，42%的孟加拉国男性和44%的孟加拉国女性处于失业状态。在1991年人口普查时，伯明翰市的平均失业率为14%。南亚族裔人口的失业率高达正常水平的三倍。此外，1991年的人口普查证实，孟加拉国人在伯明翰拥有汽车的可能性最低，而在所有群体中，孟加拉国人家庭过度拥挤的可能性最高。

2003 年 9 月底，经季节性调整的失业率为 3%。整个西米德兰兹郡伯明翰的失业率是 7.8%（10.5% 为男性，4.1% 为女性）。在伯明翰少数民族人口最多的地区，失业率高达白人失业率的 3 倍。由这一证据可以明显看出，与全市的平均失业率相比，少数族裔的失业率更高，尤其是与白人相比。因此，有充分的理由表明伯明翰的劳动力市场的种族歧视程度很高。例如，非裔男性往往教育背景、专业资质良好，但失业率却很高。同样，社会阶层中少数民族的失业率平均是白人群体失业率的两倍多。

在伯明翰市发现的少数民族创业活动主要集中在衰退的经济部门或大型资本占主导地位的经济活动领域。例如，非洲加勒比和南亚族群往往以较低的零售业或在独立的餐厅部门经营。企业的另一个特点是过度依赖家庭劳动力，这往往会成为企业发展的障碍。伯明翰市议会也提供一些支持政策和活动，例如，通过"企业联系网""商业联系网""伯明翰及索利赫尔学习技能委员会"，为有意成为企业家的人士提供协助，以及为少数族裔企业发展提供更专业的协助。这些举措在某些方面有所帮助，但针对各种贫困社区的更有针对性的项目仍然非常缺乏。

自从 20 世纪 60 年代，非洲加勒比族群和南亚族群来到这座城市定居以来，人们发现，与他们的教育成就有关的问题非常重要。虽然自 1982 年以来伯明翰市议会一直致力于反种族主义，支持机会平等，但不同种族和性别之间仍然存在着明显的差异。

近年来，成功和不成功的群体之间的差异一直存在显著的分化。南亚年轻女性的表现进步最大，而南亚年轻男性的表现则下降最多。总体而言，少数族裔的表现都在不断提高。年轻的少数族裔女性比男性表现得更好，为了弥补少数族裔在教育上的劣势，伯明翰各个地区社区团体试图通过补偿教育来重新解决教育不平衡的问题。例如社区按照宗教和文化的界限将学生组织起来，通常以学校为基础的教育加上额外的宗教和语言教学和发展，为少数族裔提供放学后的教育和私人辅导。

就健康问题而言，现有研究资料表明，少数民族遭受不利健康状况的比例高于白人人口。例如，非洲加勒比和南亚社区的婴儿死亡率很高。政府研究表明南亚人更容易患心脏病、糖尿病和肺结核。人们普遍认为，这些疾病是许多少数民族所经历的贫困的结果。也有研究证据表明，种族主义是少数民族接受的保健服务受到限制的原因之一，例如，少数民族被发现等待某些治疗的时间更长。在卫生服务的就业方面，出现了一种明确的模式。少数族裔医生被发现很难获得晋升或在薪水更高的医学领域工作，英国少数族裔申请人在申请医学学位课程时会首先遭遇歧视。至于在招募更高级的管理职位时，白人候选人更容易担任卫生当局和医院信托基金的主席，成为更有话语权的人物。

在伯明翰，白人病房的预期寿命明显高于少数民族病房。位于汉斯沃斯的亚洲中风支持协会、位于阿斯顿的孟加拉国青年理事会以及位于雷迪伍德（Ladywood）的伯明翰镰状细胞和地中海贫血治疗中心的数据都是这类问题存在的显著例子，尽管有机构致力于确保不同族裔的医疗需求和关注能够得到平等的满足。然而，卫生不平等仍然隐性存在，在当前卫生服务日益市场化的环境下，少数族裔将继续受到负面影响。

根据对 1991 年伯明翰住房类型普查的分析，巴基斯坦人拥有住房的比例最高（78%）。巴基斯坦人似乎有一种拥有自己住房的文化偏好，也就是说巴基斯坦人更热衷于购买房产，期望达到安居的目的，这在某种程度上类似于他们社会阶层的其他群体。此外，28% 的白人居民住在地方政府的房子里，而住在城市里的巴基斯坦人只有 11%。值得注意的是，33% 的巴基斯坦家庭和42%的孟加拉国家庭属于超富裕家庭，当少数民族第一次从原籍地区来到这里时，住房对他们来说是很重要的。虽然少数族裔的住房条件有了一些改善，特别是自20世纪80年代以来，政府出台了多项支持房屋修建和购买的政策，但数据表明仍有许多人住在较差的住房中。少数族裔也更有可能在抵押贷款支付的过程中经历困难。

2003年10月，时任英国副首相、国会议员约翰·普雷斯科特为西米德兰兹郡的住房拨款超过3.59亿英镑。此次注资的目的是重建贫困的城市和农村地区，增加对低水平住房的需求，建造更多老百姓负担得起的住房，并解决质量较差的住房问题。这笔资金还将用于提供满足少数族裔刚需的住房要求，以及处理与"寻求庇护者和难民"有关的问题。城市里的社区和志愿部门组织提供的服务往往包括帮助个人申请住房。斯巴克布鲁克地区（Sparkbrook）的住房机构和汉兹沃斯（Handsworth）的孟加拉国租户协会是在这一领域工作的典型例子，他们的工作经验值得借鉴。

政府还在过去30年里提出了各种解决种族劣势的方案，包括《1972年地方政府法案》第11条和现在的内政部连接社区种族平等赠款。在这些行动已经启动的背景下，人们又开始关注另一个问题，即针对少数族裔的优惠政策和扶持福利措施会不会招致贫困白人群体的嫉妒，并因此而造成各种族之间关系紧张，尤其是一些以地理范围而划分的福利措施，往往会招致批评，并因此恶化各种族之间的矛盾。目前伯明翰政府致力于消除失业和降低犯罪率。

值得注意的是，时任伯明翰市议会首席执行官的约翰逊帮助建立了伯明翰斯蒂芬·劳伦斯委员会（Birmingham Stephen Lawrence Commission），该委员会已经发布了两份报告，委员会提出的建议正由市议会通过其平等司加以监测。

伯明翰市议会平等司于 1997 年成立，合并了前妇女、残疾和种族平等部门。该机构是在审查之后建立的，审查结果产生了两大变化。第一，创建一个统一的平等部门，其负责人是伯明翰市议会首席官员小组的成员。第二，有一位市议会内阁成员负责平等和人力资源，在致力于种族平等方面起带头作用。该司特别关注社会排斥，它承认社会的所有阶层，不论种族、性别和残疾，都处于不利地位和社会边缘。因此，需要采取更广泛的伙伴关系来处理社会问题。该司的主要目标是协助和支持服务部门处理被社会排斥的群体的社会正义问题。它的职责还包括授权边缘群体有效地表达他们的诉求，参与为当地问题制定相应的解决方案，并组织社区合作，以建立有凝聚力的社区。

伯明翰市议会致力于为社会各阶层提供和促进机会平等并取得积极成果。通过一系列措施，寻求接纳社会各阶层对城市的经济、社会和文化福祉所做的贡献。实现这些目标的方法是履行下列承诺：在建立一个发展、监测和审查安理会平等工作的战略框架方面提供领导和支持；与各部门合作并分享处理平等问题和改善平等成果的战略；开展和发展多机构合作，以解决不平等问题；使被社会排斥和受歧视的群体能够更有效地参与城市管理；制定新的举措来解决未满足的需求。市议会还根据《2000 年种族关系（修订）法案》的要求制定了一项种族平等计划。现在评估这个计划将如何实施还为时过早。它们的职责是提供新闻，处理个人骚扰和歧视问题，并向处境不利的少数民族提供咨询意见和支持。他们还参与政策和社区发展。种族平等委员会的规模、范围和经费各不相同。在西米德兰兹郡，有 12 个种族平等委员会，他们工作的基础是在地方和城市各级之间采取方法处理种族主义和歧视问题。

伯明翰是一个多民族城市，在过去的 50 年里，许多少数民族移民并定居在这里。这一事实对该市提供对少数民族有影响的基本服务的方式有特别的影响。这种援助使少数民族能够摆脱不利的经济和社会地位，这些地位对他们的就业、企业精神、教育、保健和住房都有不利影响。伯明翰经历了战后很长一段时间的经济和社会衰退，城市中有一些地方显示出严重的边缘化和异化，尤其是少数民族。尽管种族平等在伯明翰经历了许多变化，但雇主和服务提供商必须将其视为主流活动的一部分，这一点至关重要。此外，专门机构必须全面负责种族平等工作，并为实现少数民族的平等设定目标。最重要的是，城市种族平等的未来将受到种族平等组织处理弱势和歧视问题的能力的影响，这是许多少数族裔面临的问题。在此背景下，伯明翰斯蒂芬·劳伦斯委员会（BSLC）在 2001 年 3 月得出的结论是"事情没有进展"。委员会评论说，尽管许多关键机构制定了大量的平等政策、倡议和机制，但种族不平等和不公正仍然是伯明翰很大一部分少数民族生活中的长期特征。委员会的报告还得出结论，种族平等政策正在失败，因为缺乏有效的领导和缺乏积极促进种族平等的承诺。在一份后续报告中，委员会得出结论，自 2001 年报告发表以来，进展甚微。社会各界一些高层管理人员和一些校董会成员都持有相同看法。

很明显，种族不平等不能孤立地处理。它需要伯明翰所有主要机构的承诺和行动，共同努力确保长期的变化，提供平等的机会和结果，从而促进良好的种族关系，同时需要进一步进行研究以确定合作关系的有效性在种族平等领域以及种族关系的实现。分散居住政策可能是出于无意识的种族主义原因而被采纳的，被那些认为有色人种过于集中是一个社会问题的人所采纳，但它也吸引了一些"自由派"的支持，这些人认为它是强制隔离的对立面。然而，这件事引起了种族关系委员会的关注，尽管这一政策已经开始实施，在出现一些分歧后，委员会同意在未经同意的情况下结束疏散政策，地方社区关系委员会已参与建立一个"监督"机构。少数族裔聚居历史由来已久，在20世纪60年代，由于少数族裔自己的偏好和城市租房难问题，在1950年到1965年之间来到伯明翰的移民中，有更多的人在贫困地区买房，而这些地区又不在再开发地区。居住在改善区和活动区的居民在获得住房系统资源方面属于劣等住房阶级。他们比那些被迫转租或成为寄宿房屋租户的人有更多的权利，但比那些有权使用租来的廉租房的人少。这些房屋本身即使经过改善也比政府廉租房差，其中许多房屋，特别是亚洲人居住的房屋，只是租赁财产，许多都缺乏基本的设施。

研究发现，少数族裔移民们绝大多数都认为工党比其他政党更能代表他们的利益，尽管西印度人比亚洲人对整个政党体系表现出更多的犬儒主义。在大选和地方选举中，移民群体，尤其是亚洲人，都强烈支持工党。然而，重要的是，在工党补选中，工党8000张选票中的一半可能是少数族裔移民选票，由此可见少数人正在寻找他们自己的政治表达方式。

研究种族问题在教育中的情况一直有一个弊端，因为在学校里，我们不可能得到国家和地方教育部门的许可，也不可能得到老师的许可去研究有关亚洲人、印度人、巴基斯坦人、孟加拉国人或者白人的成就，我们只能收集主观印象。在讨论全面性问题时，教育中相对机会的整个问题多少被淹没了。伯明翰已经借助一些政策支持，通过建立一系列初级和中级学校，使每个学生有权可用的资源得到保证。

无论被认为是在竞争和教育中取得普遍成功的先决条件，还是就其本身而言，移民极为关心的一个问题是文化教育。亚洲人有其自己清晰的种族文化，而伯明翰的宗教教育大纲的变化实际上加强了这种文化。另外，来自西印度群岛的研究方案由于教育部门的决定而停止实施，导致的结果是印巴裔家长只能在学校以外用他们自己的文化教育他们的子女。

　　我们可以用以下关于汉兹沃斯的西印度人和亚洲人阶级状况的初步结论来结束这简短的一章。看起来，这两个移民社区不是仅在住房领域，而是在所有领域都朝着更加激进的意识和组织化的方向发展。他们仍然依附于以工会和工党为基础的主流工人阶级组织，他们与其他工人阶级有着共同的利益。然而，一些人对英国劳工运动和明显的移民政治意识正在形成的迹象感到失望。

第六章　伯明翰的文化与艺术

伯明翰艺术氛围浓厚，是许多流行文化和古典文化的聚居之地，这里既有享誉欧洲的芭蕾舞院团，也诞生过蜚声世界的乐队团体，人们根据自己品位选择欣赏不同的艺术形式。伯明翰的艺术氛围就是整个英国艺术氛围的缩影，它既保守又前卫。英国人对艺术的喜爱是发自内心的，可以毫不夸张地说，艺术是英国人血液里不可或缺的基因，从中小学免费的艺术课，到各个城市火车站内伫立的钢琴，再到行色匆匆的行人，看到钢琴就会扔下行囊弹奏一曲；大学里的美术馆，小村庄的画廊，都无不向人们展示着这个国家对艺术的珍视。

★ 戏剧及表演艺术

伯明翰市中心的竞技场剧院（Hippodrome），是伯明翰皇家芭蕾舞团的主场，也是英国最繁忙的单一剧院。

伯明翰保留剧目剧院是英国历史最悠久的剧院，并在国内外进行巡回演出。专业戏剧在全市范围内的各种舞台上演出，包括新月剧院（Crescent Theatre）、奶油蛋糕工厂（Custard Factory）、老的股份制剧院（Old Joint Stock Theatre）、阿斯顿的鼓剧院（Drum in Aston）和佳能山公园（Cannon Hill Park）的麦克剧院（Mac）。

Hippodrome 剧院

资料来源：伯明翰 Hippodrome 官方网站。

伯明翰皇家芭蕾舞团是英国五大芭蕾舞团之一，也是伦敦以外三家芭蕾舞团之一。伯明翰皇家芭蕾舞团的驻地在伯明翰跑马场，他们常年在国内外进行广泛的巡回演出。该芭蕾舞团的附属芭蕾舞学校——埃吉巴斯顿的埃尔姆赫斯特舞蹈学校——是该国最古老的职业舞蹈学校。

由艺术总监格雷厄姆·维克（Graham Vick）领导的伯明翰歌剧公司（Birmingham Opera Company）因其前卫的作品而享有国际声誉，他们的作品经常在城市周围的工厂、废弃的建筑和其他地方上演。威尔士国家歌剧院（Welsh National Opera）和其他参观歌剧院的公司会定期在伯明翰跑马场（Birmingham Hippodrome）举办更传统的演出。

伯明翰的文学氛围也很浓厚，正是因为宽松的环境，深厚的人文基础，伯明翰涌现出许多著名的文学家，与伯明翰有关的文学人物包括塞缪尔·约翰逊（Samuel Johnson），他曾在伯明翰待过一段时间，出生在附近的里奇菲尔德（Lichfield）。阿瑟·柯南·道尔在伯明翰的阿斯顿地区工作，而诗人路易斯·麦克尼斯在伯明翰生活了六年。在伯明翰逗留期间，美国作家华盛顿·欧文创作了几部最著名的文学作品，如《联桥堂》《幽默家》《断头谷的传说》《里普·凡·温克尔》等。

诗人 W. H. 奥登在城市的哈本地区长大，在 20 世纪 30 年代与伯明翰大学讲师路易斯·麦克尼斯组成了奥登集团的核心。其他与伯明翰有关的有影响力的诗人包括罗伊·夸比纳（Roi Kwabena）（他是伯明翰这座城市的第六位桂冠诗人）和本杰明·泽潘尼亚（Benjamin Zephaniah）。

作家 J. R. R. 托尔金在伯明翰的金斯西斯地区长大。获奖的政治剧作家戴维·埃德加（David Edgar）出生于伯明翰，科幻作家约翰·温德姆（John Wyndham）的童年是在这座城市的埃吉巴斯顿（Edgbaston）地区度过的，伯明翰有一个充满活力的当代文坛，当地作家包括戴维·洛奇、吉姆·克莱斯、乔纳森·科、乔尔·莱恩和朱迪思·卡特勒。该市主要的当代文学出版商是丁达尔街出版社，其作者包括获奖小说家凯瑟琳·奥弗林、克莱尔·莫拉尔和奥斯汀·克拉克。

仁立在市中心的美术馆和伯明翰大学的巴伯美术馆藏品具有很高的艺术价值，这里有高更、凡高的作品，也有现代派和后现代的实验作品，丰富的藏品和较高的艺术价值都彰显着伯明翰深厚的艺术氛围。里尔·桑斯（约 1854 年）、戴维·考克斯等，都是伯明翰风景艺术学院的重要人物。伯明翰山水画派是在 18 世纪 60 年代和丹尼尔·邦德一起出现的，一直延续到 19 世纪中期。其最重要的人物是戴维·考克斯，他的后期作品使他成为印象派的重要先驱。皇家伯明翰艺术家协会和伯明翰艺术学校的影响使伯明翰成为维多利亚时期重要的艺术中心，特别是在前拉斐尔派和工艺美术运动中。主要人物包括前拉斐尔派和象征主义者爱德华·伯恩-琼斯；沃尔特·兰利，第一个纽林画派画家；约瑟夫·索思豪尔，被称为伯明翰画派的艺术家和工匠团体的领袖。

1932 年，英国女爵士玛莎·康斯坦斯·海蒂·巴伯（Martha Constance Hattie Barber，1869—1933）为纪念 1927 年去世的丈夫威廉·亨利·巴伯爵士（Sir William Henry Barber）而创立了巴伯艺术学院（Barber Institute of Fine Arts）。巴伯爵士从伯明翰的房地产开发中赚了一大笔钱。尽管巴伯家族后来搬到了泰晤士河畔亨利附近的 Culham Court，他们仍然是相对年轻的伯明翰大学的热心支持者。这所大学成立于 1900 年，主要是为工商业服务的，在文科方面并不强。巴伯夫妇没有孩子，他们遗产的剩余部分被用来支付一个专门建造的画廊和音乐厅，用来发展艺术收藏和图书馆，以及资助定期的公共音乐会。

巴伯艺术馆收藏"杰出的艺术作品"，包括不晚于 19 世纪末的绘画、家具、挂毯、刺绣、花边、中世纪手稿、精美印刷的书籍，但不包括陶器或瓷器。几乎没有证据表明巴伯爵士对艺术有任何兴趣，但巴伯伯爵夫人被认为是一位对艺术有兴趣的人，而且她是一位优秀的钢琴家，"在她的演奏中人们可以发现一种精神上的解脱，就像在她对周围的艺术品和美的事物的沉思中一样，她感到一种经验的升华，使生活更加充实"。

1967 年，信托契约在法律上被重新解释和修改，使购买更近期的艺术作品成为可能，前提是这些作品至少有 30 年的历史。同年，巴伯艺术馆获得了欧洲最好的拜占庭钱币收藏之一。托马斯·博德金（1887—1961），前爱尔兰国家美术馆馆长，被任命为巴伯艺术馆馆长；罗伯特·阿特金森（1883—1952）被任命为建筑师，他们一起参观了德国、比利时、法国和荷兰的博物馆和美术馆设计的最佳实践案例。阿特金森虽然没有设计博物馆或美术馆的经验，但他在电影院和其他公共空间的设计方面是公认的专家，最有名的可能是舰队街《每日快报》大楼入口的室内设计。巴伯艺术馆是英国第一个专门为艺术史研究建立的机构，幻灯片图书馆、摄影室、艺术图书馆、音乐图书馆和演讲厅的计划从一开始就被纳入其中。音乐厅与图书馆、演讲厅等构成了建筑的核心，被布置在建筑的一层四周和一层的走廊。1981年，研究所被列为二级单位，隶属于伯明翰大学。1989年巴伯艺术馆增加了一个新的金属和玻璃屋顶，但整体建筑保留了大部分独特的装饰艺术风格和特点。约翰·萨莫森（John Summerson）认为"巴伯艺术馆比任何其他建筑（可能除了波特兰广场的RIBA）更好地代表了20世纪30年代英国建筑的精神"。今天人们很难相信，这家巴伯艺术馆一开张，它的经营和发展就受到了战争的影响。"二战"期间巴伯艺术馆地下室被用作急救站，1722年从都柏林运来并竖立在大厦前的乔治一世国王骑马塑像也被用砖封堵起来，以保护自己的美术馆不受战争的影响。战时的封锁使从意大利获得艺术方面的照片和其他艺术资源变得不可能。然而，该馆在成立之初受益于许多个人以及考陶德学院和国家艺术图书馆等机构的慷慨捐赠，这些机构帮助填补了巴伯艺术馆库存缺口。在接下来的几年里，巴伯艺术馆安静地成长，很大程度上满足了伯明翰大学艺术学院策展人的需要。在1974年巴伯艺术馆管理员罗杰斯写道："目前，工作受到了空间不足和整个建筑非常分散的空间（原来的阅览室和堆栈室长期以来一直不足以容纳图书馆）的限制。"现在，巴伯艺术馆分散在建筑的更多部分，仍然缺乏空间。地下室的储藏室已经搬迁了好几次，但仍然保留着它们原来的名字，如厨房储藏、院子物品储藏和肉类安全储藏室等，巴伯艺术馆这一奇怪的命名给新员工带来了相当大的困惑。

在20世纪90年代，巴伯学院在博德金的影响下变成了艺术研究学院，艺术史研究这一科目以前只在研究生阶段教授，现在则在本科生阶段教授，这对图书馆的藏书和空间提出了新的要求。巴伯艺术馆和巴伯音乐厅都成为艺术服务的一部分（当时称为信息服务）。巴伯艺术馆扩大了市内空间，创建了第二个阅览室。巴伯艺术馆苏富比拍卖行和佳士得拍卖行的拍卖目录和藏品可以追溯到18世纪。

巴伯艺术馆的艺术收藏是英国大学艺术馆中规模最大的，藏品相当稀有，有60件18世纪的作品，这些藏品包括一系列福斯特从1817年到1920年的画作，其中很多作品都是由拍卖商的工作人员用铜版手写注释的。2007年，巴伯艺术馆内1737年至1823年的艺术收藏有33个，这些收藏原本是艺术评论家威廉·罗伯茨（William Roberts，1862—1940）的财产，后来被巴伯艺术馆收购。

巴伯艺术馆在1992年以前一直保留自己的卡片目录，但从1992年起，巴伯艺术馆艺术品目录的获取和编目就由图书馆事务处处理。2000年至2002年，巴伯艺术馆成为HOGARTH项目的合作伙伴之一，为展览目录进行了编目，这对回顾编目起到了重要的推动作用。当HOGARTH的记录可以通过COPAC获得的时候，图书馆间的互借请求就开始源源不断地涌进来，这些收藏对全国各地的学者的潜在帮助也变得更加容易。

巴伯艺术馆并不是伯明翰大学唯一与艺术史相关的资源。伯明翰大学的主图书馆收藏了大部分关于拜占庭艺术、古代艺术、非洲艺术和东方艺术的资料。该馆收藏一些珍本书，这些珍本中包含许多重要的插图，如《纽伦堡纪事报》的副本，两个拷贝版的乔叟，有近100本木刻版画。伯明翰大学的主图书馆还收藏了与劳伦斯·阿尔玛-塔德马爵士（1836—1912）有关的信件和照片，以及他的一些绘画和版画。

蛋糕图书馆

　　伯明翰超现实主义者是 20 世纪 30 年代英国"超现实主义先驱"之一，也是 20 世纪 40 年代该运动最活跃的成员，而与这座城市相关的更抽象的艺术家包括出生于李·班克的大卫·邦伯格和眼镜蛇成员威廉·吉尔。伯明翰艺术家在几个著名的战后发展艺术领域影响巨大：如彼得·菲利普斯的中心人物是波普艺术的诞生；约翰·索尔特是唯一的欧洲主要人物画在现实主义的先驱，他和黑人艺术团队使用绘画、拼贴和多媒体研究英国的黑人的政治和文化身份。伯明翰的当代艺术家还包括特纳奖获得者和特纳奖入围艺术家理查德·比林汉姆、博格思·恺撒博士和约翰·沃克罗杰，他们的作品获得了维多利亚和艾伯特博物馆、国家肖像画廊、伍尔弗汉普顿艺术画廊和伯明翰博物馆和艺术画廊的收藏。

★ 博物馆和美术馆

　　伯明翰有两个主要的公共艺术收藏品。伯明翰博物馆和艺术画廊以其前拉斐尔派的作品而闻名，这是其中一个"非常重要"的收藏。博物馆还收藏了大量古代绘画大师的作品，包括贝里尼、鲁本斯、卡纳莱托和克劳德的重要作品，以及 17 世纪意大利巴洛克绘画和英国水彩画的大量收藏，其设计藏品包括欧洲卓越的陶瓷和精细金属制品收藏。

19 世纪初，伯明翰所特有的环境为有抱负的艺术家提供了一条更安全的途径，使他们可以通过各种各样的所谓"艺术工业"而不是绘画来获得经济上的成功。这使这些艺术家设计师在城镇的工商业生活中获得了受人尊敬的职业地位。这一地位在其他工业城镇并不容易获得，与曼彻斯特相比，这个拥有众多艺术家和艺术赞助人的城市是值得一提的。约翰·席德（John Seed）写道："曼彻斯特远郊的富有资产阶级，虽然欣赏甚至尊重艺术，但是他们认为艺术家并不是他们所处时代的声音。但是在伯明翰一个以美术为职业的人确是人性的典范。"

19 世纪 60 年代末的伯明翰艺术氛围并没有那么浓厚，但正是这些繁荣的教育和文化机构帮助伯明翰的市政革命迅速成为现实。当改革的自由派控制了伯明翰市议会，艺术的团体身份才得以确立，因此主要的艺术机构能够对新兴的公民意识的结构活力做出重大贡献。皇家伯明翰皇家艺术家协会被公认为是该地区最重要的文化机构。该协会成立于 1814 年，1868 年获得特许，成为一个享有盛誉的专业艺术家协会，每年举办的展览吸引了全国艺术家和公众的支持。在 19 世纪 50 年代，它曾邀请前拉斐尔派的著名艺术家来展示他们的最新作品。伯明翰艺术学院成立于 1842 年，现在是英国最大的艺术学院，为当地工业提供熟练的绘图员和专业的设计师，并进行相当数量的学生储备，为这座城市的艺术水准奠定基础。

在伯明翰，设计师喜欢以大胆的创新来为这座城市书写历史，做出积极的贡献，这也预示着艺术在政治上的创新。随着城市革命的临近，他们能够察觉视觉艺术的重要作用，伯明翰

的艺术家主张建筑、艺术和设计应该为公民福音的哲学提供视
觉表达。他们说服他们的政治盟友，通过更强的视觉意识和更
好的设计，来推动更好的设计教育体系，政治家和艺术家可以
一起创造一个更美丽的环境。除了人们所希望的社会改革，艺
术家们还敦促这些初具规模的城市在街头、工作场所、公园、
公共建筑以及艺术和设计画廊中寻找视觉艺术的一席之地。他
们梦想着，当伯明翰成为新艺术的发源地，大英帝国中心的第
二次文艺复兴的发源地，这座被称为"世界工厂"的城市也会
成为"北方的佛罗伦萨"。

　　提议者都是当地当权机构的受人尊敬的成员，虽然现在已基
本被人们遗忘，但当时的他们都对国家的艺术和文化生活做出了
重大贡献。其中一位是威廉·考斯顿·艾特肯（William Costen
Aitken，1817—1876），他是伯明翰几家著名公司的首席工业设计
师。在 19 世纪四五十年代，他一直是亨利·科尔和阿尔伯特亲
王身边的一员，因为他们一起构思和策划了万国博览会展览。
他曾访问过法国和德国，并在规划国家工业设计展览方面发挥
了重要作用。通过举办讲座和出版作品，他论证了改进设计教
育的必要性，以及设计博物馆教育设计师和消费者的必要性。

　　艾特肯不是简单地为自由客户设计哥特式建筑，他把俄国
哥特式作为自由社会的一个重要工具，并把这种综合艺术作为
他事业的基础。当时的伯明翰市长张伯伦相信，每一个新的建
筑都是一个告知所有看到和使用它的人们新的生活理念的机会，
建筑和使用者之间的接触应该是一种刺激和令人振奋的体验。
艾特肯打算把他在伯明翰街道上所使用的许多公共建筑的装饰
性和说教性的建筑结构，作为日常艺术的一种展示，使其成为
一种真正的大众艺术，作为人们的普遍艺术而存在。他每天都
对整个社区进行思考，用他的创造技巧装饰过的建筑来装点这
个城市。艾特肯是一个坚定的自由主义者，虽然他从未进入政

治舞台，但发挥了至关重要的作用，他在伯明翰的三个主要的
领导文化和教育机构工作过，同时在19世纪70年代担任伯明翰
皇家艺术家协会副总裁，同时他也是伯明翰和米德兰学院的名
誉部长，艺术学院委员会的主席。

　　张伯伦的领导重振了伯明翰的艺术氛围，他主导重组了伯
明翰艺术学院，但完全改变了艺术学院的性质。1879年，他邀
请他的朋友、设计师兼诗人威廉·莫里斯（William Morris）担
任艺术学院的名誉校长，而不是邀请当地的贵族或政治领袖。
毫无疑问，张伯伦的选择标志着一个重大转变，即强调学院对
艺术产生的深远影响。莫里斯和他的朋友爱德华·伯恩·琼斯
一起在伯明翰度过了大学假期，因此对伯明翰非常熟悉。在莫
里斯担任校长后的20年里，他定期访问艺术学院，为学生们作
了几次重要的演讲，并委托伯明翰的学生为凯尔姆斯科特出版
社工作。

画廊

19 世纪七八十年代，伯明翰的艺术成就在整个工业化世界享有非凡的声望和尊重。经过这几十年的发展，最新的建筑、绘画和雕塑在公众意识中获得了很高的知名度。维也纳、柏林、科隆、德累斯顿、纽约、芝加哥、费城、墨尔本、伦敦、曼彻斯特、布拉德福德和利兹的许多新市政大楼和购物街，都见证了资产阶级品位和娱乐的主导地位。但可以认为，在伯明翰，中产阶级的能量以一种特殊的方式被引导，不仅是工业化为中产阶级提供新的公共建筑，而且市政行动也发起了一场艺术道德运动。因为伯明翰的艺术家们已经建立了一个不寻常的强大的权力基础，他们处于一个特别有利的位置，并可以利用这种富有同情心的时代来影响艺术的走向。伯明翰皇家艺术家协会的声望和榜样激励艺术家和市民领袖将一些文化机构置于市政控制之下，作为新的市民意识的象征。一个是艺术学院，另一个是美术馆。新市政领导人的核心计划之一是为该市不断增加的艺术和设计收藏提供一个场所。艺术家认为提供免费的当代绘画以改善城镇的道德基调是市政的责任，因此艺术家们致力于提供广泛的设计作品，作为该地区"艺术工业"的艺术资源。这一倡议最终推动了 1885 年伯明翰市美术馆的建造，伯明翰市美术馆包括一个现代英国绘画馆和另一个珍品艺术馆，里面收藏了来自世界各地的优秀作品。

从结果来看，伯明翰走的是正确的艺术道路。来自巴黎的印象派画家卡米尔·皮萨罗（Camille Pissarro）指出：伯明翰与法国的省会城市不同，伯明翰这座城市是对创新表达足够的理解。著名的剧作家、评论家和社会改革家萧伯纳在访问伯明翰时赞扬了这座城市对艺术的表达。伯明翰的艺术活动在英国城市中稳居首位。

新一代的艺术家、设计师和工匠需要实践自己的艺术理想，并显示出他们在社区中作为当代文化的关键贡献者的地位，这些艺术家期望他们的城市能提供这种支持。城市的决策者支持伯明翰的艺术展，并创建了一所市立艺术学校来培养那些通过艺术来丰富城市的艺术家。在帮助创建早期培养艺术家的良好环境后，这些城市的先驱们不再承担在这一领域开展大规模艺术活动的责任。进入20世纪，伯明翰市议会不再赞助艺术家的创作。伯明翰想要成为新耶路撒冷或第二个佛罗伦萨的潜力没有得到应有的开发，伯明翰新一代的政治家并不想放弃来之不易的中产阶级的体面地位，但是艺术却进入了一个纯粹的社会主义乌托邦的未知领域，艺术家也不倾向于追随毕加索或马蒂斯所开辟的曲折道路。与此同时，伯明翰的政客们都安于受人尊敬的保守主义，艺术家们则退居一旁，这与19世纪最后十年伯明翰的艺术和城市文化的有趣互动已经相去甚远。

对于艺术爱好者来说，伯明翰的艺术资源的吸引力还是很大的，但究竟这些艺术资源能够持续多长时间还是个问题。虽然艺术权威都提供了关于个人艺术作品的描述，但这些资源是针对温和的艺术爱好者，而不是艺术历史学家。相比之下，伯明翰的艺术资源，尽管仅限于前拉斐尔派，却适合所有层次的观众。每个作品的信息深度都令人印象深刻，为了浏览这个庞大的艺术收藏，用户可以使用伯明翰美术馆强大的搜索引擎，按艺术家、日期等在网上探索伯明翰的收藏。然而，网站的许多方面，如果得到纠正，可能会导致与用户更大的互动。谷歌艺术项目已经产生了更多的资源，是一个更近期的现象，但与这个网站的一些比较是有益的。

伯明翰艺术馆网站最有趣的部分是允许你创建自己的个人图片库，你可以选择公开，也可以私密收藏，目前这类作品的名称包括"特殊色彩""布料""放飞自我"等几个模块，也可以在这里讨论艺术任何作品，并为自己创建一个简介。然而，与搜索功能一样，网站需要用户具有相当高的持久性。为了创建一个个人收藏或开始一个讨论，人们需要首先注册，等待密码发送到收件箱，然后导航回网站，找到你希望再次评论的作品。

位于埃吉巴斯顿的伯明翰大学巴伯美术学院是世界上最好的小型艺术画廊之一，拥有一批代表13世纪至今西方艺术的高质量藏品。

伯明翰博物馆信托基金会还经营着市内的其他博物馆，包括阿斯顿博物馆、布莱克斯利博物馆、珠宝角博物馆等。吉百利世界也是一个博物馆，向游客展示巧克力生产和公司的历史。

智库（Think Tank）是伯明翰主要的科学博物馆，拥有一个巨大的屏幕电影院、一个天文馆和一个包括世界上最古老的蒸汽机——斯梅西克蒸汽机在内的收藏品。其他以科学为基础的博物馆包括布林德利的国家海洋生物中心、伯明翰大学的拉普沃思地质博物馆和温森格林的地球环境教育中心。

伯明翰的夜生活主要集中在布罗德街和布林德利广场一带。尽管近年来由于几家俱乐部的倒闭，布罗德街已经失去了它的人气。如今，田园牧歌式的夜生活更受欢迎。在宽阔的街道区域外，有许多时尚的地下场所。

★ 节日和建筑

伯明翰的圣帕特里克节游行是欧洲除都柏林以外规模最大的游行，这是本市最大的单日活动。伯明翰是许多国家、宗教和精神节日的故乡，其中包括圣帕特里克节、乔治节聚会。伯明翰军乐团是一项长期存在的军事表演，每年在国家室内体育馆举行，加勒比风格的伯明翰国际狂欢节在奇数年举行，英国规模最大的为期两天的"同性恋骄傲活动"是"伯明翰同性恋节"（LGBT Festival）的重要组成部分，通常在5月的春季银行假日周末举行。伯明翰同性恋区的街道上有狂欢节游行、现场音乐表演、有 DJ 的舞蹈舞台、卡巴莱表演舞台、妇女舞台和一个社区村庄。伯明翰最大的单日活动是圣马丁节、帕特里克节游行（伯明翰的帕特里克节是欧洲第二大游行，仅次于都柏林）。

其他节日包括伯明翰国际爵士音乐节、伯明翰喜剧节。伯明翰两年一度的国际舞蹈节始于 2008 年，由 DanceXchange 组织，涉及全市的室内和室外场馆。自 2001 年以来，伯明翰一直是法兰克福圣诞集市的主办地。圣诞集市以德国文化为模板，已发展成为英国最大的户外圣诞市场，是德国和奥地利以外最大的德国市场，吸引了许多国家的游客，Nowka Bais 是每年在伯明翰举行的孟加拉赛艇节，这是英国西米德兰兹郡的一项重要文化活动，不仅吸引了散居海外的孟加拉人，也吸引了各种各样的文化，它也是英国最大的划船比赛。

伯明翰的建筑也颇具特色，形成了独特的风格，这些建筑主要是 18 世纪、19 世纪和 20 世纪的产物，它们的发展始于工业革命时期，但是年代久远，许多都已经被毁。因此，从它的早期历史中幸存下来的建筑相对较少，而那些幸存下来的建筑则受到保护。伯明翰有 1946 座列入名录的建筑和 13 座列入名录的古迹。伯明翰市议会还对完全不符合法定挂牌条件的建筑实施当地挂牌方案。

伯明翰建筑中中世纪的痕迹可以在最古老的教堂中看到，尤其是最初的教区教堂，牛环的圣马丁教堂就是中世纪建筑的代表，还有一些中世纪和都铎时期的建筑留存了下来，其中包括 15 世纪萨拉森的总店，金斯诺顿（King's Norton）的老文法学校和布莱克斯利厅。

伯明翰还有许多乔治王时代的建筑幸存下来，包括圣菲利普大教堂、苏荷馆、市政厅和圣保罗广场的大部分。在维多利亚时代，这座城市到处都是高楼大厦，主要的市民建筑如维多利亚法院（用特色的红砖和赤陶土建成）、议会大厦和博物馆及艺术馆。查德大教堂是宗教改革以来英国建造的第一座罗马天主教大教堂。为了给工业工人提供住房，整个城市出现了绵延数英里的红砖街道和露台，许多房屋背对背，形成了独特的风景。

战后的重建和反维多利亚主义导致了数十座维多利亚式建筑的消失，如新街车站和旧中央图书馆，经常被野兽派建筑取代。赫伯特·曼佐尼爵士在 1935～1963 年担任伯明翰的城市工程师和测量员，他认为保护老建筑是多愁善感的，而且这座城市也没有任何价值。在市中心地区，许多维多利亚时代的房屋也被拆除和重新开发。作为对曼佐尼时代的部分回应，伯明翰市议会正在拆除一些野兽派建筑，比如中央图书馆，并制定了一项大规模的塔楼拆除和改造计划。近年来，市中心有很多重建项目，包括屡获殊荣的位于牛环的购物中心大楼、千禧点科技中心，以及标志性的圆形建筑的翻新。其中许多项目的资金来自欧盟，其中市政厅从欧洲区域发展基金获得了 300 万英镑的资金。

高层建筑的发展自 20 世纪 70 年代以来已经放缓，主要是近年来由于民用航空局对建筑物的高度实施了强制措施，因为它们可能会影响机场的飞机调度塔。

★ 音乐

伯明翰已知最早的管弦乐音乐会是那些由巴拿巴·甘在 1740 年的摩尔街剧院建立的，曾经有 20 多个独立乐团分布在城市之中，这是现在交响乐团的基础。这些管弦乐队常常把他们的起源归功于伯明翰在国际上具有重要意义的合唱传统，正是这一传统孕育了诸如门德尔松的《以利亚》和埃尔加的《格老蒂乌斯之梦》等作品，伯明翰于 1834 年建造了市政厅，这里有欧洲最早的大型音乐厅之一。伯明翰最著名的管弦乐队是伯明

翰节日管弦乐队，它在 1768 年由 25 名音乐家组成，但到 1834
年已发展成 147 人的管弦乐队。在 1849 年到 1909 年间，迈克
尔·科斯塔和汉斯·里希特的乐队囊括了当时英国和欧洲一些
主要的乐器演奏家，但仍只是一个临时组建的乐队，只在三年
一次的音乐节上演奏。小镇上第一个由本地专业音乐家组成的
永久性管弦乐队是威廉斯托克利管弦乐队，该乐队成立于 1856
年，在 1873 年至 1897 年举办了年度音乐会。19 世纪末，乔
治·哈尔福德的管弦乐队使这个城市的主要管弦乐队黯然失色，
他们在 1897 年至 1909 年举办了一系列类似的音乐会。斯托克利
和哈尔福德在伯明翰建立了定期的管弦乐音乐会，到 19 世纪
末，该地区支持了大量高质量的本地专业音乐家。在 1905 年至
1920 年，许多相互竞争的演出公司满足了这一需求。哈尔福德
的演奏者在 1906 年进行了改革，成立了自治的伯明翰交响乐
团，在著名指挥家亨利·伍德、汉斯·里克特和哈尔福德本人
的指挥下，乐团一直演奏到 1918 年。

交响乐团

资料来源：http：//www.theicc.co.uk/。

从1916年开始，一群当地有影响力的人物开始期望成立永久性的管弦乐队，符合公民福音传统的建立。伯明翰大学作曲家和音乐教授欧内斯特·纽曼（Ernest Newman）是一位著名的伯明翰音乐评论家，他早在1913年就写道，富裕的赞助人提供的金融担保体系在整个19世纪都支持着伯明翰的管弦乐队，但如今这一体系已经不堪一击。新乐团的管理委员会于1919年6月19日首次会晤，为乐团起名为伯明翰城市交响乐团，托马斯·比查姆被认为是最适合担任首席指挥一职的人选，但他忙于处理自己严重的财政问题，无暇接管该乐团。因此，从众多的职位申请中，最终确定了阿普尔比·马修斯。马修斯从1916年起就在伦敦开办了自己的管弦乐队，得到了评选委员会中当地乐评人的大力支持。理查德·沃瑟尔（Richard Wassell）被任命为助理指挥。

马修斯的计划是每年在伯明翰市政厅举办八场周六音乐会和六场周三音乐会，周日在更便宜的场地举办38场更受欢迎的音乐会，延续了他自己的乐队在过去五年里建立的周日经典流行音乐的传统。1920年9月5日，议会办公室的第一场音乐会在皇家剧院举行，马修斯指挥了这场音乐会，这是周日系列音乐会的一部分，第一场音乐会是格兰维尔·班托克的《索尔》。同年11月10日，经过两个月的流行音乐会，交响音乐会系列的首场音乐会在市政厅举行，爱德华·埃尔加指挥了一场他自己的音乐会，包括由费利克斯·萨尔蒙德独奏的大提琴协奏曲。从1921年2月开始，乐团开始致力于音乐教育，并于星期六下午在市政厅为城市学童举办了一系列音乐会。

马修斯原本被任命为乐队指挥，30场音乐会的费用为450英镑，但他说服委员会让他担任指挥、秘书和经理的多重角色，每年收取1000英镑的费用。然而，他在这些角色中只有有限的经验，并与组成国会预算办公室委员会的政客和商人关系紧张。

伯明翰市政厅

资料来源：http：//www. bytravel. cn/landscape/49/bominghanshizhengting. html。

他计划用伯明翰市警察乐队的成员来补充管弦乐队的演奏力量，这几乎导致管弦乐队在演奏音乐会之前就罢工了，并导致1920年12月受到下议院的质询。马修斯的指挥和管理都受到了伯明翰的评论家们的差评，但也有媒体对他赞扬有加，《每日电讯报》高度赞扬了他，《曼彻斯特卫报》总结说"曼彻斯特很可能嫉妒伯明翰的市政音乐"。马修斯的交响乐系列节目雄心勃勃和不断进取，但周日的音乐会是亏损的，高价的票往往卖不出去。1922年，马修斯不再参与乐团的财务管理，其流行音乐会也越来越多地搬到郊区和城外的场地，并制定了发展和营销计划，以遏制到1923年5月已增长到3000英镑的财政赤字。乐队和马修斯都在7月聘请了律师，10月马修斯被告知他的合同将被终止，乐队最后一场CBO音乐会在1924年3月30日举行，乐队和马修斯的关系在激烈而昂贵的诉讼中破裂。

国会预算办公室委员会有两位候选人可以取代马修斯——尤金·古森斯和阿德里安·博尔特。一段时间以来，委员会探讨了任命两人为联合指挥家的可能性，但欧内斯特·德·塞林考特（Ernest de Selincourt）认为这个想法行不通。博尔特取代了亨利·伍德（Henry Wood），成为伯明翰节日合唱协会的指挥，这可能是考虑到城市管弦乐队可能很快就会出现空缺。1924年3月，他被媒体宣布为国会预算办公室的新主任和指挥。博尔特在35岁的时候，已经拥有了相当高的国际音乐声誉，他曾在莱比锡音乐学院学习，在亚瑟·尼基什的指导下，25岁的时候指挥了霍尔斯特的《行星》的世界首演，并曾担任过谢尔盖·迪亚基列夫的《俄罗斯芭蕾》的首席指挥一段时间。这位温文尔雅、牛津大学毕业的高才生还能自如地与有影响力的当地市民打交道，确保乐团能继续得到所需的财政支持。他在国会预算办公室的任职标志着管弦乐队"黄金时期"的开始，从此在全国声名鹊起，在他领导下的伯明翰城市管弦乐队战胜了苦苦挣扎的伦敦管弦乐队，并使博尔特成为英国音乐生活中的重要人物。

博尔特为乐团的未来带来了更广阔的视野，他的乐队管理建立在马修斯的基础之上，但在此基础之上进行了扩展。博尔特在市政厅举行午间音乐会，在交响乐音乐会前每周四举办关于即将到来的音乐的讲座，邀请伯明翰大学的学生参加公开排练，在上课时间为儿童举行免费音乐会。乐团于1925年录制了第一张商业唱片。同年晚些时候，一个更不寻常的实验发生了。当时，圣桑第二钢琴协奏曲在市政厅上演，哈罗德·鲍尔作为独奏者，但他的角色不是在他在场的情况下演奏的，而是预先录制好的钢琴曲。对博尔特的特别关注是减少了暑假的影响，当时，就像伦敦皇后大厅管弦乐队和曼彻斯特黑尔管弦乐队一样，国会预算办公室的音乐家们整个夏天都在海滨度假胜地工作，而且经常在码头管弦乐队的自由职业生涯中养成坏习惯。当时委员会觉得无法满足博尔特给成员提供永久的全年合同的愿望，但博尔特试图缩短休息时间，在整个中部地区的公立学校开始表演。

博尔特的到来带来的直接影响是《伯明翰邮报》对他第一个赛季的评论："最强烈的印象是，他在音符的准确性上有了很大的提高，在合奏上有了很大的进步，弦乐组的演奏水平也提高了。在一个演出季中取得的进步是如此巨大，令人瞩目。"这支管弦乐队还转向了更具冒险精神的曲目，例如在巴托克的舞蹈组曲作曲后不到一年就开始进入排练演奏，而这位作曲家在英国却鲜为人知，并没有什么知名度。该管弦乐团于1926年演出的马勒第四交响曲，是马勒在英国演出的交响曲中第三次演出的作品，而《爱乐之歌》则是第二次在英国演出的作品。此后不久，马勒的作品相继在伦敦被管弦乐队演奏，这标志着马勒的作品在英国逐渐引起了人们的兴趣，而伯明翰的乐团因为其前卫大胆的选曲而名噪一时。

到1926年，乐团的财务状况有所改善，这得益于市政厅在1924年决定允许伯明翰免费使用，市政厅用于交响音乐会，并在1925年将国会预算办公室的拨款增加1倍，达到每年2500英镑。1925年10月，市政厅的天花板坍塌，导致管弦乐队把音乐会暂时移到中央大厅举行。博尔特在市政预算办公室工作期间，与最新成立的英国广播公司（BBC）建立了重要的关系。BBC开始转播他们的音乐，这使伯明翰管弦乐团的影响力进一步扩大，1927年，英国广播公司（BBC）因与音乐家联盟的全国性纠纷而停播了伯明翰的音乐会，这使双方的关系变得非常紧张。1928年，BBC升级了伯明翰车站的管弦乐队，用全职合同吸引了伯明翰管弦乐队16名最重要的演奏者。1929年5月，英国广播公司（BBC）更进一步，音乐总监珀西·皮特（Percy Pitt）

退休，由博尔特接替他的工作。博尔特在伯明翰过得很愉快，他原计划至少再待十年，但亨利·伍德鼓励他接受 BBC 的角色。他顶住了约翰·里斯要求他立即接受 BBC 职位的压力，同意在伯明翰管弦乐队再演出最后一季。他后来说他后悔离开伯明翰，这是他职业生涯中唯一一次能够完全控制自己的节目。

博尔特的继任者是四名指挥家，分别是莱斯利·赫沃德、斯坦利·查普尔、朱利叶斯·哈里森和巴兹尔·卡梅隆。赫沃德曾在皇家音乐学院跟随博尔特学习指挥，赫伯特·帕里（Hubert Parry）曾将他描述为"那种一代人才会出现一次的难得人才"。他作为一名非常成功的指挥来到伯明翰，之前南非广播公司的音乐总监和开普敦管弦乐队指挥赫沃德提出了乐团的演奏标准，1925 年他们被邀请到英国帝国展览会进行表演。尽管如此，他的任命对伯明翰市政厅办公室委员会来说是一场赌博，因为他在很大程度上是一位籍籍无名的音乐家，当时并不为英国观众所知。

由于具有出色的音乐才能，赫沃德很快就赢得了乐队成员和伯明翰观众的尊敬，他的乐谱阅读能力非常出色，而且他能够立即诊断出排练中出现的问题，乐队的长笛手说："他从未见过一位指挥如此受他的队员们尊敬。"他还以诚实正直著称，有时会在他觉得不合格的公开演出进行到一半时重新开始，并说："对不起，我们可以做得更好。"他在伯明翰的演出非常大胆，在他的第一季演出的 41 首曲目中，有 28 首是伯明翰首演，而这个管弦乐队尤其以诠释德·沃夏克、西贝·柳斯和现代英国作曲家而闻名。

1931 年，助理指挥约瑟夫·刘易斯跟随博尔特加入了英国广播公司交响乐团。他最终的接替者哈罗德·格雷（Harold Gray）于 1924 年开始了长达 55 年的与管弦乐队的合作，担任博尔特的秘书和音乐文书，并于 1930 年在萨顿·科尔德菲尔德

(Sutton Coldfield) 首次指挥管弦乐队，当时他是教区教堂的管风琴手。赫沃德不愿与观众交谈，也不喜欢为小学生表演。于是，1931年，格雷接管了儿童音乐会，1932年被任命为副指挥。

赫沃德的交响乐音乐会吸引了大量观众，但随着广播和电影对休闲活动的竞争加剧，观众对古典音乐会的兴趣持续下降，与BBC的一系列协议缓解了由此带来的财政压力。1930年，广播公司同意将伯明翰交响乐团缩减为一个八重奏乐团，由市政预算办公室负责选拔其余的乐手，作为对市政预算办公室每一季举办13场室内音乐会的回报：这是市政预算办公室获得全年合同的重要一步。1934年，珀西·埃德加和维克多·赫利·哈钦森同意成立英国广播公司米德兰管弦乐队，每周演出2~3场，由赫沃德指挥，35名乐队成员与国会预算办公室签订12个月的合约。这带来的稳定意味着赫沃德管理水平得到认可。到20世纪30年代末，伯明翰交响乐团的演奏水平已经可以与欧洲大陆主要城市的管弦乐队相媲美。

到1939年，市政预算办公室的财务状况良好，前景光明。然而，第二次世界大战爆发后，英国广播公司解散了米德兰交响乐团，解雇了音乐家，其中许多人也是市政预算办公室的主要成员。伯明翰市政厅被征召参加战争，市政预算办公室取消了所有的音乐会合约，给了赫沃德解雇通知。被解雇了的赫沃德又疾病缠身，他在南非期间感染了肺结核，到1934年已经因病错过了演唱会。1939年9月至1940年5月，由于工作过度、吸烟和酗酒，他的病情恶化，在疗养院住了6个月。他在1940年10月20日举行了因病休息一年多来的首次演出，但此后经常因为健康问题不得不取消演出。在此期间，市政预算办公室的大多数音乐会都由维克多·赫利·哈钦森指挥。1942年节礼日，赫沃德被任命为曼彻斯特黑尔管弦乐队的指挥，从演出季末开始他递交辞呈，但他没能等到合同期满，1943 年 5 月在他位于埃吉巴斯顿的家中去世。

到 1944 年，战时乐队只有 62 名乐手，他们都是兼职的，大多数是当地军工厂的雇员。每周的音乐会只排练一次，而且不同的乐手常常一场音乐会接着一场音乐会地演奏。为了提供一定的稳定性，该委员会从 1944 年 5 月开始与音乐家签订永久性的全年合同，合同由市议会的教育委员会资助，每年由管弦乐队提供 50 天的教育工作作为回报。最初，博伊德·尼尔（Boyd Neel）被看好接替赫沃德担任首席指挥，因为在 1943 年夏天，12 名不同的申请人得到了音乐会面试的机会。但最终，乐团宣布了与伯明翰市唱诗班指挥乔治·威尔登（George Weldon）签订为期一年的合约。韦尔登个性张扬，富有魅力，酷爱跑车，在领奖台上引人注目。最初，评论界和公众的反映都非常积极，1944 年 6 月，他被任命为音乐总监。从 1945 年开始，他推出了价位适中的夏季海滨音乐会（Promenade）。从 1950 年开始，除了伍尔弗汉普顿（Wolverhampton）、诺丁汉（Nottingham）和谢菲尔德（Sheffield）的年度音乐会外，他还推出了针对伦敦制造业劳动力的工业音乐会。1948 年 1 月，在威尔登的个人请求下，伯明翰交响乐团正式更名为伯明翰市交响乐团。

然而，威尔登在战后重建乐团的成功是有限的，他在任职期间招募了 40 多名新音乐家，但到 1951 年，他只成功地将演奏人员增加到 73 人。签订全年合同需要承担繁重的工作量，1945 年至 1946 年，乐团共演出 260 场音乐会，并在市内的学校承担教育工作，这意味着大多数音乐会只在演出当天进行排练，观众也难以预料，威尔登被批评编排了太多轻量级的曲目，那个时代出现了一些新作品的演奏，包括乐团的双簧管演奏家鲁思·吉普斯（Ruth Gipps）的主要作品。1946 年 9 月，塞缪尔·巴伯（Samuel Barber）来到伯明翰指挥自己的第一部交响乐，但威尔登多次重复演奏流行作品，往往在同一季节内重复两次或更多。1946 年，埃里克·布卢姆（Eric Blom）批评该管弦乐队对沃恩·威廉姆斯（Vaughan Williams）的《绿袖子幻想曲》（Fantasia on "Greensleeves"）的过度表演。《伯明翰邮报》（Birmingham Post）的音乐评论家于 1945 年被解雇，因为他写了一篇文章，称该市的其他音乐记者掩盖了乐团的低水准，但到了 1948 年，评论家们公开批评乐团的表演江河日下。伯明翰的音乐机构中形成了一个反威尔登的游说团，还有未经证实的谣言称他与吉普斯有染。乔治·乔纳斯（George Jonas）后来成为哥伦比亚交响乐团（CBSO）管理委员会的负责人，1951 年开始参加 CBSO 的音乐会。他后来回忆起那个时期："他们的乐器发出的声音非常可怕，那是个糟糕的管弦乐队。"

CBSO 音乐会的平均上座率只有 60%，因此《伯明翰邮报》在 1949 年发表了一系列文章，主张采用一种新的方式进行经营。第二年，乐团就亏损了 5000 英镑。1951 年，CBSO 委员会即将上任的执行主席接洽了鲁道夫·施瓦茨（Rudolf Schwarz），让他接任乐团的首席指挥，让威尔登知道，他的合同不会续签。约翰·巴比罗利对威尔登的遭遇感到愤怒，立即任命他为哈雷管弦乐队的副指挥，但委员会认为此举是"向更高水平指挥家的转变"，而威尔登的替代者被 CBSO 的队员视为一个有远见的人。施瓦茨在战前的德国曾是一名颇有成就的歌剧指挥，但他在柏林犹太文化组织担任音乐总监的经历，导致他被纳粹分子关押在贝尔森，1945 年他从贝尔森被解救出来，在音乐家中备受尊敬，"二战"后重建了伯恩茅斯交响乐团。阿德里安·博尔特写信给他，称赞伯明翰拥有"最友善的人"，并向他保证他会喜欢这座城市。施瓦茨后来回忆说："我发现这是一个充满活力的城市，人们乐意在这里工作。"

从一开始，施瓦茨的程序设计就与威尔登的完全不同，他每周留出一整天排练，尽管遭到保守的管弦乐队成员的抵制，但排练很快开始奏效，于是管弦乐队又开始吸引一流的独奏者。然而，音乐会的减少、排练时间的增加和观众人数的下降，导致了1952年日益恶化的金融危机，乐团财政赤字达2万英镑。有一段时间，有人建议CBSO与伯恩茅斯管弦乐队合并，冬天在伯明翰演出，夏天在伯恩茅斯演出。当这一提议失败后，委员会转而计划将乐团缩减为六个月的运作模式，直到即将上任的劳工理事会同意用无息贷款来冲销1952年5月累积的赤字。1954年，乐团更名为伯明翰爱乐乐团并首次在电视上亮相，1955年，伯明翰爱乐乐团首次出访荷兰。

1956年9月，施瓦茨宣布他将在下一季结束时离开伯明翰交响乐团，加入英国广播公司交响乐团。媒体对继任者的猜测主要集中在乔治·赫斯特和安德烈·帕纳夫尼克身上，帕纳夫尼克在次年12月的试唱会上被任命，其最著名的身份是作曲家，但他在祖国波兰的克拉科夫爱乐乐团（Krakow Philharmonic Orchestra）和华沙爱乐乐团（Warsaw Philharmonic Orchestra）担任指挥，直到1954年才到英国。他在伯明翰的第一个演出季充满了冒险精神，包括恩斯特·布洛赫（Ernest Bloch）、吉安·弗朗西斯科·马里皮耶罗（Gian Francesco Malipiero）和费伦茨·法卡斯（Ferenc Farkas）的作品在英国的首演。许多早期的英国小型室内乐团的作品，以及后来的古典和浪漫曲目，都在这里首演。

帕纳夫尼克抵达伯明翰时，恰逢管弦乐队与管理层发生冲突，16名小提琴手被要求重新面试，只有管理层做出让步，才能避免了一场罢工。尽管帕纳夫尼克后来声称他"发现了一个高标准的管弦乐队"，但他与一些欧洲顶级管弦乐队合作的经历让他对CBSO的弦乐感到不满。他得到了乐团年轻乐手的支持，但他对改善弦乐部分的尝试让他与乐团领袖诺里斯·斯坦利

（Norris Stanley）产生了冲突。斯坦利自 1920 年乐团成立以来就一直在乐团中演奏，他拒绝帕纳夫尼克的权威，拒绝一切改变的尝试。1958 年，斯坦利被说服辞职，许多管弦乐队的老前辈都追随他，结果帕纳夫尼克第二季的个人冲突减少了。在乐团管理层的坚持下，这张唱片还包括了他自己的四首曲子。然而，在 1959 年，帕纳夫尼克决定不再续约，打算把精力集中在作曲上，他解释说："要同时指挥一个永久的管弦乐队和作曲是不可能的。"他继续与乐团保持良好关系，并于 1962 年与哥伦比亚交响乐团（CBSO）首演了他的钢琴协奏曲。

帕纳夫尼克出人意料地提前离职，给 CBSO 的管理层带来了麻烦。CBSO 原本打算让梅雷迪思·戴维斯（Meredith Davies）接替帕纳夫尼克，后者于 1957 年从 150 多名申请者中被任命为该乐团的第二副指挥，与哈罗德·格雷（Harold Gray）一起担任副指挥。戴维斯因此被任命为副音乐总监，阿德里安·博尔特则回归。两年前，博尔特放弃了伦敦爱乐乐团首席指挥的职位，作为客座指挥，他仍然很受欢迎，并同意回到伯明翰，迈克尔·肯尼迪（Michael Kennedy）称此举是"怀旧与慷慨救援行动的结合"。在这一季中，伯特指挥了罗伯特·辛普森（Robert Simpson）的小提琴协奏曲及其献词欧内斯特·艾恩斯（Ernest Element）的首演，并演奏了勃拉姆斯（Brahm）的第四交响曲。罗伯特·马修·沃克（Robert Matthew Walker）称这是"我听过的勃拉姆斯第四交响曲中最伟大的演出"。《伯明翰邮报》的约翰·沃特豪斯写道，在博尔特的领导下，CBSO 再次"听起来和全国任何管弦乐队一样棒"。

到 20 世纪 60 年代末，CBSO 委员会开始寻找一位能够带领乐团进一步发展的新指挥。1967 年，里格诺尔德在得到一份为期一年的续约合同后辞职，而不是续签现有的三年合约。这使乐团在 1968 年至 1969 年这一季没有首席指挥，但也让它可以自由地让潜在的替代者进行试验。诺曼·德尔·玛尔和沃尔特·苏斯金德都举办过成功的音乐会，但在整个过程中最受欢迎的是第一次音乐会的指挥——法国人路易斯·弗雷莫，他的任命于 1969 年秋天宣布。弗雷莫在蒙特卡洛交响乐团声名鹊起，尤其是因为他录制的法国音乐发行了 30 多张唱片，并赢得了八次迪斯科大奖赛的冠军。

在弗雷莫的指挥下，CBSO 的管弦乐水平有了极大的提高，从管弦乐队中汲取了前所未有的精准和神韵。从 1970 年开始定期分段排练，弗雷莫音乐会的受欢迎程度使伯明翰市政厅的上座率从 1968 年至 1969 年的平均 67% 上升到 1970 年至 1971 年的 88%，其中 45% 的观众年龄在 25 岁以下。

尽管伯明翰管弦乐团取得了辉煌的成就，弗雷莫的任期却以混乱告终。1969 年，伯明翰市议会出于预算方面的原因，取消了 CBSO 对当地学校的定期访问计划。乐队经理亚瑟·贝克与发起人维克多·霍克豪泽建立了合作关系，让乐队在伦敦的皇家阿尔伯特音乐厅（Royal Albert Hall）举办一系列利润丰厚的大众音乐会，但频繁的远离伯明翰的旅行和重复的流行曲目开始对演奏者的士气产生负面影响。20 世纪六七十年代，CBSO 因政治激进主义而享有盛誉，而弗雷莫对伯明翰的动荡越来越感到不安。当弗雷莫任命贝克为他的私人经纪人，同时兼任管弦乐队经理时，事情变得更糟了。队员们开始觉得，贝克把弗雷莫的利益置于管弦乐队的艺术发展之上，并开始收集证据。1978 年 2 月，弗雷莫与一名自由中提琴手在座位问题上发生争执，他做出了让步，这导致他决定不再续签合同，后来他抱怨说："工会想要管理管弦乐队。"有些人想要一场革命。然而，在接下来的一个月里，支持贝克的乐队成员对他投下了不信任的一票，导致他辞职，弗雷莫本人也出于个人荣誉而辞职。

尽管乐团经理和音乐总监在短短一周内的流失在短期内是

一场危机，但它带来了一系列更长期的变化，这些变化将产生更积极的影响。瑞士前卫作曲家和指挥家埃里希·施密德在短时间内接管弗雷莫的工作，

自 1980 年西蒙·拉特尔担任首席指挥后，小交响乐团开始在国际上享有更大的声誉。在他的领导下，乐团扩大了自己的录音范围，成为当时最重要的乐团之一，并以其对 20 世纪晚期浪漫主义作品的诠释而闻名，CBSO 青年乐团自 2004 年起加入 CBSO。

1990 年，拉特尔被任命为 CBSO 的音乐总监。同年，拉德克利夫学院设立了作曲家协会，马克·安东尼·图纳奇担任这个角色。1995 年朱迪斯·威尔成为费尔贝恩联合作曲家。拉特尔离开后，萨卡里·奥拉莫于 1998 年成为首席指挥，1999 年成为音乐总监。

★ 体育

伯明翰在现代体育史上发挥了重要作用。英超联赛是世界上第一个联赛足球比赛，由伯明翰市民、阿斯顿维拉俱乐部主任威廉·麦格雷戈创办。他于 1888 年写信给俱乐部的董事们，建议"英格兰 10～12 家最著名的俱乐部每个赛季都应该联合起来安排主场和客场的比赛"。现代网球运动是在 1859 年至 1865 年由哈里·杰和他的朋友奥古里奥·佩雷拉在伯明翰的埃吉巴斯顿的佩雷拉家里发展起来的，埃吉巴斯顿射箭和草地网球协会是世界上最古老的网球俱乐部。伯明翰和地区板球联盟是世界上历史最悠久的板球联盟，伯明翰还是首届板球世界杯（1973 年的女子板球世界杯）的主办地。伯明翰是第一个被体育委员会命名为"国家体育之城"的城市。伯明翰先于伦敦和曼彻斯特被选为 1992 年夏季奥运会的申办城市，但是在最终的

选拔过程中没有成功，最终巴塞罗那获胜。

如今，这座城市拥有英国历史最悠久的两支职业足球队：阿斯顿维拉足球俱乐部（Aston Villa F. C.），它成立于 1874 年，主场在维拉公园（Villa Park）；伯明翰市建于 1875 年，主场在圣安德鲁剧院。两家俱乐部之间的竞争非常激烈，两家俱乐部之间的比赛被称为第二次城市德比。阿斯顿维拉目前在英超联赛中踢球，是 7 次甲级联赛冠军和 1982 年的欧洲冠军。

曾七次获得郡冠军的沃里克郡板球俱乐部（Warwickshire County Cricket Club）在埃吉巴斯顿板球场（Edgbaston Cricket Ground）举办板球测试赛和一日国际赛，这座球场是英国仅次于洛德的最大板球场，埃吉巴斯顿球场是板球一流赛事中击球手得分最高的地方。

伯明翰有一个专业的橄榄球联盟俱乐部，叫作 Moseley R. F. C.，效力于伯明翰-索利赫尔皇家足球俱乐部（Birmingham & Solihull R. F. C.），伯明翰还有一个橄榄球联盟俱乐部——伯明翰斗牛犬队，他们在米德兰兹超级联赛（RLC）中打比赛。同时伯明翰也是 BAFA 国家联盟中最古老的美式足球队之一——伯明翰公牛队的所在地。

国家室内体育馆的国际田径比赛的两个主要的锦标赛高尔夫球场位于伯明翰城市郊区。萨顿科尔德菲尔德附近的钟楼是职业高尔夫球员协会的总部，也是举办莱德杯比赛次数最多的地方。伯明翰机场附近的阿登森林酒店和乡村俱乐部也是美国职业高尔夫球协会欧洲巡回赛（PGA European Tour）的定期举办地，包括英国大师赛（British Masters）和英国公开赛（English Open）。

自 1994 年以来，全英羽毛球公开赛一直在伯明翰体育场举办，伯明翰将主办 2022 年英联邦运动会，取代因经济问题而被迫退出的德班。伯明翰现有大量的体育场馆、竞技场和会议厅，是举办体育活动的理想场所，2022 年在伯明翰举行的英联邦运动会预计将为西米德兰兹郡带来 5.26 亿英镑的经济效益。2018年 4 月 15 日，英联邦运动会黄金海岸闭幕式正式移交伯明翰。

★ 传媒

伯明翰有几家主要的地方报纸，《每日伯明翰邮报》《伯明翰邮报》《星期日信使报》都是 Reach Plc 公司旗下的报纸。《向前报》（*Forward*）是由伯明翰市议会制作的免费报纸，分发给城市里的各个家庭。伯明翰也是各种民族媒体、生活时尚杂志、数字新闻平台的中心，伯明翰有三家主流的纯数字新闻出版商，分别是《我是伯明翰》《伯明翰快讯》《第二大城市》。

伯明翰有着悠久的电影史，有英国最古老的电影院。20 世纪 20 年代，奥斯卡·多伊奇在布里利山开设了他的第一家奥德翁（Odeon）电影院，伯明翰也是几部英国和国际电影的拍摄地。

BBC 在伯明翰有两个机构，位于市中心的邮政大楼是英国广播公司英语地区的国家总部，也是英国广播公司西米德兰兹郡和英国广播公司伯明翰网络制作中心的总部。该市有许多国家和地区电台，其中包括伯明翰免费电台和西米德兰兹郡最热门的节目。

第七章 从摇篮到坟墓： 医疗保健

伯明翰地区拥有丰富的医疗资源，整个医疗体系属于英国国民健康服务体系（National Health Service，NHS）。伯明翰有几家主要的国家卫生服务医院。伊丽莎白女王医院毗邻埃吉巴斯顿的伯明翰医学院，是英国最大的教学医院之一，是英国国民健康保险制度下的一家大型医院，拥有1213张病床，规模仅次于诺福克诺维奇大学医院，该医院拥有1237个床位。拥有世界上最大的单层危重病护理病房。它是一个主要的创伤中心，为泛西米德兰兹地区提供服务，并容纳了世界上最大的单层危重病护理单元，有100个床位。该医院拥有欧洲最大的实体器官移植项目，以及英国最大的肾脏移植项目，是肝脏、心脏和肺移植以及癌症研究的国家专家中心。伊丽莎白女王医院还是为在冲突地区受伤的军事人员设立的皇家国防医学中心的所在地。

该市的其他综合医院包括博德斯利格林（Bordesley Green）的心脏专科医院、萨顿科尔德菲尔德（Sutton Coldfield）的好希望医院（Good Hope Hospital）和温森格林（Winson Green）的城市医院（City Hospital）。还有许多专科医院，如伯明翰儿童医院、伯明翰妇女医院、伯明翰牙科医院、皇家骨科医院等。

世界上第一例在手术中使用放射成像技术是在伯明翰完成

的，英国第一例心脏穿孔手术是在伯明翰儿童医院完成的。

英国国民健康服务体系（NHS）是英国公共资助的医疗体系，是英国四大国民健康服务体系之一。它是世界上最大的单一支付医疗系统。英国国民健康服务体系（NHS）的资金主要来自基本税收（外加一小部分来自国家保险），并由英国卫生和社会保障部（Department of Health and Social Care）监管。NHS向所有合法的英国居民提供医疗保健服务，大多数服务在使用时是免费的。一些服务，如紧急治疗和传染病治疗，对每个人都是免费的。

免费医疗的使用来自国家医疗服务体系建立时的核心原则。1942年的贝弗里奇十字党报告确立了1948年由工党政府实施的国民保健制度的原则。在实践中，"在使用点免费"，这里使用点是指英国全国所有合法的医疗机构，只要病人在系统中注册（即病人拥有一个NHS身份识别码，也就是每个人的NHS身份识别ID）了，大多数疾病的治疗无须个人支付医疗费，但也有一些特殊的治疗是不包括在NHS免费医疗项目中的，如视力检查、牙科保健、医药处方等方面，但是NHS的这些费用通常比私人医生提供的同等服务要低，而且许多服务对弱势或低收入的病人是免费的，例如老人和儿童就可以享受更广泛的免费医疗项目，例如医药处方、牙科诊断等，只要符合年龄和身份的要求就可以。

NHS提供了英国大部分的医疗保健，包括初级保健、住院护理、长期保健、眼科和牙科。1946年发布的《国民健康服务法案》于1948年7月5日生效。私人医疗保健继续与国民健康服务体系平行，主要由私人保险支付：约8%的人口使用私人医疗保健服务，一般作为国民保健的补充。

NHS的资金主要来自一般税收，一小部分来自国家保险支付和根据2014年移民法案的最新变化征收的费用。英国政府负责国民健康服务体系的部门是卫生和社会保健部，由卫生和社会保健大臣领导。2013～2014年，英国卫生部的预算为1100亿英镑，其中大部分用于国民健康服务体系。

NHS是在英国通过立法建立起来的医疗体系，但是英国分为四个相对独立的地区，分别为英格兰、苏格兰、威尔士和北爱尔兰，因此英国从来没有一个单一的英国医疗体系。在英国有四个医疗服务机构，他们分别是英格兰国民健康服务体系（NHS England）、苏格兰国民健康服务体系（NHS Scotland）、北爱尔兰国家医疗服务体系（NHS Northern Ireland）和威尔士国民健康服务体系（NHS Wales），但是这四个医疗体系识是打通的，可以在英国全境使用。2009年，英国国民健康服务体系通过正式的国民健康服务体系章程，该章程规定了国民健康服务体系以及其工作人员和服务使用者的法律权利和责任，并就其运作的许多关键方面做出了附加的非约束性承诺。

《2012年健康和社会保障法案》（*Health and Social Care Act*，2012）于2013年4月生效，规定由负责某社区的全科医生（General Practitioner，GP）领导的团体负责大多数地方NHS服务。从2013年4月开始，初级保健信托（PCTs）开始被全科医生领导的称为临床试验小组（CCGs）的组织所取代。在新的系统下，一个新的NHS委托委员会成立，但是私立医院提供的NHS服务早于这项立法，人们担心，医疗监管机构的新角色可能会导致更多的私立医院竞争，因而需要平衡私立医院、慈善机构和NHS组织之间的医疗选择。

战前的医疗保健是私人、市政和慈善计划的混合体，这一体系在当时并不令人满意，医疗改革前进的未来道路应该是一个全国性的系统，而不是一个由地方当局操作的系统。1912年，当时英国政府的设想是在引入国民保险和全科医生名单制度的基础上，英国的每一位居民都要签署一份特定的全科医生

（GP）协议，该全科医生将负责此人的医疗服务，如全科医生
无法满足负责病人的医疗服务，可再将该病人申请转入上一级
医疗单位，以此作为加入该体系的起点。患者可以获得他们需
要的所有医疗、牙科和护理服务，但不必在当时支付费用。

　　20 世纪 80 年代，撒切尔主义代表了对战后共识的系统性、
决定性的否定和逆转。在战后共识中，主要政党在凯恩斯主义、
福利国家、混合经济、公共和私人住房供应以及对经济的严密
监管等核心主题上达成了广泛共识。但有一个例外：英国国民
健康服务体系并没有受到撒切尔当政期间的政策干涉，因为该
体系在保守党内部广受欢迎，也得到了广泛支持。1982 年，英
国首相撒切尔夫人向英国人承诺，国民健康服务"在保守党的
手中是安全的"。

　　NHS 诞生于一个长期以来的理想，即良好的医疗保健应该
提供给所有人，无论财富多少。1948 年 7 月 5 日，时任卫生部
长安奈林·贝文（Aneurin Bevan）发起了该方案，其核心有三
项核心原则：

- NHS 需满足每个人的需求；
- 免费提供医疗服务；
- NHS 服务应基于临床需要，不是支付能力。

　　半个多世纪以来，这三个原则一直指导着 NHS 的发展。然
而，在 2000 年 7 月，一项全面的现代化计划启动，并加入了新
的政策。

　　这些附加政策的主要目的是，NHS 将：

- 提供全面的医疗服务；
- 根据个别病人、病人家属和护理人员的需要和偏好，制
定其服务；
- 满足不同人群的不同医疗需求；
- 持续改进医疗服务质量，减少医疗事故；

- 支持和重视 NHS 从业人员；
- 使用专门为 NHS 患者医疗保健设立的公共基金；
- 多方合作，确保为病人提供无懈可击的医疗服务；
- 帮助人们保持健康，努力减少健康不平等；
- 尊重每位患者的隐私，公开提供有关服务、治疗和治疗效果的信息。

目前 NHS 由英国政府通过卫生和社会保障部（DHSC）控制，DHSC 负责提供服务的政治责任。《2012 年健康与社会保障法案》将资源分配和监督委托给了英国国民保健服务体系（NHS England），这是一个独立的机构。英国国民健康服务体系委托初级保健服务（包括全科医生）和一些专家服务，并向全英格兰 211 个基于地理位置分配的临床试验小组（CCGs）拨款。CCGs 将大部分服务委托给他们所在的地区，包括医院和社区医疗保健网络。

许多类型的医疗组织被委托提供 NHS 服务，包括 NHS 信托和私立医院。许多 NHS 信托已成为 NHS 基金会信托，这将赋予这些基金会更加独立的法律地位和更大的财务自由。其中 NHS 急症信托管理着约 1600 家 NHS 医院、治疗中心和专科护理（有些信托管理着 2~8 个不同的医院站点）。NHS 救护车服务信托基金负责急救转运的资金管理、NHS 保健信托，提供健康和社会保健服务，NHS 精神健康信托专注于管理和治疗精神疾病等。

截至 2017 年 3 月的一年里，英国国民健康保险体系（NHS）有 118.7 万名员工，比 2016 年 3 月增加了 1.9%。截至 2017 年 9 月，英国有 34260 个护理和助产岗位空缺，这是有记录以来的最高水平。23% 的女性在分娩过程中有一段时间是独自一人，是无人陪护和照管的，这让这些即将生产的孕妇感到焦虑，并可能对她们和她们肚子里的孩子造成危险。究其原因，是因为英国全境的助产士太少了。新生儿死亡率从 2015 年的

2.6‰上升到 2016 年的 2.7‰，同期婴儿死亡率（出生后第一年的死亡率）从 3.7‰上升到 3.8‰。英国国民健康服务体系（NHS）对员工的不公正待遇有所增加，2016～2017 年记录在案的伤医事件为 56435 起，比前一年的 51447 起增加了 9.7%。工作人员水平低和病人接受治疗的延迟是造成这一现象的原因，以笔者自己的亲身经历为例，笔者 6 岁的女儿由于感冒出现呕吐、发烧症状，不得已去伯明翰当地 GP 寻求治疗，在等待将近两个小时后才被医生接诊，之后 GP 又将孩子转到伯明翰儿童医院，在伯明翰儿童医院可以看到大量就诊儿童在排队等待，又经历两小时等待之后，由医生接诊。但在医生接诊期间，不断有其他医护人员因突发状况将医生叫走，就诊期间经历了四位不同医生的诊断，因为工作交接不畅，每次就诊都得重新开始，但大部分时间都是等待，直到第四位医生询问诊断完毕，整个看病过程才算完结，最终结果是开出一瓶阿莫西林，至此笔者女儿因为感冒而接受的就诊整整经历了九个小时。由此可见，NHS 的接诊过程效率十分低下，延迟救治也是经常发生的事情，故而医患矛盾尖锐，且 NHS 在最近几年也饱受英国人民的诟病。

在英国，几乎所有的医院医生和护士都受雇于 NHS，并在 NHS 运营的医院工作，由顾问领导的初级医院医生团队（他们中的大多数人正在接受培训）更多，每个人都经过培训，在特定的专业领域提供专业医疗建议和治疗方案。从 2017 年起，NHS 的医生如在私人诊所工作或兼职，则必须披露他们从私人诊所获取的报酬。

有的全科医生、牙医、验光师和其他提供本地医疗服务的人几乎都是个体经营者，他们的服务由 NHS 承包。他们可以与其他专业人员合作，拥有和经营自己的诊所，雇用自己的员工，甚至包括其他医生等。然而，在私营诊所提供服务不足的地区，NHS 有时确实会提供集中聘用的专业卫生保健人员和设施。

英国广播公司（BBC）在2012年的一项分析估计，全英国的NHS有170万名员工，在全球最大雇主榜单上排名第五。2015年《健康服务杂志》报道称，英国国民健康服务体系（NHS）有587647名非临床工作人员，17%的人从事辅助临床工作。NHS在英格兰新医生的培训中扮演着独特的角色，每年大约有8000个实习医生的培训名额，所有这些都隶属于NHS大学医院信托基金。在完成医学院学习后，这些新医生必须继续完成为期两年的基础培训课程，以便在普通医学委员会完全注册，成为注册医师。大多数人会在NHS医院完成基础培训，不过也有一些人会选择其他雇主，比如军队来完成培训。

大多数NHS工作人员，包括非临床工作人员和全科医生（尽管大多数全科医生是个体经营的），都有资格加入NHS养老金计划，从2015年4月1日起，NHS成为一个平均工资确定福利计划。目前NHS招聘人员面临的挑战包括薪酬、工作压力，以及由于英国脱欧而难以从欧盟国家招聘和留住员工等问题。也有人担心一些医生会因为脱欧而离开英国。

2010年7月，英国政府发布了关于医疗改革的白皮书，对NHS进行了重大重组。白皮书分析了对国民健康保险制度中所有卫生组织废除PCTs和战略卫生当局的影响。白皮书声称将权力从管理中心转移到全科医生和病人身上，并将600亿~800亿英镑转移到临床试验小组手中。该法案于2012年3月成为法律，政府以88票高票通过，并在下议院和上议院进行了1000多项修正案的讨论。

英国卫生部2017~2018年度全民医疗总预算为1247亿英镑，其中在药品上花费了138亿英镑，英国国家审计署（National Audit Office）每年报告国民健康服务体系（NHS）的汇总账目。因为英国正在逐步进入人口老龄化社会，这导致了医疗需求和资金的增加，从2011年到2018年，七年间英国人口增长了约6%，在紧急情况下入院的病人数量增加了15%。2018年10月，英国共有542435名急诊住院患者，比2017年10月多5.8%。英国的医疗支出预计将从2009～2010年度的1120亿英镑增加到2019～2020年度的1270亿英镑（按实值计算），而人均支出将增加3.5%。

然而，根据财政研究所（IFS）的数据，与为了跟上人口老龄化而必须增加的支出相比，从2009～2010年到2019～2020年，英国医疗支出将下降1.3%。IFS的高级研究经济学家乔治·思妥耶（George Stoye）说，2009～2010年以来的年增长率是"自20世纪50年代中期以来任何类似时期的最低增长率，自增长率为4.1%以来"。这导致了尽管资金总体有所增加，但是一些医疗服务项目却在削减。在2017年，NHS资金增长了1.3%，而医疗需求增长了5%。NHS首席检查员泰德·贝克（Ted Baker）表示，NHS仍在沿用20世纪六七十年代的模式，而且由于缺乏投资而没有进行现代化改革。英国医学协会（BMA）呼吁NHS每年增加100亿英镑的支出，以跟上欧洲其他发达国家在健康方面的支出水平。

从2003年到2013年，NHS系统的主要资金持有者是NHS初级保健信托（PCTs），它委托NHS信托、全科医生和私人医生提供医疗服务。PCTs根据卫生部制定的准则，在商定的税率或合同的基础上向他们支付资金。来自卫生部的PCTs预算是根据与人口和当地具体需求有关的公式计算的。他们应该达到收支平衡，也就是说，在财政年度结束时不能有预算赤字，如果未能达到财务目标，可能会导致管理者被解雇或更换信托公司的董事会，这种解雇对NHS来说是代价非常昂贵的。自2013年4月起，英国根据《2012年医疗和社会保障法案》建立了一项新的制度。国民健康保险制度的预算很大程度上掌握在一个新的机构即英格兰国民健康保险制度手中。英国国民保健服务委员会专家服务和初级保健、急性服务和社区护理都是由全科医生领导的当地临床医疗小组委托进行的。

　　绝大多数 NHS 服务在使用时是免费的。这意味着人们通常不需要为看医生、接受护理服务、进行外科手术或使用设备、服用药物和使用绷带等消耗品以及使用药膏、医疗测试和检查、使用 X 光、CT 或 MRI 扫描或其他诊断服务支付任何费用。医院的住院和门诊服务都是免费的，包括医疗和心理健康服务。这些服务的资金是通过一般税收而不是具体税收提供的。

　　因为国民保健服务不是由一般意义上的先交费保险计划提供资金，而且大多数病人不支付治疗费用，所以私人无须向被治疗人付款，也没有向任何保险公司或疾病基金付款，也就是说，人们什么都不做就可以先行接受医疗服务，这在许多其他国家是非常不常见的。因为全球其他国家大多数实行的是先要交纳医疗保险，才有资格享受医疗服务。因此英国的 NHS 在医疗管理上大大节省了行政成本，否则可能涉及复杂的医患账目跟踪和使用程序等方面的问题管理，这在一定程度上保证了患者的利益，但也很大程度上导致 NHS 过多的坏账。

　　截至 2019 年 5 月，NHS 的处方费用为每批药物 9 英镑（这与苏格兰、威尔士和北爱尔兰形成对比，在除英格兰以外的三个地区 NHS 的处方项目是免费的）。60 岁以上的人、16 岁以下的儿童（如果接受全日制教育，则为 19 岁以下）、有一定医疗条件的病人以及低收入者均可免缴医疗费用。重复处方者，可购买一次性充值预付券，在有效期内不限处方次数。不管药品的实际成本是多少，费用都是一样的，但是医疗器械使用的费用可能会很高。药房或其药店如 Boot's 等通过 NHS 处方药服务部（NHS Business Services Authority 的一个部门）报销药物的费用。

　　某些药物，特别是某些癌症治疗费用的高昂和不断上涨的费用，意味着处方会给患者带来沉重的负担，患者有限的预算中包括了药品费用和固定处方费用之间的差额。这就导致了一些昂贵的药物（如赫赛汀）是否应该由 NHS 支付的争论。因为一些高昂的药价和治疗费用已经为 NHS 带来难以负担的压力。截至 2007 年，不到一半的牙医收入来自 NHS 覆盖的患者治疗，约 52% 的牙医收入来自治疗私人病人。从 2007 年 4 月 1 日起，英国国民健康服务体系的视力检查费为 19.32 英镑，英国国民健康服务体系的视力检查费整体为 1310 万英镑，这一部分费用是需要自费支出的。对于那些特殊人群如残疾、纳入失业保险的人，视力测试是免费的，并且他们可以使用一个系统上申请的代金券来支付或减少镜片的成本。NHS 眼科有免费的眼镜架，大多数眼镜商保留一些低成本的产品。对于那些已经由于经济状况不佳无法支付相关费用的人们，他们的申请经调查属实，或者其他符合减免条件的人，验光师可帮助他们以表格的形式来查找补贴的金额，这就减轻了一部分人群的经济负担，同时能够保证他们获得相应的医疗服务。

医院治疗道路交通事故的受害者有权进行有限补偿，但是一般医院不去申请这笔治疗费用，因为法律规定这些医疗费用由司机的机动车辆保险支付。由于最初的医疗账单是由司机而不是保险公司支付的，即使收取了费用，通常也不会转嫁给承担责任的保险公司。在这种情况下通常医院不采取进一步行动，因为对个别医院来说没有实际的金钱鼓励医生这样做。《1999 年道路交通（国民保健服务收费）法案》提出了一项标准的国家计划，采用以门诊单次收费或住院日收费为基础的收费标准来收回医疗费用，这些费用最终还是要落在保险公司身上。然而，这一计划并不能完全支付在交通事故中导致的严重病例的治疗费用。

自 2007 年 1 月起，英国国民健康服务体系（NHS）有责任向那些已经获得人身伤害赔偿的人追讨治疗费用和救护车服务费用。在 2007 年之前的最后期限，共追讨回超过 1.28 亿英镑。从 2019 年 4 月起，英国门诊治疗费用平均为 725 英镑，住院治疗费用为每天 891 英镑，每次救护车出车费用为 219 英镑。

英格兰医院会对患者收取停车费，这是英国国民健康服务体系（NHS）收入的小部分来源，大部分医院的收益中有 0.25% 来自停车费。停车场收费水平由每个信托单独规定。2006 年，停车费为英格兰医院预算收益 7800 万英镑。患者群体反对这种收费，这与苏格兰形成了鲜明对比，因为从 2009 年初开始，苏格兰的医院停车场收费基本被取消，而威尔士的医院停车场收费在 2011 年底被取消。

在英格兰和威尔士有超过 300 个官方的 NHS 慈善机构，它们的总资产超过 20 亿英镑，年收入超过 3 亿英镑。一些 NHS 慈善机构有自己独立的董事会，慈善基金通常用于医学研究、大型医疗设备购买、美化和改善就医环境，也有其他提高患者就医舒适度的服务等。除了官方的 NHS 慈善机构，NHS 通过许多其他慈善机构筹集资金，尤其是在医疗研究方面。地区性彩票在 NHS 筹款中也很常见，1988 年，一种全国性的健康服务彩票被政府批准，后来被发现非法运营，但是这个筹款方法并没有消失，而是进行完善后成为国家福利彩票，继续为 NHS 筹款。

尽管 NHS 经常将其使用的设备和产品外包出去，比如牙科、眼科护理、药房和大多数全科医生业务都是由私营部门提供的，但医院医疗服务的外包一直存在争议。私立诊所的参与经常引起国民健康保险制度工作人员、媒体和公众的怀疑。英国的医疗服务外包和私有化近年来有所增加，NHS 对私立医院的支出从 2009 年至 2010 年的 41 亿英镑上升到 2015 年至 2016 年的 87 亿英镑。NHS 基金在 2015 年 1 月关于英国政府 2012 年改革的报告中得出结论，尽管市场化程度有所提高，但大规模私有化的说法被夸大了。私立医院在社区服务、一般问诊和精神卫生保健等领域提供服务一定程度上缓解了英国医疗资源紧张的问题。《独立报》的一篇文章指出,私营部门倾向于选择提供利润最高的服务,此外,如果出现紧急问题,私营部门没有重症监护设施。

2016 年英国制订了可持续发展和转型计划,作为处理医疗服务财务问题的一种应对方法。这些计划涉及医疗服务的亏损,并且极具争议。这些计划可能是几十年来对卫生服务最深远的改变,应该有助于重新设计护理和医疗体系,以管理不断增加的病人需求。一些急症室将会关闭,急症病人将会被集中在更少的急症室进行医院治疗,此计划一出,英国近 2/3 的资深医生担心这些计划会使病人的护理情况恶化。计划将从节约成本、精简机构和减少一些国民健康服务开始。但是机构精简将导致关闭病房,包括关闭精神病病房和减少许多地区的病床数量等,令人担忧的是,这个计划并没有增加社区医疗服务的供给,但是医院的床位就被减少了。纳菲尔德信托智囊团的萨利·甘斯伯里(Sally Gainsbury)说,目前的许多转型计划都涉及转移或关闭服务。他补充说:"我们的研究发现,在很多这类医疗资源重组中,你并没有发现节省很多钱,所发生的一切就是病人不得不去下一家医院,给他们带来更多不便,即便如此也很少能省下 NHS 所需要的钱。"相比之下,英格兰国家医疗服务体系(NHS England)声称,这些计划将为人们带来离家更近的联合医疗服务。资深自由民主党议员诺曼·兰姆(Norman Lamb)接受了这一审查,并评论说这一计划原则上是有道理的,但他表示:"如果政府只是希望利用这些计划作为借口来削减服务,让NHS 得不到它迫切需要的资金,那将是可耻的。"尽管提高国民健康保险制度的效率和可持续性对未来几代人来说很重要,但重新设计医疗模式只能让英国走到这一步,而且没有专家相信

保守党的承诺，即到2020年额外增加80亿英镑的资金将会足够
支撑NHS健康地运行下去。

综观历史，20世纪80年代，NHS引入了现代管理流程，以
取代以前的联合管理系统。1983年格里菲斯报告概述了这一点，
该报告还建议临床医生更好地参与管理，当时财政压力继续对
NHS造成压力。1987年，政府又向NHS提供了1.01亿英镑补
贴。1988年，英国首相玛格丽特·撒切尔宣布对NHS重新进行
评估。从1989年的这一审查中产生了两份为病人进行医治和护
理的白皮书，这些概述了提及了所谓的内部市场的引入，它将
在未来十年的大部分时间里塑造英国卫生服务的结构和组织。

英国政府于1990年颁布的《国民保健服务和社区保健法》
界定了这种"内部市场"的概念，即卫生当局停止经营医院，
但从自己或其他当局的医院"购买"医疗服务。某些全科医生
成为"基金持有人"，能够为他们的病人购买医疗服务。医疗服
务的"供应商"变成了独立的信托，这鼓励了竞争，但也增加
了各个地域的差异。据统计，竞争加剧可能导致病人预后不良，
因为为了使医疗资源发挥到最大效益，有些病人在经过治疗后
并没有在医院得到足够的护理和恢复就必须出院。

这些创新，尤其是"基金持有人"期权，在当时受到工党
的谴责。工党反对所谓的保守党私有化NHS的意图，这在当时
成为工党竞选活动的一个主要特征。工党于1997年上台，承诺
取消"内部市场"并废除基金持有。然而，在时任首相布莱尔
的第二个任期内，他放弃了这个改革方向，相反作为NHS"现
代化"计划的一部分，他寻求加强国内市场的措施。

推动这些改革的因素有很多，这些问题包括医疗技术和药
物成本的上升，改善标准和"病人选择"的愿望、人口老龄化，
以及控制政府开支的愿望（由于威尔士、苏格兰和北爱尔兰的
国家卫生服务不受英国政府控制，这些改革增加了英国不同地

区的国家卫生服务之间的差异）。改革包括制定详细的服务标准、严格的财务预算、修订工作规范、重新引入"基金持有"、关闭冗余设施和强调严格的临床和公司化的治理。改革措施开发了一些新的服务部门来满足管理需求，其中一项改革就是设立包括 NHS Direct 的管理机构。改革议程协议旨在提供统一的薪酬和医师职业发展，这些变化引起了医学界、新闻媒体和公众的争议。英国医学协会在 2009 年的一份关于独立部门治疗中心（ISTCs）的文件中敦促政府恢复基于公共服务而不是私人所有的 NHS 服务，医疗服务应该是合作，而不是竞争；应该是整合，而不是分裂；应该是公共服务，而不是私人利益。

布莱尔政府在保证医疗服务免费的同时，鼓励将医疗服务和支持外包给私营部门。在私人财政倡议下，越来越多的医院是由私人财团建造（或重建）的；医院可能既有医疗服务，如 ISTCs，也有非医疗服务，如私营部门根据长期合同提供的餐饮服务。英国卫生部一家咨询公司的研究表明，在私人资助的医院上每花费 2 亿英镑，就会导致 1000 名医生和护士的流失。第一家 PFI 医院的床位比它们所取代的医院少了大约 28%。

在 20 世纪八九十年代，NHS 在几个失败的 IT 项目上投资。在 20 世纪 80 年代，威塞克斯计划试图使整个地区的卫生部门的 IT 系统标准化。伦敦救护车服务将是一个计算机辅助调度系统。

NHS 信息管理部（NHSIA）建立了一个国会法案，1999 年的目标是将所有人员的信息汇集到 NHS 和信息机构中，NHS 中心编码和分类（CCC）和英国国民健康服务信息管理集团（IMG）合作提供 IT 基础设施和信息解决方案，来为英国国民健康服务体系处理信息。2002 年的一项计划是 NHSIA 实施四个国家 IT 项目，其中包括基础设施、电子记录、电子处方和电子预约四个系统，同时还有 NHS 的大型远程护士和医疗保健网站项目。到 2005 年 4 月，NHSIA 的职能被划分到其他机构。

2002 年，英国卫生部宣布了国民健康服务信息技术国家计划（NPfIT），英国国民广泛认为这是一个失败尝试，并指责这一尝试延迟了医疗服务。即便到 2020 年，NHS 的 138 万台计算机中，似乎大部分仍在使用 2009 年发布的 Windows 7，预计到 2021 年 1 月 14 日，才能完成向 Windows 10 的迁移。

尽管 NHS 内部 IT 项目存在问题，但 NHS 在通过互联网向公众提供健康信息方面开辟了新天地。2007 年 6 月 NHS 重新推出一系列网站，成为一个面向公众的综合健康信息服务窗口，现在这一系列网站被整合成为一个体系，成为 www. nhs. uk 网站，简称为"NHS 网站"。与政府网站不同的是，该网站允许用户添加公众评论，给出他们对个别医院的看法，并在文章中进行评论。它还允许用户通过"计分卡"比较医院的治疗情况。2009 年 4 月，它成为第一个公布全英格兰医院死亡率（医院标准化死亡率）的官方网站。《每日健康新闻分析服务》（*Daily Health News Analysis Service*）对媒体报道及其背后的科学进行了批判性评价，并在享有盛誉的 2009 年英国医学杂志集团奖（BMJ Group Awards）中被评为最佳医学传播创新。在 2015 年的一项病例研究中发现，与其他来源相比，NHS England 提供了非常准确和详细的信息。2012 年，NHS England 推出了一个 NHS 移动应用程序库，该库已经由临床医生进行了审查。2018 年，NHS 宣布他们将放弃"NHS 网站"这个名字，并在未来将这个网站命名为 NHS 官方网站，与此同时，NHS App 也相继推出。

英国 1/4 的住院病人是烟民，这一比例高于普通人群（略低于 1/5）。英国公共卫生组织（PHE）希望所有医院都能帮助吸烟者戒烟，每 13 名吸烟患者中就有 1 人被转到医院或社区戒烟计划，超过 1/4 的患者没有被问及是否吸烟，近 3/4 的吸烟者没有被问及是否想戒烟，一半的一线医院员工没有接受过戒烟培训，吸烟的病人应该得到专门的帮助来停止吸烟或吸尼古丁替代品。需要有专门的工作人员帮助病人戒烟，7/10 的吸烟者说他们想戒烟。英国公共卫生部门称，在英国，吸烟每年导致 9.6 万人死亡，与吸烟有关的疾病数量是吸烟的 20 倍，吸烟的员工往往会有更多的缺勤时间。尽管国家健康与保健卓越研究所建议提供这样的帮助，但是 NHS 仍然削减了对戒烟治疗的资助，帮助戒烟的人数已经下降。在英国，吸烟是疾病和死亡的最大原因，NHS 每年花费 25 亿英镑来解决这一问题。

益普索·莫里调查公司（Ipsos MORI）在 2016 年的一项调查中发现，在"最让我们为英国人感到骄傲的事情"排行榜上，NHS 以 48% 的支持率高居榜首。2004 年进行的一项独立调查发现，NHS 的使用者常常对他们个人的医疗服务体验表示具有非常高的满意度，在住院病人中，92% 的人表示对治疗感到满意，87% 的全科医生用户对全科医生感到满意，87% 的门诊病人对他们所接受的服务感到满意，70% 的急诊科用户表示满意。尽管如此，一些病人抱怨说，当他们觉得自己的病情需要立即得到关注时，却不能立即去看全科医生；当被问及是否同意"我所在地区的国民健康服务体系为我提供了良好的服务"这一问题时，67% 的受访者表示同意，51% 的人表示同意"国民健康服务体系提供了良好的服务""个人经验和总体感觉之间的差距的原因尚不清楚"。英国有些地区可能会使用一些非常昂贵的治疗方法，而有些地区则没有，这就是所谓的邮政编码彩票（所谓邮政编码彩票是指英国每一个很小的地理区域都有具体的邮政编码，可以通过邮政编码非常容易定位到一个具体的位置，而如果这一地区的 GP 倾向于使用稍微昂贵的治疗手段，那么这一地区的 NHS 资金就会上升，但是当地居民的医疗服务体验会更好，那么这以区域的民众就像中了彩票一样幸运，这就是所谓的邮政编码彩票）。

2008 年，随着新的政府合同和牙医只接受私人病人的趋势出现，NHS 牙科服务的可用性逐渐下降，1/10 的牙医完全离开了 NHS 系统。然而，在 2014 年，NHS 牙科病人的数量却增加了。

NHS 内部发生了一系列备受瞩目的丑闻。最近，阿尔德·海医院（Alder Hey）和布里斯托皇家疗养院（Bristol Royal）等急症医院曝出，斯塔福德医院目前正在接受调查，统计分析显示，医院的条件差和医疗资源不足造成了过多的病人死亡。

《每日电讯报》在 2008 年 10 月 14 日的一篇文章中指出，"NHS 信托已经花费了超过 1.2 万英镑为医院员工进行私人治疗，因为它自己的等待时间太长了"。NHS 过去曾因资助没有科学研究支持的顺势疗法药物而受到批评。由于没有对诊所和医院的病人进行身份和居住地进行检查，那些通常居住在海外的人可以前往英国，以获得免费治疗，费用由英国纳税人承担。2007 年发表的一份报告估计，NHS 为治疗所谓的"健康游客"的账单为 3000 万英镑，占总成本的 0.03%。

NHS 中有很多监管机构，包括政府机构（如卫生和社会保健部、普通医疗委员会、护理和助产委员会）和非政府机构（如皇家学院），英国存在独立的认证组织，如公共部门的 Trent 认证计划和私营部门的 CHKS。在评估、维持和改善医疗质量方面，与许多其他发达国家一样，英国政府将医疗服务供应商和医疗服务质量评估者的角色分开。质量是由独立机构（如卫生保健委员会）根据卫生部和国家卫生和临床优化研究所（NICE）制定的标准进行评估。2009 年 4 月，评估质量的职责移交给护理质量委员会。

2010 年对卫生保健系统的一项比较分析显示，NHS 在世界七个富裕国家的卫生系统研究中排名第二。报告将英国的卫生系统排在德国、加拿大和美国之前，在所有被研究的国家卫生系统中，NHS 被认为是最有效率的。

2015～2016 年，因延误治疗而发生严重事故的住院患者有700 人；2016～2017 年，有 1027 名住院患者发生类似事故；2017～2018 年，这一数字上升至 1515 人。诺曼·兰姆（Norman Lamb）将此归咎于人手不足。NHS 在 2017～2018 年缺少 9.3 万名员工，其中包括 1 万名医生和 3.7 万名护士。

2014 年，纳菲尔德信托基金和健康基金会发布了一份报告，比较了自 1999 年权力下放以来英国四个地区（英格兰、苏格兰、威尔士和北爱尔兰）国民健康服务体系的表现。他们收集了英格兰东北部地区的数据，该地区与英格兰其他地区相比，更类似于已移交地区。他们发现，几乎没有证据表明，在现有的绩效指标方面，有哪个地区始终领先于其他地区。所有四个地区的预期寿命和适合保健的死亡率都有所改善。尽管这四个地区之间存在巨大的政策差异，但几乎没有证据表明它们在结果上有任何显著差异。

英国公共卫生神经病学情报网基于 2012～2013 年医院门诊数据的一份报告，临床试运行组在获得服务方面存在显著差异，在一些地方，根本找不到神经科顾问医生或护士。在卡姆登，每 10 万居民中有 2531 人接受了新的成人神经病学门诊咨询，而在唐卡斯特，每 10 万居民中有 165 人接受了这种咨询。

NHS 提供免费的心理健康服务，但通常首先需要全科医生的推荐。不需要转诊的服务包括通过改善获得心理治疗，以及对那些有毒品和酒精问题的人的治疗，NHS 还提供在线服务，帮助患者找到与他们的需求最相关的资源。

在英国，精神卫生涉及国家、私人和社区部门对精神卫生问题的干预。英国是最早建立精神病院的国家之一，也是最早放弃把精神病院作为治疗精神疾病的主要方式的国家之一。20世纪 60 年代开始，人们开始关注社区护理，这是英国版的去机构化。目前，大多数精神卫生保健由国家卫生服务局提供，并得到私营部门和志愿部门的协助。根据 2018 年的一项调查，NHS 正在努力应对精神卫生保健日益增长的需求：床位短缺、病人在接受治疗时面临长时间的延误，以及在接受治疗时得不到充分的治疗。关注的领域包括对孕妇和新妈妈的支持，学龄儿童和青少年的抑郁、焦虑和自杀念头，以及对精神健康患者使用限制。

《1774 年精神病院法案》是英国第一部关于精神健康的立法。私人资助的精神病院在 19 世纪得到了广泛的建立。1808 年的《郡精神病院法案》允许但没有强迫治安法官为贫困的精神病患者提供收容场所，以便将他们从济贫院和监狱中带走。1845 年颁布的《精神失常法案》设立了精神错乱问题专员委员会，法官们被迫建立由地方政府资助的精神病院。1859 年，英格兰和威尔士大约有 36000 人被归类为各种形式的精神病患者，大约有 31000 人被列为贫民，5000 人是私人精神病院病人。超过 17000 名贫民住在郡精神病收容所或在有执照的收容所，大约 7000 人住在济贫院，还有类似数量的人住在朋友家或其他地方。10% 的济贫院疗养院设有单独的精神病病房。1862 年的《精神失常法案》允许病人自愿入院。任何在过去五年内曾在任何类型的精神病院住院的人都可以作为自愿寄宿病人，进入有执照的收容所。精神病专家可以把精神病患者从济贫院转移到郡精神病院，而无害的慢性精神病患者可以从过度拥挤的精神病院转移到济贫院。由《1867 年都市贫民法案》建立的都市收容所委员会为伯明翰建造了两座大型收容所，它们是由相同的建筑师按照类似的设计建造的，每一个都打算容纳 1560 名患者。1876 年，英格兰和威尔士有近 65000 人被归类为精神障碍。目前还不清楚精神疾病的患病率是否真的在增加。

从 1870 年左右开始，出现了将当时所谓的"白痴儿童"（idiot children）和"成年人"（adult）区分开来的举措，为 500

名有学习障碍的儿童开办的达伦斯学校于 1878 年由大都会精神病院委员会成立，学校旁边的另一所机构于 1880 年开办，可容纳 1000 名成年人。1890 年颁布的《精神病法案》规定地方当局有义务为精神病患者设立机构。到 1938 年，英格兰和威尔士的地方精神病院有 13.1 万名病人，苏格兰的地区精神病院有 1.3 万名病人，苏格兰还有七个皇家精神病院，但精神病院人满为患，人手不足。

1948 年 NHS 成立时，心理健康服务还没有和身体健康服务整合在一起。资金、人员和建筑的短缺仍在继续。1956 年，英国卫生服务雇员联合会（Confederation of Health Service Employees）组织了一项加班禁令，这是英国国民健康服务体系（NHS）发起的第一次全国性劳工行动。伊恩·迈克里德（Iain Macleod）从 1954 年开始增加资本支出，希望增加 2800 个床位，越来越多的病人，特别是老年人就医困难导致了医疗政策的转变，并将某些医疗服务从机构转向了日托中心和社区护理。

1961 年，时任卫生部长的伊诺克·鲍威尔发表了他的演讲，他说："在 15 年内，医院对精神疾病医生的需求可能不会超过现在的一半。"大多数精神健康问题都不容易定义，最普遍使用的是《美国精神障碍诊断和统计手册》和《国际疾病和相关健康问题统计分类》。对精神疾病流行程度的估计可能有很大的差异，这取决于提出问题的方式。2014 年英国的成人精神疾病发病率调查发现，1/6 的受访者在最近几天出现过一种常见的精神疾病的症状，1/8 的人表示曾接受过精神健康治疗。同年，英国健康调查发现，25% 的受访者曾在人生的某个阶段被诊断出患有精神疾病，另有 18% 的人从未被诊断出患有这种疾病。一项在苏格兰进行的调查发现，26% 的受访者表示曾在人生的某个阶段经历过精神健康问题，但如果向受访者展示一系列症状，这一数字还会上升。2017 年的一项调查发现，65% 的英国人有过心理健康问题，26% 的人曾有过惊恐发作，42% 的人说他们曾患过抑郁症。调查发现，自 2000 年以来，心理健康问题一直呈上升趋势，尽管人们意识的增强也可能是一个因素，还有一些相反的趋势，如自杀率的下降。一项调查发现，报告有自杀念头的急救人员的数量从 2000 年的 3.8% 增加到 2014 年的 5.4%。2018 年由压力和焦虑等心理健康因素导致超过一半的人缺勤。

英国心理治疗协会（UK Council for Psychotherapy）表示，福利削减和制裁"对心理健康产生了有害影响"。失业人群严重焦虑和抑郁的比例从 2013 年 6 月的 10.1% 上升到 2017 年 3 月的 15.2%；在普通人群中，这一比例从 3.4% 上升到 4.1%。

2011 年至 2016 年，因精神问题而就诊于急症室的患者人数增加了 50%，当年达到 16.5 万人。在一些信托机构中，这一数字高达急诊就诊人数的 10%，有人呼吁增加病人精神科服务和社区精神科服务的提供，因为一旦对病人的救治失败，会导致悲惨的结果。在多次呼吁之后，NHS 主导的一些心理健康服务增加了，但也有许多传统的精神科被削减了。近年来 40% 的心理健康信托基金的预算已经减少，来自心理健康慈善机构的马乔里·华莱士说："全国范围内的医疗服务继续削减，寻求帮助的人仍然没有得到帮助。"

2019 年的报告显示，英国许多自闭症儿童在转诊后等待诊断的时间为 137 天或更多，而预期等待天数是 91 天。2019 年 12 月，残疾人志愿组织报告称，有特殊需要的 2250 人被困在 NHS，对这些病人来说，在社区提供有效的护理似乎是一种遥远的愿景。

英国的紧急医疗服务为急性疾病或受伤的人提供紧急护理，主要由英格兰、苏格兰、威尔士和北爱尔兰的四个地区卫生服务机构免费提供，包括救护车和急诊部治疗在内的急救服务只

对英国国民免费，而没有享受免费国民保健服务的人可能要
交费。

英国国民健康保险制度通过 14 个由救护车负责的国民健康
保险制度组织委托大部分紧急医疗服务（11 个在英格兰，1 个
在其他地区）。与其他紧急服务一样，市民通常可通过一个有效
的紧急电话号码（999 或 112）取得紧急医疗服务。

除了救护车 NHS 提供的服务组织，英国也有一些私人和志
愿紧急医疗服务，他们使用私人或志愿者救护车在公共事件或
大型私人网站提供服务，作为社区紧急救护服务的一部分。

在英国，大多数空中救护服务都不是国民健康保险制度的
一部分，而是由慈善捐款资助的，护理人员通常是从当地国民
保健服务的救护车服务中临时调来的。

救护车信托基金和服务机构也可以与当地医院信托基金或
保健委员会达成商业安排，或在某些情况下与直接资助的政府
签订合同，承担非紧急病人运输服务，尽管这些合同越来越多
地由私人和自愿提供者履行。

法律要求英国各地的公共救护车服务机构对以下四种类型
的护理请求作出响应：

- 紧急电话（通过 999 或 112 系统）
- 医生紧急入院请求
- 高度依赖和紧急的医院间转移
- 重大事件

1946 年的《国民健康服务法》（*National Health Service Act*）
规定，郡和自治市议会有提供紧急救护车服务的法定责任，不
过他们也可以签订志愿救护车服务合同，许多人会与英国红十
字会（British Red Cross）、圣约翰救护车公司（St. John Ambu-
lance）或其他当地供应商签约。区域救护人员委员会在 1979 年
报告称，"在提供的服务质量方面，特别是在车辆、工作人员和

设备方面，当地有很大的差异，大多数服务是由地方当局通过其医疗卫生官员和其救护车官员管理的，少数是在消防服务的庇护下，而其他则依靠机构的方法来提供部分或全部服务"。

NHS 现有的 142 项救护服务已于 1974 年根据《1973 年国民健康服务重组法案》由地方当局移交中央政府控制，并合并为 53 项服务，隶属于区域或地区卫生当局。

这导致了以郡为基础的救护车服务的形成，并逐渐合并和转移责任。截止到 2006 年，英格兰有 31 个 NHS 救护车信托。2005 年 6 月，伦敦急救服务中心（London Ambulance Service）首席执行官彼得·布拉德利（Peter Bradley）为英国卫生部（Department of Health）撰写了一份名为《将医疗服务带给病人》（*Taking Healthcare to the Patient*）的报告，此报告使这 31 个信托机构合并为英格兰的 13 个机构，其他三个地区拥有一个机构。随着 NHS 基金会信托途径的进一步变化，这进一步在英格兰的救护车服务减少到 10 个。

在英格兰，现在有 10 个 NHS 救护车信托，以及怀特岛单一的救护车服务，其中怀特岛的救护队由 NHS 信托直接运营，边界一般遵循前地方政府办公室的界限。这 10 个信托基金是：

- 东米德兰救护车服务 NHS 信托
- 东英格兰救护车服务 NHS 信托
- 伦敦救护车服务 NHS 信托
- 东北救护车服务 NHS 基金会信托
- 西北救护车服务 NHS 信托
- 中南部救护车服务 NHS 信托基金
- 东南海岸救护车服务 NHS 基金会信托
- 西南救护车服务 NHS 基金会信托
- 西米德兰兹救护服务大学 NHS 信托基金
- 约克郡救护车服务 NHS 信托

英国救护车信托基金由救护车首席执行官协会（AACE）代表，苏格兰、北爱尔兰和威尔士供应商均为准会员。2018年11月14日，西米德兰兹郡救护服务中心成为英国首个大学救护信托基金。

（1）苏格兰。该服务在1974年由圣安德鲁斯救护协会重组前运营，该协会的合同由苏格兰国务大臣负责。苏格兰救护车服务是由特殊的健康委员会代表苏格兰政府的健康和社会护理主任在整个苏格兰提供救护车服务。

与其他地区相比，由于苏格兰许多地区地理位置偏远，苏格兰救护服务拥有英国唯一的公共空中救护服务，包括两架空客H145直升机和两架Beechcraft B200C King Air固定翼飞机，还有一个合作伙伴提供紧急医疗检索服务，通过使用苏格兰急救服务公路和空中资产，可以快速获得急救或重症监护医学顾问的专业指导。

（2）北爱尔兰。北爱尔兰救护服务（NIAS）是1995年在英国议会的命令下成立的，服务于整个北爱尔兰。到目前为止，北爱尔兰的大学不提供辅助医疗科学（BSc）学位，这意味着成员必须在英格兰、威尔士或苏格兰完成他们的学位。

（3）威尔士。威尔士救护服务信托基金成立于1998年4月1日，拥有2500名员工，为290万威尔士居民提供救护和相关服务。

在英国救护车到达现场的呼叫从2011～2012年的每天6856起上升到2014～2015年的每天8564起。所有救护车服务现均根据救护车应变计划运作，以便在符合病人临床需要的时间内，为每位病人调配最适合临床的车辆。救护队会有一组预先分诊的问题进行询问，确定那些病人需要什么样的救护，然后进行进一步分诊以确定受伤或疾病的严重程度。电话类别如下所示：

类别	解释	平均响应时间
威胁生命	需要立即干预或复苏的危及生命事件	0 分钟
紧急	可能需要快速评估和紧急现场干预或紧急运输的潜在严重情况	3 分钟
稍微紧急	紧急问题（不立即危及生命），需要治疗以减轻痛苦和运输或现场评估，并在适当的临床时间内转诊	7 分钟
不紧急	不那么紧急但需要评估的疾病，并可能在临床合适的时间范围内转移	18 分钟

★ 人员配备

在英国，大部分临床工作人员在紧急医疗服务中可分为四大类（按技能顺序递增）：

• 紧急护理助理（ECA）或紧急护理支持工作者（ECSW），他们通常作为医护工作人员的一部分，为护理人员或技术人员提供支持，其职责包括驾驶和急救技能。不同的医疗机构在培训水平上存在差异，但他们通常遵循 FAQ Level 3 的框架，即应具有救护车急救和紧急护理支持文凭。

• 技术员或助理救护医生，他们要么支持护理人员，要么作为非注册医疗保健专业人员自主工作。技术员没有单一的定义或资格，他们的技能因服务而异，特别是在 NHS 和私立医院之间。

• 护理人员–院前护理从业员，已向保健专业委员会注册。护理人员有自主实践和一系列技能，包括静脉插管和先进的气道放置技术。到 2020 年，根据工作经验，起薪为 2.6 万～3.5

万英镑，他们通常拥有学士学位，是受过额外技能和侵入性手术训练的专科或高级辅助医疗护理人员，传统上这些工作只由医生进行。但是现在英国 NHS 系统的护理工作人员如果拥有资质，也可以进行医生的部分工作，其中包括开药、给予额外的药物和手术干预。护理角色包括紧急护理人员、紧急护理从业人员、护理人员和护理从业人员四个类别。这些护理人员通常至少需要具有理学硕士学位。

目前英国的医护人员全职平均每周工作 37.5 小时，包括夜班和周末班，以及公共假期。年假由每年 27 天加上公众假期或代替假日，每人在服务满十年后年假增至 33 天。由于英国医护服务人员缺口较大，2014～2015 年，英国救护车信托公司被迫将招聘目光投向海外，以填补护理人员的空缺。2013 年至 2014 年期间，只有 1 人从英国以外招募，但自 2014 年 4 月以来，NHS 已经招募了 183 人，其中 175 人是由伦敦急救中心从澳大利亚招募来的，在整个英格兰，救护服务报告 15887 个职位中有 1382 个空缺，这极大影响了 NHS 系统的效率。

NHS 救护车服务的其他临床角色包括救护车护士（目前仅受雇于中南部救护车服务，与护理人员的角色相同）和类似的专科护理人员和护士角色，他们的角色是在社区进行医疗服务，进行轻症救治，工作重点是避免轻症患者入院，以提高整个医疗体系的运营效率。

英国紧急护理协会协调自愿计划，个人医疗和专职卫生专业人员在英国各地提供紧急护理。医生、护士或护理人员可以在严重事故现场或重大体育赛事现场协助 NHS 护理人员，所有的专业人士都自愿贡献自己的时间，但医生必须接受额外的培训，以支持他们的工作环境。

在大不列颠群岛，一个由志愿献血自行车慈善组织组成的网络提供摩托车快递服务，负责血液、人体组织和器官到医院或提供医院之间的相关运送。这些摩托车配备有蓝灯和警报器，当运送紧急血液或移植人体组织时可以使用，这些团体基本上是独立的，并与当地医疗服务提供商合作运营。

志愿社区急救员（CFRs）现在是 NHS 救护车服务的常见资源，CFRs 是接受过急救电话培训的公众人士，他们在自己的闲暇时间内在当地做出应急反应。这些社区救助计划最初是为了在农村和偏远地区提供除颤服务，在这些地区，尽管救护车现在在农村和城市地区都有，但因为地理或气候因素无法迅速做出反应。

CFRs 通常由当地团体与地区 NHS 救护车信托（Regional NHS Ambulance Trust）合作运营，并携带除颤器和氧气，以及临床治疗的其他设备。一些信托计划有自己的车辆和积极筹集资金，以支持他们的计划。

★ 消防救援人员

在更多的农村地区，救护车的反应需要更长的时间，但是当地消防人员已经接受了基本急救和疼痛管理的培训。他们接受过心肺复苏术、AED、氧气和安桃乐镇痛气体的输送等培训。他们通常会接到救护车紧急行动中心的电话，然后开上一辆装有蓝灯、警报器的车去当地作出应急反应，这项服务通常由专职消防员提供。私人和志愿救护服务有着巨大的市场，2012 年该行业为英国的经济创造了 8 亿英镑的收入。自 2011 年 4 月起，英国所有的救护车供应商都必须在医疗质量委员会进行注册，这与英国国家医疗服务体系的检查制度是一样的，目前大约有 250 家认证供应商。

私营机构和志愿机构的主要活动包括：
- 在活动、建筑工地、电影片场或其他私人场所提供救护

车，作为更广泛的急救服务的一部分

- 向国民保健服务救护车信托基金提供额外资源
- 病人在两个医疗点之间的紧急转运（例如在两家医院之间）
- 非紧急病人运输

所有的救护车供应商，包括 NHS、私人和自愿的，都可以竞标提供救护车服务的合同，而私人救护车服务现在承担了超过一半的医院转诊。这使志愿服务提供者与私营服务直接竞争，尽管私营部门一直在以牺牲志愿服务为代价不断增长。

私人救护车服务在英国是很常见的，尽管 56% 的英国公众相信私营部门的更多参与将有助于保持或提高国民健康保险制度的标准，但这种使用私营承包商为前线服务的做法在政治上一直存在争议。2013 年，护理质量委员会发现 97% 的私人救护车服务提供良好的护理，这些私人注册服务由独立救护车协会牵头。2017 年，该委员会警告所有独立救护车供应商，在检查过程中发现提供的护理存在"安全问题"。已对 70 个独立的救护车供应商进行了检查，并向 39 个已发表报告的单位中的 25 个发出了改进通知，其中位于普利茅斯的中央救护车服务、医疗和救援服务被发现紧急救治过程服务非常糟糕，在调查核实之后被关闭。还有一些未注册的医疗服务在运行，它们不提供救护车运输，只在事件站点上提供响应，尽管它们可能运营类似的车辆，并提供几乎相同的服务，但是这些公司不受监管，也不受与注册供应商相同的检查。

英国还存在一些志愿救护提供者，被称为志愿援助服务或志愿援助协会（VAS），主要是英国红十字会和圣约翰救护机构。志愿救护服务的历史早于任何政府组织的服务，包括两次世界大战期间的服务。由于他们与私人救护车供应商直接竞争工作，这些自愿提供服务的供应商与一些受薪的救护车工作人员一起工作，以履行他们的合同。

当英国国民保健服务救护车信托基金的工会工作人员采取罢工行动时，志愿组织也为公众提供了保护。还有一些规模较小的志愿救护组织，它们的存在是为了实现特定的医疗目标，比如 Hatzola 志愿者服务队，它为一些城市的正统犹太社区提供紧急医疗服务，然而，由于适用法律上不承认这些救护队的救护车为合法救护车，这些救护车队在英国遭遇各种运营困难。英国即时护理协会（BASICS）拥有大量的医护人员（包括医生、护士和护理人员），他们自愿贡献自己的时间来应对严重的医疗紧急情况。

英国大多数紧急空中救护车由慈善机构提供资金，医务人员通常从当地的 NHS 信托机构借调。唯一的例外是苏格兰和威尔士，苏格兰救护服务为两架直升机和两架固定翼飞机提供资金，威尔士议会政府为紧急医疗检索和转运（EMRTS）服务的临床和道路部分提供全部资金，并与威尔士空中救护慈善机构合作提供航空（HEMS 能力）。另外还有一架直升机，即苏格兰的慈善空中救护飞机，它的资金仅来自慈善捐款。在英国，所有的紧急医疗服务都受到一系列法律和监管要求的约束，在许多情况下，还会受到绩效监控，这一框架基本上是法定的，由政府通过一系列主要和次要立法加以授权。

在英国，所有的救护车服务，以及一些医疗响应组织都是由护理质量委员会（CQC）根据《2008 年健康和社会护理法案》以及随后的《2008 年健康和社会护理法案（规范活动）条例》的规定进行监管的。这要求所有供应商进行注册，以满足某些质量标准，并接受这些标准的检查，不符合标准的组织可能会受到制裁，或者注销其注册，阻止他们提供任何医疗服务。CQC 取代了英国国民健康服务体系（NHS）救护车服务的前监管机构——医疗保健委员会（Healthcare Commission），其职权范围扩大到包括所有私人和自愿提供服务的机构，自 2011 年以来，独立的救护车服务才受到正式监管。除了护理质量委员会的监管提供重要的服务，国民保健服务提供商也受到监管，他们必须通过监控机构（NHS 基金会信托基金或私人提供商）或 NHS 信托发展机构（国民保健服务尚未基金会信托）的经济和金融问题的审查和审计。

每个救护车供应商都要对 CQC 负责，确保其遵守最佳实践方案。最佳实践方案指导细则由英国皇家学院救护联络委员会（JRCALC）发布，大多数医疗服务提供者都必须遵循已发布的指导。

英国除了有 NHS 主导下的普通医院，也有许多专门针对特殊人群或特定疾病的专科医院，比如伯明翰儿童医院是英国领先的儿科专家中心，医疗范围是照顾患病的儿童和 16 岁以下的年轻人。2017 年 2 月，伯明翰儿童医院被 CQC 评为"优秀"。伯明翰儿童医院在一些最先进的治疗、复杂的外科手术和尖端的研发方面处于世界领先地位。伯明翰儿童医院有一个全国肝脏和小肠移植中心，是复杂心脏病、烧伤、癌症和肝脏和肾脏疾病治疗的全球卓越中心。伯明翰儿童医院是一个国家指定的癫痫手术专家中心，并拥有西米德兰兹郡的儿科主要创伤中心。与此同时，这家医院以出色的儿科重症监护室被 CQC 评为"杰出"。伯明翰儿童医院还拥有最大的儿童和青少年心理健康服务，提供专门的住院病人进食障碍区域和评估儿童和年轻人的严重的心理问题和超前思维，该医院为伯明翰的 0~25 岁人群提供社区精神卫生服务。

伯明翰妇产医院是一个卓越的医疗中心，每年为来自伯明翰及泛伯明翰地区和其他地区的妇女及其家人提供专业服务，每年就诊量可达 5 万多人次。伯明翰妇产医院是英国仅有的两家专门的女子医院之一，拥有最繁忙的单点产科病房，每年接生8200多名婴儿。伯明翰妇产医院提供全方位的妇科、产科和新生儿护理，其生育中心是全国最好的生育中心之一。伯明翰妇产医院的胎儿医学中心接受区域和国家转介中心，是西米德兰兹地区遗传学实验室的所在地，也是欧洲最大的同类实验室。伯明翰妇产医院已成为国际教育、研究和发展中心，每年的研究预算超过300万英镑，是伯明翰妇女和儿童保健服务基金会信托，这里汇集了伯明翰儿童医院和伯明翰妇女医院的顶尖专业医护团队。伯明翰妇产医院于2017年2月成立了英国首个此类信托机构，旨在推动医院的承诺，为妇女、儿童和家庭希望贡献最高质量、世界一流的医疗和护理。

伯明翰将当地的医院纳入联动机制，这意味着医院可以更无缝地护理病人，使各个医院的专科治疗和世界领先的医护工作取得更大进展。重要的是，它还使伯明翰各大医院在塑造以家庭为中心的保健的未来方面有更大的发言权。

每一天，英国和全球受尊敬的外科医生、医生、护士、助产士和相关医疗专业人员为病人提供最先进的治疗、复杂的手术程序和前沿研究，以改善今天的护理和开发更好的未来护理。

英国的NHS拥有全球领先的教学中心，热衷于培养和发展现有和未来劳动力的技能，同时投资最好的培训和教育，以促进医护人员终身学习。

以伯明翰地区的医院为例，伯明翰社区医疗保健NHS信托由伯明翰社区医疗保健服务信托基金转介，英国国民保健服务基金会信托基金在伯明翰和英格兰西米德兰兹郡提供广泛的社区卫生服务。2016年3月，它成为了NHS基金会信托基金，该公司当时计划于2017年10月与NHS基金会信托基金和Dudley and Walsall精神健康伙伴NHS信托基金合并。这家新机构的年营业额将达到4.4亿英镑左右，将成为英国第三大心理健康信托机构。

伯明翰妇女和儿童保健服务基金会信托基金负责管理伯明翰妇产医院和伯明翰儿童医院。2017年2月，这一信托基金由伯明翰妇女 NHS 基金会信托和伯明翰儿童医院 NHS 基金会信托合并而成。萨拉·简马什是伯明翰儿童医院 NHS 基金会信托前首席执行官，合并之后被任命为首席执行官，她一直在管理这两家信托公司，并监督合并过程使其不会出现不良问题。该系统实现了伯明翰大学医院于2017年4月开发的电子处方信息和通信系统，2017年信托成立子公司 BWC 管理服务有限公司，调派物业及设施人员300人，其目的是通过以较低成本的非 NHS 系统招聘新员工，实现增值税优惠，以及支付账单节约。增值税优惠的产生是因为 NHS 信托只能对他们购买的一小部分商品和服务追讨增值税。1994年的《增值税法案》提供了一种机制，通过这种机制，NHS 信托可以有资格获得外包服务的退款，这项信托基金在照顾待产妇女方面被评为"比预期的差"。

★ 医学本科教育质量的保证

如果课程未能达到预期的标准，英国普通医学委员会（GMC）有能力撤销其对任何医学本科培训课程的资质认可，评估作为其定期检查计划的一部分。

由于英国高等教育的法规，医学学士学位包括一个综合的学习计划和跨越几个层次的专业实践。医师资历的最终结果通常符合7级（英国硕士学位）高等教育资历的规范。医学院毕业后，初级医生进入职业培训阶段。在英国，医生的培训通常是这样的：新获得资格的医生进入一个为期两年的基础项目，在那里他们承担各种不同专业的职责。这些必须包括普通医学和普通外科的培训，但也可以包括其他领域，如儿科、麻醉学或全科医学。完成基础课程后，医生可以选择专攻一个领域，所有的路线都包括进一步的评估和检查。要想成为一名全科医生（GP），在完成基础课程后，医生必须完成 18 个月的各种医院专业的岗位，通常包括儿科、精神病学、老年病学和妇产科学。学员还必须花 18 个月的时间作为全科医生专业注册员，这是一个基于全科医生实践的学员资质，在完成培训和相关考试后，医生可以成为一名全科医生，独立执业。

　　许多医学院学生现在一般都完成更高的研究学位，例如医学博士学位（MD），才有资格成为专业医生，这一路径基于需要至少两年的全职研究，或者拿到博士学位。从医学院毕业到成为一名专业医生所需的时间因专业而异，一般是 7 年到 10 年不等。

　　在英国，医生的培训将在医生入职后的 12 个月迅速开展，医院会引入全程培训。一个医生，在完成他们的两个基础年之后，将申请一个单一的专业（包括全科），并在一个固定的时间内（通常是 7 年）只接受该专业的培训，然后才会被授予有条件现金资助，这些变化将按照政府制定的医疗职业现代化计划进行。根据医疗委员会和临床管理的指导方针，所有在岗医生都必须接受继续医学教育。

★ 英国的社会福利

　　英国的社会福利计划由来已久，是最早萌芽于维多利亚自由主义后期的社会思想，在第一次世界大战前后的国家主义的集体主义中达到萌芽初级阶段，在 20 世纪 40 年代的普惠主义中成熟，在 20 世纪 50 年代和 60 年代的共同富裕理念中怒放。到了 20 世纪 70 年代，这一福利计划开始衰落。20 世纪 80 年代，英美两国政府都在推行不利于福利的货币主义政策。

　　1832 年，人们发现旧的英国《济贫法》曾经是将社会福利普遍用在药物滥用、懒惰和犯罪者身上，因此这一政策饱受诟病。接受援助的资格被收紧，迫使许多接受援助的人要么转向私人慈善机构，要么接受工作。19 世纪后期，西博姆·朗特里（Seebohm Rowntree）和查尔斯·布斯（Charles Booth）等撰写的有关英国贫困水平的报告开始改变人们的看法。这些报告表明，在大型工业城市中，1/4 至 1/3 的人口生活在贫困线以下。1906 ~ 1914 年，英国自由党通过一系列重大的自由福利改革，在英国建立了福利国家，在接下来的 40 年里，改革的范围大大扩展。1909 年，英国针对某些低工资行业引入了最低工资制度，并在 1920 年将其扩展到众多行业，包括农业劳动。然而，到了 20 世纪 20 年代，改革者提出了一种新的观点，强调针对低收入家庭的家庭津贴是在不扭曲劳动力市场的情况下减轻贫困的另一种选择，英国工会和执政的工党采纳了这一观点，1945 年，家庭津贴被引入，最低工资的规定从视野中消失了。第二次世界大战期间几乎完全由国家控制的经验使人们更加相信，国家也许能够解决国民生活广泛领域的问题，1906 ~ 1914 年的自由政府实施了社会三大群体的福利政策：老年人、年轻人和劳动人民。1906 年，地方当局被允许提供免费的校餐，1908 年的《儿童和青年法》提出了一系列规定，后来被称为《儿童宪章》。这一宪法会对忽视或虐待儿童的行为进行严厉惩罚，向儿童出售香烟或让他们乞讨也是违法的。英国还设立了单独的少年法庭，将被判有罪的儿童送往英国青少年教养感化院（现代青少年拘留中心的前身），而不是监狱。1908 年，英国为 70 岁以上的老人引入了养老金制度；1909 年，为了帮助失业人员找到工作，英国建立了劳工交易所；1911 年通过的《国民保险法》确保了免费医疗和 26 周内每周 10 先令的病假工资，估计有 1300 万工人在此计划下受到强制保障。第一次世界大战的余波推动了社会改革的需求，并导致了英国社会中国家角色的永久性增加，战

争的结束也带来了经济萧条，特别是在北部的工业城镇。到 20
世纪 30 年代，经济危机程度加深转变成大萧条，在战争期间，
政府通过对食物、衣服和燃料的配给，以及向孕妇和儿童提供
额外的牛奶和食物，引入家庭津贴使其更多地参与到人们的生
活中，许多英国人也欢迎政府的干预，并希望政府进一步干预。
1942 年的贝弗里奇报告（确定了社会中的五大"恶魔"：肮脏、
无知、匮乏、懒惰和疾病），基于解决这五大社会"恶魔"，政
府建议建立一个全国性的、强制性的、统一费率的保险计划，
将医疗保健、失业和退休福利结合起来。贝弗里奇本人也谨慎
地强调，失业救济金应维持在勉强糊口的水平，6 个月后将以工
作或培训为条件，以免鼓励滥用这一制度，助长懒惰，然而基
的概念是"维护就业"，这意味着任何个人如果想要领到失业
救助金，失业时长必须连续超过 26 周，这就助长了人们为了领
取救济而故意拖延、不去工作的风气。政府认识到如果失业人
数过多，培训的实施条件将是不切实际的，工党在 1945 年大选
获胜后，承诺要根除这一巨大的罪恶，并采取政策措施为英国
人民提供"从摇篮到坟墓"的生活保障制度。为此英国政府通
过了一系列法律法规，通过的法律包括 1948 年《国家援助法》、
1946 年《国民保险法》和 1946 年《国民保险（工伤）法》。

　　"从摇篮到坟墓"的生活保障制度导致了开支的增加并被认
为是国家责任的扩大。除了教育、保健、失业和疾病津贴等中
央服务外，国家福利还包括增加再分配税收，增加对工业、食
品和住房的管制的想法。英国国民健康服务体系（NHS）的建
立并没有涉及新建医院，而是将现有的市政设施和慈善基金会
收归国有。其目的不是大幅增加医疗服务，而是使全国的医疗
服务标准化。事实上，贝弗里奇认为，随着人们变得更健康，
需要的治疗会更少，医疗保健的总成本将会下降。然而，事实
并非如此，由于英国社会人口老龄化加速，NHS 的费用并没有

下降，而是平均每年上升4%，导致了供给的减少。假牙和眼镜的收费是在1951年由三年前建立NHS的工党政府引入的，而后来的保守党政府在1952年引入了处方收费。1988年，所有人的免费视力检查都被废除了，但是年满60岁以上的人仍可以免费检查。

英国不同地区的政策有所不同，但提供福利国家仍然是英国政府政策的基本原则。医疗保健"在使用时免费"的原则成为福利国家的中心思想，后来保守党政府虽然对福利国家的某些方面持批评态度，但并没有改变这一原则。在英国经济紧缩的十年中，穷人的福利支出下降了25%，残疾人获得的福利大幅削减，个人独立支付、就业和支持津贴都下降了10%。生活在贫困线以下的家庭中，超过半数至少有一位有残疾的亲属。福利削减项目包括税收减免（46亿英镑）、全民信贷（36亿英镑）、儿童福利（34亿英镑）、残疾福利（28亿英镑）、ESA和丧失工作能力福利（20亿英镑）、住房福利（23亿英镑）。弗兰克·菲尔德说："370亿英镑的福利削减已经对我们许多同胞的生活水平造成了影响，以至于可能有数百万人挣扎着支付房租、账单和购买足够的食物。"同样地，还有数量不明的人无法在送孩子上学前给他们适当的衣服穿。在学校里，这些孩子中有太多的人不仅依赖免费的校餐作为他们饮食的基石，而且还依赖于学校的早餐和晚餐福利。2014～2015财年，绝大多数国家养老金是最大的政府福利费用，其次是住房福利，保守党思想家就自由主义原则与福利国家原则之间的结构性矛盾展开了辩论。某些社会阶层认为，福利国家会抑制工作和投资。还指出，福利国家有时并不能消除个人偶发事件和需求的原因。在经济上，福利国家的净失败者往往更反对其价值观和在社会中的作用。

2010年，戴维·卡梅伦（David Cameron）领导的保守党和自由民主党联合政府提出，作为紧缩计划的一部分，应削减英国的福利支出。内阁成员们认为，日益增长的福利依赖文化正在使福利支出永久化，并声称必须进行文化变革以减少福利支出，英国公众舆论似乎支持削减福利支出，但评论人士指出，公众的负面看法是建立在对失业救济支出比例和福利欺诈水平的夸大假设之上的，英国就业与养老金部门的数据显示，在2012～2013年度，福利欺诈花费了纳税人12亿英镑，比前一年增长了9％。这比由于失误而少付的15亿英镑要低，在某些情况下，当父母不能抚养孩子时，抚养孩子的亲属会面临制裁和经济惩罚，他们可能会变得贫穷和无家可归。教会团体和其他团体也普遍抱怨，英国这个福利国家在防止贫困、剥削、饥饿等方面做得不够。

英国国民社会研究中心（NatCen Social Research）认为，自2002年以来，英国民众对提高税收，为医疗、教育和社会福利提供更多资金的支持是最高的。2/3的工党支持者支持增税，53％的保守党人也支持增税。2018年，英国下议院图书馆（House of Commons Library）估计，到2021年，尽管物价和生活成本不断上涨，工作年龄社会保障支出将比2010年减少370亿英镑，削减残疾人福利、个人独立支付（PIP）和就业与支持津贴（ESA）是值得注意的。

2019年的社会保障支出是自福利国家建立以来的最低水平，数百万人被排除在主流社会之外，食品银行（Food Bank）（是一种慈善救济体系，由市民捐助食品，大部分食物保质期较长，便于储存，流浪者、乞讨者或者食物匮乏者都可以从食品银行领取免费的食物）的使用也有所增加。公共政策研究所（IPPR）发现每周73英镑（230万人申请的普遍信用标准）现在相当于收入中位数的12.5％。当1948年开始发放失业救济金时，这个数字达到了20％。因此，数以百万计的人"被排除在主流社会之外，生存所需的基本物品和便利设施越来越多地脱离他们的控制"。一名高级政府顾问表示，经济不安全现在是"新常态"。IPPR 敦促所有各方在福利体系中增加 84 亿英镑的紧急拨款，这比以前的体系更加困难，因为从支付中扣除债务，欠付现象日益严重，并实施了严格的制裁措施，1/3 的通用信贷申请人正在工作。英国公共政策研究所的克莱尔·麦克尼尔说："社会保障应该提供一个安全网，而不是贫困问题上的一根钢索。值得注意的是，在战后的英国，对贫困人口的支持比今天更接近平均收入。这是一个非常简单的事实，它隐藏在英国创纪录的个人债务水平、不断增加的食品银行使用率和不断增加的贫困人口数字背后。"

第八章　历史与现代："珠宝角"

位于伯明翰市区的珠宝角是欧洲最大的珠宝行业集中地，英国40%的珠宝都产自这里。它也是世界上最大的珠宝鉴定室的所在地，每年大约有1200万个珠宝鉴定在这里完成。历史上，珠宝角一直是许多先进珠宝技术的发源地。20世纪初，珠宝角的产业达到了顶峰，这里雇用了3万多名员工。然而，由于外国竞争和需求不足，整个20世纪珠宝行业都在衰落。该地区现在正被改造成城中村和创意商业中心，同时保持其城市结构。珠宝角的历史重要性导致了许多保护计划的产生，这里是伯明翰工业遗产的一个着落点。

珠宝角的历史十分悠久，在16世纪中期，就有金匠在此开店。伯明翰在18世纪和19世纪，从工业革命中繁荣起来，发展成为一个大型工业城镇，生产种类繁多的产品，产品通常由各种金属制成，因此许多大型铸造厂和玻璃厂吸引了来自英国各地的工人，在生产镀金纽扣、帽徽、别针和小金属玩具方面发展了大量的贸易。

根据资料记载，1780年的伯明翰，当时有26家珠宝店，没有对珠宝商的定义进行解释，所以人们认为它可能包含许多不规范的地方，而实际的珠宝商数量可能更少。到19世纪初，这里聚集了大约12家珠宝制造公司，大约400人在此从事与珠宝相关的工作。

1746 年，科尔莫尔家族在今天被称为"珠宝角"的地方出让土地，以满足日益增长的人口需求。最大的一块地是纽荷尔，它是威廉·科尔莫尔从伯明翰的封地中购买的。1560 年，这里是养兔场，到 1620 年，新庄园在这里建成，那座大庄园以该地区命名。到 1746 年，科尔莫尔一家搬了出去，把庄园租给了佃户。除此之外，还有一些封闭的田野通往伯明翰荒原。

由于伯明翰对房屋的需求在 18 世纪 50 年代短暂下降，在 1759 年又开始上升。在现在的科尔莫尔街和大查尔斯街金钟道之间，于 18 世纪 60 年代又铺设了新的街道。大查尔斯街地区的土地于 1760 年首次出租。1772 年纽荷尔布兰奇运河的完工进一步刺激了对土地的需求，到 18 世纪 70 年代末，几乎所有的大查尔斯街和莱昂内尔街地区都已建成。房屋建设继续延伸到现在被称为珠宝角的地区，当时这里成为一个富裕的住宅区，查尔斯·科尔莫尔捐赠 3 英亩土地建造教堂更加使人口向这一区域聚集。

运河完工后，纽荷尔街向运河边延伸。随着中产阶级离开这个地区，为金匠和银匠腾出地方用于建造大型工厂和作坊。当时生产的主要黄金产品是钥匙、印章和表链，而银匠则用人造宝石制造扣子和梳子等饰品。尽管带扣在社会上已不再流行，但这个行业却兴旺发达。首饰主要是在小作坊里生产的，与当时建造的大工厂和作坊形成对比。科尔莫尔家族意识到运河建设带来的潜力，在 1809 年，卡洛琳·科尔莫尔（Caroline Colmore）将运河从伯明翰和法泽利运河（Fazeley Canal）延伸到乔治街（George Street）附近的一个盆地，以促进该地区的工业发展。19 世纪 20 年代由于全球经济下滑，该地区的珠宝商数量在 19 世纪 20 年代大幅减少，许多珠宝商被迫关门歇业，有的公司为了生存而缩小了规模，19 世纪 30 年代中期以后，这种下滑持续了 10 年。

运河

19 世纪初期，伯明翰"珠宝角"珠宝季度的产量超过了附近德比的珠宝行业，该季度生产的产品质量也有所改善。爱丁堡的珠宝贸易也出现了衰退，到 19 世纪末，伦敦的中产阶级更多地依赖伯明翰的珠宝供应。到 1850 年，伦敦珠宝店出售的金银制品有一半是在伯明翰生产的，1850 年伯明翰一个季度就生产了大英帝国大部分的精美珠宝，大多数珠宝商仍然在雇用 5～50 人的小作坊里工作，许多珠宝商就住在他们的作坊旁边，这意味着必须提供公共设施。伯明翰和斯塔福德郡煤气照明公司成立于 1825 年，他们在 1836 年点亮了大汉普顿街。1832 年，该公司开始提供管道输送的天然气。到 1840 年，所有的珠宝商都为他们的珠宝吹管提供了充足的天然气。

1824 年，威廉·艾略特在弗雷德里克街和摄政街的拐角处开设了一家工厂，专门生产纽扣。1837 年，他申请了一种制作布制纽扣的专利，并在他的工厂后面建了一个工厂，一直延伸到维多利亚街。

1845 年 5 月 28 日，一群珠宝代表从伯明翰被派往白金汉宫，求见维多利亚女王和她的丈夫艾尔伯特亲王，他们希望在与这对皇室夫妇会面时说服维多利亚女王佩戴英国制造的珠宝以促进其发展。这群人赠送给女王和亲王一个臂章、一枚胸针、一对耳环、一个腰扣、一条表链、一枚印章和一把钥匙，总共价值400多基尼。这些代表声称有5000个家庭依赖于伯明翰的珠宝交易。

到19世纪中叶，珠宝行业被认为是伯明翰最赚钱的行业，珠宝商是伯明翰薪酬最高的行业之一。从事这一行业的人也比城里其他任何行业的人都多。许多男孩们在14岁时接受了学徒训练，平均赚4先令，直到他们21岁，工作时间从早上8点到晚上7点。珠宝商加班是很普遍的，学徒通常不需要任何资格，但珠宝设计风格成为该行业内的黄金法宝，因此许多珠宝商的公司要求所有学徒参加伯明翰艺术学院的进修。

到1861年，珠宝行业雇用了7500人；到1880年，当地有近700家作坊。

珠宝角

进入 20 世纪后，"珠宝角"受益于为珠宝商制定的各项举措，珠宝行业发展到前所未有的规模。"珠宝角"发展规模在 1914 年达到顶峰，超过 20000 人在该地区从事珠宝贸易。宝石原料、制作工具和首饰包装的供应商也从中受益。在整个增长过程中，"珠宝角"保持了小作坊的工作模式，大的工厂位于珠宝角北部边缘，批量生产较低质量的珠宝。由于空间不足，企业主们占用了工人的房屋来扩展他们的生意。

第一次世界大战期间，随着人们对军用纽扣、徽章和勋章的需求增加，"珠宝角"继续蓬勃发展。然而，在战争结束时，需求直线下降，珠宝商也见证了社会时尚的变化，对珠宝角生产的产品的需求在 1920 年达到顶峰，随后开始稳步下降。由于受到了大萧条的沉重打击，之后也难以恢复。一些公司建造大型工厂，试图使业务多样化。在第二次世界大战中，制造业再次转向军需品，这导致"珠宝角"成为德国空军在伯明翰"闪电战"中轰炸的目标。和伯明翰的其他地方一样，这给"珠宝角"带来了很大的损失。

尽管在战后的这些年里，这个行业一直保持着下降的趋势。这是需求不足和外国竞争的结果。20 世纪 80 年代，"珠宝角"一家公司的平均寿命是 2 年。

如今重建该地区的计划已经实施，例如指定工业改善区和英国遗产组织为修复历史建筑而发放的赠款，超过 300 座建筑进行了升级。在 1987 年，更多的变化得以实现，例如一个世纪以来该地区第一个新住宅的建成，以及第一家酒吧的开张。

1998 年，政府划定"珠宝角"及附近区域为保护区。伯明翰市议会和英国遗产组织同意联合资助"珠宝角"保护计划并建议将此处的 106 幢建筑物列入法定保护名单，于 2004 年由文物保护署署长麦金托什批准。

2000 年，尼尔·科森爵士（Sir Neil Cossons）宣布，纽曼兄

弟棺材家具厂（Newman Brothers Coffin Furniture Factory）将被列为二级保护企业。棺材厂被改造为博物馆，部分建筑翻新为办公室，并将其出租给租户。2014 年 10 月 28 日，纽曼兄弟棺材家具厂作为伯明翰保护信托基金旗下的博物馆对外开放。

近年来，伯明翰市议会将"珠宝角"发展成创意企业中心的计划，吸引了大量私人投资。市议会已经提出了许多建议，并批准了该地区的混合用途计划。该项目的核心是一个公共庭院，由获奖的景观设计师阿兰·加德纳（Alan Gardner）设计。嘉德房地产开发公司（Chord Developments）还拨款 6 万英镑用于改善广场的照明和安装 CCTV 监控系统。嘉德房地产开发公司在首饰区的另一个项目是 JQ One，这是一个较小的项目，由43 套公寓组成，其中一套是两层的顶层公寓。该计划还包括两家酒店和大量停车位的建设。

位于"珠宝角"边缘的还有伯明翰铸币厂（Birmingham Mint）。当造币厂在 2003 年关闭的时候，人们就开始寻找这个地点的替代用途。目前替代工程正在分两个阶段进行开发：第一阶段包括 192 套公寓和大约 60000 平方英尺（约 5574 平方米）的办公室，而第二阶段包括 62 套公寓和一个 50000 平方英尺（约 4645 平方米）的数据中心，目前处于规划阶段。

作为一个工业区，"珠宝角"本身已成为一个旅游景点，因为许多车间保留了 19 世纪的外观。

伯明翰市议会在 20 世纪 80 年代首次认识到旅游业对提升"珠宝角"形象的重要性。已委托机构对该地区的工业和旅游业潜力进行研究。这些都被整合到一项战略中，其中包括改善该地区的景观，建立一个博物馆和一个贸易中心，与德国和意大利竞争。市议会亦推出一系列推广"珠宝角"的措施，以提高市民对"珠宝角"位置的认识。广告登在当地和全国性的报纸和杂志上，如英国航空公司自己的杂志 Airtime 等。市议会联同

Centro 制作了 20 万份名为"如何找到珠宝角"的单张彩页,通过多个销售点派发。

旅游局与制造商接洽,让市民进入他们的工作场地,观看在该季生产的产品,并向公众发布了"工厂参观"包。珠宝角博物馆是这一战略的优秀成果,它创建于 1981 年,当时的 Smith & Pepper 珠宝公司关门大吉,把所有的东西都留在了大楼里,这些物品成为博物馆的主要藏品,它现在是伯明翰博物馆和艺术画廊的一个分支。

"珠宝角"曾经辉煌一时,这里的产品背后都有着有趣的故事,英国许多体育奖项的奖牌已经在该地区产生,至今仍在生产。比如颁发给温布尔登女子单打冠军的奖杯就是在这个地区生产的。哨子最早出现在"珠宝角",约瑟夫·哈德森(Joseph Hudson)在 1878 年发明了第一只足球裁判哨子,并在 1883 年发明了警察哨子。哈德森也为泰坦尼克号制造口哨,在电影《泰坦尼克号》中,女主角在发出求救信号时所吹的哨子就是一个例证,这个桥段并非杜撰,因为泰坦尼克号上的一些哨子从沉船中找到。自 1870 年以来,"珠宝角"各公司共生产了约 10 亿只口哨。

令人不解的是,"珠宝角"还存在着一家十分另类的商铺,且在"珠宝角"成了传奇,这就是前面所说的纽曼兄弟棺材铺,如今提起"珠宝角",几乎没有人不知道这家商铺的,现在它已经是一家十分新奇的博物馆,每天吸引着大量的游客前来参观。伯明翰甚至英国许多棺材和棺材部件在该地区生产,纽曼兄弟本是黄铜的创始人,最初在"珠宝角"生产金属棺材配件,后来发展壮大,成了当地的一家大企业,该公司生产的棺材有实心黄铜、电黄铜、银板和镍板,后来又用氧化银、氧化青铜和氧化铜饰面树脂制成。在鼎盛时期,它雇用了 100 人。到 20 世纪 50 年代,该公司的产品出口到亚洲、非洲和北美。该公司还

为英国前首相温斯顿·丘吉尔爵士、约瑟夫·张伯伦和戴安娜
王妃的葬礼生产棺材，当时它是英国三家棺材制造商之一。
1999 年，该公司倒闭，后被改建成博物馆。

　　英国的硬币也由在"珠宝角"的伯明翰铸币厂制造，该铸
币厂从 1850 年到 2003 年在这座城市蓬勃发展。到 1889 年，它
已经成为世界上最大的私人造币厂。然而，随着造币厂的扩张，
他们的业务开始多样化，开始制造纪念章、铜管和赌币。

制作珠宝工具

第九章　英国的税收政策

在英国，税收可能至少涉及三个不同级别的政府：中央政府（女王陛下的税收和海关）、各地区政府和地方政府。中央财政收入主要来自所得税、国民保险缴费、增值税、公司税和燃油税。而地方政府的收入主要来自中央政府基金的拨款、英国的商业税率、地方政府税，还有越来越多的来自收费，比如街边停车的收费。在 2014～2015 财政年度，英国政府预计总收入为 6480 亿英镑，占 GDP 的 37.7%，净税收和国民保险贡献为 6060 亿英镑，统一的土地税最初是在 17 世纪晚期引入英国的，在整个 18 世纪和 19 世纪早期形成了政府收入的主要来源。1798年 12 月，小威廉·皮特（William Pitt Jr.）在英国宣布征收个人所得税，并于 1799 年开始，目的是为准备拿破仑战争的武器和装备买单。皮特的新分级（累进）所得税开始于对年收入超过60 英镑（相当于 2019 年的 6363 英镑）的人征收 2 便士（1/120英镑），并对年收入超过 200 英镑的人征收最高 2 先令（10%）。皮特希望新的所得税能筹集到 1000 万英镑，但 1799 年的总收入仅略高于 600 万英镑，皮特的个人所得税从 1799 年征收到 1802年，在亚眠和平时期被亨利·艾丁顿废除。1801 年，艾丁顿就任英国首相，在 1803 年战争重新开始时，艾丁顿重新引入了所得税，但在滑铁卢战役一年后的 1816 年，所得税又被废除了。历史上的英国政府还设置过各种名目的税收：麦芽税、房屋税、窗户税和所得税，这些税收引起了相当大的争议。麦芽税很容易从酿酒商那里征收，即使在1822年税收减少后，到19世纪40年代，税收仍占政府年收入的10%以上。房产税主要打击伦敦的城镇房屋扩张；窗户税主要打击的是乡村庄园的扩张。罗伯特·皮尔爵士在1842年的《所得税法案》中重新引入了所得税。皮尔爵士作为一个保守派，在1841年的大选中反对所得税，但是不断增长的预算赤字需要新的资金来源。根据艾丁顿的模型，新的所得税征收对象是年收入超过150英镑的人（相当于2019年的14225英镑）。

第一次世界大战（1914～1918年）的资金来源是国内外的巨额借款、新税收和通货膨胀。战争的经费来自推迟维修和取消资本支出节省的钱。政府避免了间接税，因为它提高了生活成本，引起了工人阶级的不满，政府非常强调"公平"和"科学"。公众普遍支持征收重税，很少有人抱怨，财政部拒绝了对资本征税的提议，工党希望以此来削弱资本家的力量，取而代之的是超额利润税，对超过战前正常水平的利润征收50%的超额利润税。1917年，这一比率提高到80%，汽车、钟表和手表等奢侈品进口也增加了消费税。没有了销售税或增值税，税收的主要增长来自所得税，在1915年上升了17.5%，个别豁免税率被降低。所得税税率提高到25%。总的来说，税收最多提供了国家支出的30%，其余来自借款。国家债务从6.25亿英镑飙升至78亿英镑，政府债券通常每年支付5%的利息，英国通货膨胀加剧，1919年英镑的购买力是1914年同样货币购买力的1/3，英国工资水平落后，穷人和退休人员受到的打击尤其严重，民不聊生。

英国的现代所得税政策多年来一直在变化，与欧洲经合组织（OECD）和欧盟（EU）相比，英国的税收收入占GDP的比例为15%。1971年，所得税的最高税率被削减到75%。投资收入 15% 的附加费使该收入的总体最高税率保持在 90%。1974
年，劳动收入的最高税率再次提高到 83%。随着投资收入附加
税的增加，投资收入的最高税率达到 98%，这是自战争以来最
高的永久税率，适用于年收入超过 2 万英镑（相当于 2019 年的
20.9963 万英镑）的人。1974 年，多达 75 万人需要缴纳最高税
率的所得税，当时的英国首相玛格丽特·撒切尔主张征收间接
税，她在 20 世纪 80 年代降低了个人所得税税率，在她 1979 年
赢得选举后的第一份预算中，最高税率从 83% 下降到 60%，基
本税率从 33% 下降到 30%，基本税率在随后的三次预算中进一
步降低。1985 年英国废除了投资收入附加税，1986 年为 29%，
1987 年为 27%，1988 年为 25%，所得税的最高税率在 1988 年
的预算中被削减到 40%。随后的政府进一步降低了基本利率，
在 2007 年达到了 20% 的水平。自 1976 年（当时税率为 35%）
以来，基本税率已经降低了 15%，但这一降幅在很大程度上被
国民保险缴款和增值税的增加所抵消。2010 年，英国对收入超
过 15 万英镑的人征收 50% 的新最高税率，可预见的结果是纳税
人会隐瞒他们的收入，国库的收入减少了。在 2012 年的预算
中，这一比率被削减到 2013～2014 年的 45%，紧随其后的是纳
税额的增加，从 380 亿英镑增加到 460 亿英镑，当时的英国财政
大臣乔治·奥斯本说："较低的、更具竞争力的税率导致了这一
增长。"

商业税率于 1990 年引入英格兰和威尔士，是一种可追溯至
1601 年伊丽莎白时代《济贫法》（*Poor Law*）的评级体系的现代
版本。因此，商业税率保留了许多以前的特征，并遵循一些判
例法的旧形式的评级。《2004 年金融法案》引入了一种被称为
"预拥有资产税"的所得税制度，旨在减少使用常见的遗产税避
税方法。无论个人的国籍和居住地点，还是公司的注册地点，
英国的各种收入来源通常都要缴纳英国税。这意味着英国个人

所得税责任既不局限于英国常驻居民，也不局限于任何税收扣除在英国的收入来源。

在英国居住和定居的个人还需就其全球收入和收益纳税，但对于不是在英国注册的居民，外汇收入和收益一直在汇款征税的基础上。也就是说，只有收入和收益汇回英国征税。从2008年4月6日起，希望保留汇款基础的英国长期居民（前九年中的七年）非本地居民每年需缴纳3万英镑的税款。在英国定居的个人，如果不是连续三个纳税年度的居民，不需要为他们的全球收入缴纳英国税，而那些不是连续五个纳税年度的居民，不需要为他们的全球资本收益缴纳英国税，在一个纳税年度中，任何在英国居住超过183天的人都被认定为该纳税年度的居民。这里的住所是一个有技术意义的术语，大致而言，如果一个人出生在英国，或者如果英国是他们的永久居住地，那么他就是定居在英国的；如果他们出生在英国以外，并且不打算永久居住，他们就不是英国居民。

如果一家公司是在英国注册成立的，或者它的中央管理和控制在英国，那么这家公司就是英国的（尽管在前一种情况下，在适用税收协定的某些情况下，一家公司可以是另一个司法管辖区的公司）。这些公司可通过适用的双重征税条约避免对收入和收益双重征税，英国是所有国家中拥有最大条约网络的国家之一。

大多数移民工人（包括来自欧洲经济区的移民工人）将被归类为非定居者，然而，由于非本地免税只适用于来自英国以外的收入，所以大多数使用免税的人都是来自英国以外的富人（如来自外国的储蓄），最典型的这类人包括公司高管、银行家、律师、企业主和国际艺术家。

纳税年度有时也被称为"财政年度"。公司可以选择与公司税相关的会计年度，通常从4月1日至次年3月31日，与会计年度保持一致。英国的个税年度是从次年的 4 月 6 日到第三年的 4 月 5 日。英国纳税人的年度所得税是英国政府收入的最大来源，约占总收入的 30%；其次是国民保险，约占 20%。所有所得税收入的 25% 以上由收入最高的 1% 的纳税人支付，即收入最高的纳税人支付 90% 的所得税收入由收入最高的 50% 的纳税人支付。苏格兰议会对居住在苏格兰的纳税人应纳税的所有非储蓄和非股息收入的税率和起征点有完全的控制权。每个人都有个人所得税免税额，并且在每个纳税年度达到这个数额的收入是免税的。在 2019～2020 纳税年度，收入低于 10 万英镑的 65 岁以下人群的免税税额为 1.25 万英镑。在英格兰、威尔士和北爱尔兰，纳税人的收入按规定的顺序计税，先用完个人免税额后纳税，然后是储蓄收入（利息或其他收入），接着是股息。英国居民的外国收入作为联合王国的收入征税，但为了避免双重征税，英国与许多国家达成协议，允许抵消在国外缴纳的联合王国税收，这些在国外支付的被认为的金额不一定比实际支付的要多。物业投资业务（如购买出租物业）的租金收入，在扣除包括抵押贷款利息在内的其他储蓄收入后，与其他储蓄收入一样纳税。抵押贷款不需要以收到租金的物业作为抵押，以物业投资业务物业的最高购买价（或其转入业务时的市值）为限。共同所有人可以决定如何分配收入和费用，只要一个不盈利，另一个亏损，损失可以提前到以后的年份抵扣税率。

英国国民储蓄和投资主要通过国有国民储蓄计划（State Owned National Savings Scheme）进行，某些投资不需要缴税，包括与指数挂钩的证券（每期最高 1.5 万英镑）和溢价债券（Premium Bonds），溢价债券计划每月对个人持有的不超过 5 万英镑的债券发放利息奖励。

英国个人储蓄户口利息是免税的，而股息是与税收抵免一起支付给投资者，然后可以抵消股息税到期。对于基本税率的纳税人来说，这意味着他们不用为股息纳税。没有总体限制一个人可以有多少在 ISA 投资账户，但额外的投资目前限于每人每年 11280 英镑，最多 5640 英镑的现金基金，资产分配要么是共同基金（单位信托和集成），要么是个人选择的股票。

英国养老基金就增长而言，老百姓享受与 ISAs 相同的税收待遇。全额税收减免也按个人缴款的边际税率提供，或者在雇主缴款的情况下，它被当作一项费用，而不作为一种福利对雇员征税，除了 25% 的基金一次性免税外，从养老基金中获得的收益也要纳税。

风险投资信托是投资于规模较小的公司，或者是投资于此类公司的基金，期限至少为 5 年，这些都是免税的，并且有资格从个人收入中获得 30% 的税收减免。

企业投资计划是指在 3 年内投资于小公司股票的免税项目，可享受 30% 的税收减免，该计划还允许个人推迟资本利得负债（这些利得可以在未来几年使用年度总结性资本利得备抵扣除）。而种子企业投资计划是指在 3 年内对小公司股票的免税投资，可获得 50% 的税收减免。该计划还允许个人推迟资本利得负债（这些利得可以在未来几年使用年度总结性资本利得备抵扣除）。

英国公民还可进行保险债券投资，其中包括保险公司发行的离岸和在岸投资债券。两者之间的主要区别在于，在岸债券缴纳的公司税意味着在岸债券的收益被视为已经缴纳了基本利率税（零或初始利率纳税人无法收回这一收益）。两种方式下，每一完整投资年度的税率最高可达 5%，无须立即缴纳税款（最高税率为原始投资的 100%）。在此基础上，投资者可以计划一个收入流，同时推迟任何可征税的提款，直到他们的税率较低，直到他们不再是英国居民，或这些人已经死亡，因此这一征税期可以持续很长。

如果所有受托人都不是本地居民，就可以选择离岸信托及公司信托，这些信托都可以在境外进行，这样的信托公司可以拥有外资企业，一些国家的公司税税率可能会更低，而这些国家仍然有双重征税条约。然而，由于针对信托征税引入了反避税规则，这些结构对将留在英国的人不利。

英国税收政策规定由于"历史原因"，许多持有的股票和从中获得的收益都是免税的。这些包括：为君主政体所做的特殊的、低税收安排，如英国皇室为避免遗产税而采用的安排；降低特殊阶层的个人所得税。例如，非定居者是居住在英国的居民，但不是"定居"的，他们的非英国收入不需要缴纳英国所得税，前提是他们申请（或自动申请）缴纳税款的汇款基础，并且非英国收入没有汇到英国。在七年的税务居留之后，汇款基础可以收取大量的税费，英国居民通常在居住 15 年后将被视为定居在英国，没有 5 年的空白纳税期。

累积价值转移的第一部分（称为"零利率区间"）是免税的。这一门槛目前被设定为 32.5 万英镑（2012～2013 年纳税年度），最近这一税率未能跟上房价的上涨，结果导致目前约 600 万户家庭落在遗产税的征税范围内。超过这个阈值，遗产可以由于慈善捐赠而降低税率。自 2007 年 10 月以来，已婚夫妇和登记的民事伴侣可以有效地提高他们的遗产门槛，当第二名伴侣去世时，在 2012 年至 2013 年遗产税甚至高达 65 万英镑。他们的遗嘱执行人或遗产继承人死后必须将第一配偶或民事伴侣未使用的遗产税起征点或"零税率区间"转移给第二配偶或民事伴侣，在英国定居的配偶之间的财产转移是免税的。《2008 年金融法案》（Finance Act 2008）最近对税率进行了调整，这意味着零利率区间可以在配偶之间转移，以减轻这一负担，但是这在以前只能通过建立复杂的信托来实现。

在去世前 7 年以上的赠予是不征税的，如果遗产税是在去世前 3～7 年制定的，那么遗产税的税率就会逐渐降低。英国有一些重要的例外案例处理：最重要的是能让继承人通过预先处理受益，比如人们可以提前处理自己的财产（将房子在自己活着的时候赠予受赠人，但是仍继续生活在这一房子内，直到去世），这样就能有效避免在死后遗产受益人被课以重税。遗产税不适用于"在服役期间"死亡的人的遗产，也不适用于在服役期间受伤的人的财产处理。不管过了多久，如果能证明死亡的原因是出于以上两个原因，就可以得到纳税豁免。此外，由于已故配偶须受豁免规管，在遗属去世时，遗属的免税额可转移至尚存配偶的遗产。

地方政府税是英格兰、苏格兰、威尔士和威尔士的地方税收体系，用于为每个地区的地方政府所提供服务的部分资金支持。《1992 年地方政府财政法案》（*Local Government Finance Act* 1992）引入了人头税，这一政策极不受欢迎。1993 年，英国开始征收基础的住宅物业税，单身人士享有折扣，作为不受欢迎的社区收费（即人头税）的改进方案。截至 2008 年，英国房产的平均年税为 1146 英镑，这一税收在英国统称为市政税（Council Tax），2006~2007 年英国的市政税达到 224 亿英镑，其中还有额外的 108 亿英镑来源于部分收费服务。但是市政税不是每一所房子都要征收的，征收与否要取决于住在房子里的人的身份，比如学生、残疾人、无收入的家庭等，都可以免于征税，还有一些住户虽不能享受免税政策，但是也可以因为经济收入、家庭结构等因素申请市政税减免。

政府收入的第三大来源是增值税，增值税对商品和服务征收 20% 的税率。因此，这是一种针对消费者支出的税收。某些商品和服务免征增值税，而有一些特殊商品和服务的增值税税率较低，为 5%（税率降低，如国内天然气供应）或 0%（"零级"，如大多数食品和儿童服装）。豁免是为了减轻生活必需品的税收负担，但是英国将对奢侈品全面征税。2001 年，未使用的卫生巾的增值税率为100%，但是目前英国政府正在讨论对卫生巾免收增值税，以促进女性健康水平，减少女性经济负担。

1973年，由于英国加入欧洲经济共同体（European Economic Community），增值税开始实行欧盟标准，以10%的标准税率被引入。1974年7月，标准税率变成了8%，从10月起，汽油的税率又提高了25%。在1975年4月的预算中，更高的税率被扩大到各种各样的奢侈品领域。在1976年4月的预算中，增值税提高了25%的税率，之后又被降低到12.5%。1979年6月18日，更高的税率被废除，增值税被设定为15%的单一税率。1991年，这一比例上升到17.5%，不过1994年，当国内的燃料和电力被加入这个计划中时，它被收取了一个新的、更低的8%的税率，以便降低老百姓日常生活开销。1997年9月这个低利率降低到5%，扩展覆盖各种节能材料、卫生防护产品、儿童汽车座椅、某些住宅改造、避孕药和戒烟产品。2008年12月1日，英国财政大臣阿利斯泰尔·达林（Alistair Darling）将增值税降至15%，以应对经济衰退。2010年1月1日，增值税回到17.5%。2011年1月4日，财政大臣乔治·奥斯本（George Osborne）将增值税上调至20%，并一直保持到现在。

英国同样实行消费税和印花税，消费税的征收对象包括汽车燃料、酒精、烟草、赌博和车辆。股票和某些证券的转让要收取0.5%的印花税，印花税、印花税土地税和印花税储备税的现代化版本，对不动产、股票和证券的转让分别征收4%和0.5%的税率。英国还征收汽车税，包括：燃油税（它本身也是增值税）和车辆消费税，其他费用包括伦敦交通拥堵费、各种法律规定的费用，包括强制车辆测试和车辆登记的费用，以及在某些地区的街头停车费（以及违规行为的相关费用）。2018年，英国开始讨论对糖开始征收消费税，这一决定在英国引起广泛讨论，该税收的增加旨在鼓励英国人在膳食中少摄入糖分，以减少诸如糖尿病和心脏病以及肥胖症的发病率，但是也有讨论认为此项征税很可能更加加重贫富分化，导致低收入家庭经济负担加重。企业所得税主要针对英国的企业征收，另一种税收是公司税，是英国对公司的利润和在欧盟贸易的非英国居民公司和协会的永久机构的利润征收的一种税，公司税是英国政府收入的第四大来源（仅次于收入所得税、NICs 和增值税）。在 1965 年 4 月 1 日该税颁布之前，公司和个人缴纳了相同的所得税，但对公司征收了额外的利得税。1965 年的《金融法案》（Finance Act）用单一公司税取代了公司和协会的这种税收结构，它借鉴了所得税体系的基本结构和规则，自 1997 年以来，英国的税法修订项目一直在更新英国的税收立法，从所得税开始，同时对征收公司税的立法本身进行了修订，因此，有关所得税和公司税的规定出现了不少分歧。

　　商业税在英格兰、威尔士和苏格兰的税率有较大区别。商业税是常用的非住宅税，是向非住宅物业的占用人征收的税款。商业税是地方政府资金的一部分，由地方政府收集，但不是直接保留收入，而是集中起来，然后重新分配。在 2005～2006 年度，商业税征收了 199 亿英镑，占英国税收总收入的 4.35%。商业税率可以理解为一种物业税，每项非住宅物业均以应课差额租值计算，以英镑表示。应课差额租值大致代表该物业在某估值日的租金水平，而该物业在该估值日的租金水平是根据一套模型制定的。

　　国民保险税（NICs）是英国政府收入的第二大来源。NICs 由员工、雇主和个体户支付，在 2010～2011 纳税年度英国共筹集了 965 亿英镑，占 HMRC 征收总额的 21.5%。雇员和雇主根据雇佣类型和收入的复杂分类来缴纳。第一类别（受雇人士）NICs 的收费，视不同的入职起点及若干其他因素而定，包括年龄、雇员及/或雇主供款的职业退休金计划类别，以及雇员是否是远洋船员等因素。雇主还为员工的许多实物福利（比如公司的汽车）和通过"PAYE 结算协议"为员工支付的税款缴纳费用。为自雇人士及部分志愿机构工作人员有不同的福利安排，自雇人士通常可享有第二类统一税率及第四类与薪酬有关的雇员自雇津贴。

资本利得税适用于公司税边际税率。个人和公司的基本原则是相同的，即税收只适用于资本资产的处置，收益的金额是按照处置收益与"基本成本"之间的差额计算的，即原始购买价格加上允许的相关支出。然而，从 2008 年 4 月 6 日起，个人和公司适用的应课税利润税率和减免有所不同。公司对基本成本采用"指数化减免"，根据零售价格指数增加成本，因此一般而言收益是按通货膨胀后的基础计算的（1982 年 3 月之前的累积收益适用不同的规则），然后按适用的公司税边际税率对利润征税。个人资本利得税按 18% 的统一税率纳税（自 2010 年 6 月 22 日起，税率更高的纳税人按 28% 的税率纳税），没有指数化救济。然而，如果要求创业者的救济，比例仍然是 10%，以前年度的资本损失可以提前计算。个人在某项业务（如物业业务）上的开支，可作为资本利得的备抵。支出是否与收入（可能降低所得税）或资本（可能降低资本利得税）相对应，取决于财产是否得到了改善，如果没有改善，就是与收入相对应，如果有改善的话，那就是不利资本。丈夫和妻子之间或民事伴侣之间的转移并不会使资本收益具体化，而是转移购买价格（账面成本）。否则，出于 CGT 目的，作为礼物的转让将被视为按转让当日的市场价值进行的转让。

第十章　阅读是一种生活

如果你在伯明翰读书，又或者是来到伯明翰旅游，千万别只去那些出名的地方，例如牛环购物中心（Bullring Shopping Centre），应该到伯明翰图书馆等文化场所看一看，才能体验伯明翰真正的味道。

伯明翰市立图书馆是伯明翰市最大的公共图书馆。它位于市中心西侧的百年广场，旁边是伯明翰商业中心（与之相连，并与之共享一些设施）和巴斯克维尔住宅。自2013年9月3日开放以来，它取代了伯明翰中央图书馆。这座图书馆花费了800万英镑，这一公共项目被视为城市重建的旗舰项目，被誉为英国最大的公共图书馆和欧洲最大的公共文化空间，同时也是欧洲最大的区域图书馆。2014年，图书馆迎来了240多万名游客，使其成为英国第十大最受欢迎的旅游景点。

英国著名的湖畔派诗人塞缪尔·泰勒·柯勒律治（Samuel Taylor Coleridge）在1797年写道：如今，英国第二大城市伯明翰为市民提供了一个华丽的、最先进的"快乐穹顶"。在这个黑暗而不确定的时代，新公共图书馆的建立是一件令人振奋的事情，它是这座城市皇冠上的一颗璀璨明珠。我们要热烈赞扬这些城市元老和高级官员们坚持自己的理想的决心、韧性和前瞻性。伯明翰图书馆位于交通流和可达性的中心位置，整个建筑场地让人想起了阿姆斯特丹新中央图书馆。新图书馆距离1974

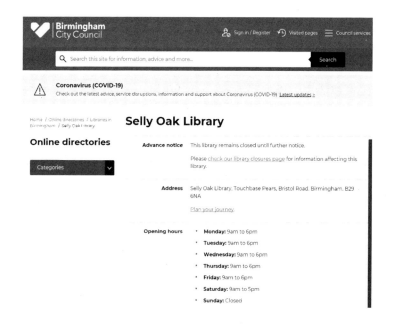

伯明翰图书馆网页

资料来源：https：//www.birmingham.gov.uk/。

年开放的旧中央图书馆的庞大野兽派建筑只有几百码远，旧图书馆与新图书馆的精致和清新形成了鲜明对比。建筑师想要"创造一个穿越人民宫殿的意外之旅"。整个设计团队听取了市议会的意见，使图书馆具有包容性和利于访问性，同时图书馆完全融入数字时代，这是一座摆脱了图书馆旧概念的地标性建筑。建筑师采用了简洁的设计，创造了一个类似乐高的精致结构，图书馆有10层楼高，与相邻的剧院无缝连接。外部由5357个铝黑色和白色的圆圈交织而成，为图书馆创造了一个非常直观和独特的装饰。这一引人注目的外观可能会让人想起伯明翰著名的珠宝角，这是对伯明翰伟大而重要的工业遗产的一种致敬：黑色和银色的圆圈放在阴影和玻璃的背景之上。图书馆的内部有一个巨大的中庭，里面有一个令人惊叹的圆形大厅，里面摆满了书，图书馆的大量藏书就存放在那里，读者可以在那里舒适地浏览书籍。大量深红色的雅各布森风格的椅子和两个郁郁葱葱的花园增加了发现、学习和娱乐的功能，呈现给图书馆读者的整体感觉非常愉悦。此外，图书馆还有一个明亮、设备齐全、藏书丰富的儿童图书馆，受到小读者的热烈欢迎。附近有一个小的圆形剧场，用于戏剧和小型活动。独特的彩色电梯高效地在楼层之间运送访客，图书馆珍贵的、不可替代的档案、遗产和摄影收藏被安全地保存在中庭上方的两层"金色盒子"中。在建筑的最顶端，一个金鼓结构容纳着重建的维多利亚时期的莎士比亚纪念室，人们往往会忽略伯明翰其实有一个庞大而重要的莎士比亚收藏。新图书馆将能够更有效地展示莎士比亚收藏，读者也能更好地使用许多特殊的馆藏和服务。伯明翰图书馆目前有超过100万册藏书，同时收藏有世界级的档案、照片和珍本书籍，这是欧洲最大的公共图书馆。伟大的阿根廷作家兼图书馆馆长豪尔赫·路易斯·博尔赫斯评论说："我一直设想天堂将是一种图书馆。"幸运的是伯明翰图书馆实现了这一设想！前伯明翰中央图书馆于1972年开放，被认为是欧洲最大的市政图书馆，其中6个藏品被英国艺术委员会指定为"具有国家和国际重要性的杰出收藏"。伯明翰百年广场新图书馆于2013年9月3日正式启用，取代了中央图书馆。但是由于中央政府削减经费，该图书馆面临经费不足的问题。

伯明翰有41个地方图书馆，还有一个固定的移动图书馆服务。几乎每一个社区都有图书馆，虽然这些图书馆藏书不多，但是服务却一点儿也不逊色于大的图书馆，借助于伯明翰甚至整个英国的图书馆资源网络，人们在家门口就可以享受便捷的图书借阅服务，如果想要获得图书，人们可以在伯明翰任一图书馆办理借书证，然后享受伯明翰的整个图书资源，人们可以登录伯明翰的图书馆查阅图书信息并进行预订，不久所要的图书就会被送到附近的图书馆。这些便捷的服务每年得到英国政府大量的资金支持，为培养国民阅读习惯做出了卓越贡献，英国人每年平均阅读25本书，这个数字目前列于世界首位。

同时图书馆还提供其他服务，比如举办展览、各种公益活动，也有很多图书馆提供幼儿社交和阅读活动，为社区人们的综合素质提高提供支持和帮助。图书管理员还肩负着所在辖区小学或者初中的阅读活动推广的任务，伯明翰的小学和初中经常举办各种阅读推广活动，以提高学生的阅读兴趣，培养下一代的阅读习惯，伯明翰的图书馆每年服务大约400万名访客。但是近几年由于经济下滑，财政预算削减，伯明翰图书馆的四家分馆面临关闭的风险，但是截至目前，伯明翰的图书馆依然以丰富的藏书和优质的服务吸引着图书爱好者的光顾。

伯明翰市议会多年来一直在考虑重新安置图书馆。最初的计划是在新兴的东区建立一个新的图书馆，它在 Masshouse Circus 被拆除后向城市中心开放。理查德·罗杰斯在该地区设计了一个图书馆。但是，由于财政原因和对地点的保留，这个计划被搁置了。委员会建议图书馆之间分隔开的新建筑用以代表剧院和巴斯克维尔家纪念广场，但直到2009年，该区域仍是一个公共停车场。

在2006年8月，议会确定了 Rep 剧院和巴斯克维尔庄园之间的区域作为图书馆的未来场地。Capita Symonds 被任命为伯明翰图书馆的项目经理。市建局的目的是在百周年广场建造一座"世界级"的地标性市政大厦。在此之后不久，两个地点的想法被废弃，档案和特别收藏品将搬到百周年广场。2008年3月27日，由英国皇家建筑师协会主办的国际设计竞赛公布了七位建筑师的入围名单。他们是从100多名建筑师中挑选出来的。

2008年8月初，Mecanoo 和多学科工程师 Buro Happold 被宣

布为设计竞赛的获胜者。在 2009 年 4 月 2 日的发布会上，委员会与建筑师一起公布了图书馆的更详细的计划。之前的中央图书馆第二次未能获得列入名单的建筑资格。原计划于 2015 年初开始拆除旧图书馆，为天堂广场的重新开发让路。

对计划中的图书馆的反应总体上是积极的。Then –Poet 奖获得者安德鲁说："这些计划正确且雄心勃勃地保存最好的传统，同时也打开了建设关于图书馆的新思想，即图书馆应该成为社区的核心，满足各种各样的社会需求以及学术研究。"菲利普·普尔曼说："伯明翰的新图书馆听起来很可爱，应该会比目前的图书馆吸引更多的用户，目前的图书馆每天有 5000 名令人印象深刻的游客。"艾伦爵士说："我衷心支持拟议的令人兴奋的新计划开发新的伯明翰图书馆。"欧文威尔士说："这是一个大胆的和令人信服的行动承诺，重新定义整个现代化公共图书馆服务的概念，并在此过程中创建欧洲最大的公共信息资源……作家会喜欢它，读者也会喜欢它。"伯明翰中央图书馆的建筑师约翰·马丁在 2011 年批评该建筑不适合使用。马丁说："他们把所有的钱都花在了一个新的图书馆上，这个图书馆并不比现有的好。其中 80% 没有自然光，也不符合现有建筑的标准。"在开业第一年，有 270 万名访客穿过图书馆的大门。2015 年，游客人数下降到 180 万人次；这仍然使图书馆成为英国第 11 大最受欢迎的旅游景点和伦敦以外最受欢迎的景点。

在获得规划许可之前，巴斯克维尔庄园和代表之间的建筑地基和考古工作就已经开始了。规划许可最终于 2009 年 12 月获得伯明翰市议会批准，由 Carillion 承建的建筑工程于 2010 年 1 月动工，当时预计于 2013 年 9 月 3 日完成。2011 年 9 月 14 日举行了建筑最高部分竣工的浇筑仪式。2013 年 9 月 3 日，诺贝尔和平奖得主——巴基斯坦女学生马拉拉·尤萨法扎伊（Malala Yousafzai）主持了开幕式的揭幕仪式。她在一次塔利班暗杀行动中幸存下来，现居住伯明翰，在为纪念匾揭幕之前，她说："让我们不要忘记，即使是一本书，一支笔，一个老师也可以改变世界。"

在 2014 年英国皇家建筑师协会西米德兰兹奖颁奖典礼上，伯明翰图书馆被评为"年度最佳总体建筑"，建筑师帕特里克·阿伦兹获得"年度最佳新兴建筑师"，伯明翰市议会获得"年度最佳客户"。在 2014 年 6 月的图书馆建成一周年宴会上，图书馆馆长布莱恩·甘博斯（Brian Gambles）被授予大英帝国勋章（MBE）和"为图书馆服务"奖。2014 年 7 月 17 日，伯明翰图书馆被提名为 2014 年斯特灵奖（Stirling Prize）的六座入围建筑之一，该奖项只授予优秀的建筑典范。2014 年 12 月，伯明翰市议会提议减少图书馆的开放时间，因为议会资金短缺，2015 年2 月确认将开放时间从每周 73 小时减少到每周 40 小时，裁掉188 名图书馆工作人员中的一半，这样每年可节省 300 万英镑的运营成本。图书馆于 2015 年 4 月 20 日星期一和星期二上午 11时至下午 7 时开放，星期三至星期六上午 11 时至下午 5 时开放，星期日休息。

伯明翰市立图书馆采用地下蓄水层地源系统，降低能源消耗。冰冷的地下水从地下被抽取出来，用于空调系统。水通过另一口钻好的井流回地下，使用地下水作为可再生能源可以降低图书馆的二氧化碳排放量。

该图书馆拥有国内外重要的馆藏，包括博尔顿和瓦特档案、伯恩维尔村信托档案、查尔斯·帕克档案、帕克儿童图书收藏、温盖特·贝特交通车票收藏、铁路和运河历史学会图书馆，以及沃里克郡摄影调查的摄影档案，本杰明·斯通爵士，约翰·布莱克莫尔和瓦尔·威廉姆斯，以及已获得的丹尼尔·梅多斯专利。

1882 年，约翰·亨利·张伯伦（John Henry Chamberlain）

为第一座中央图书馆设计了莎士比亚纪念馆。当旧建筑在 1974
年被拆除时，张伯伦的房间也被拆除，后来被安装到新图书馆
的新混凝土外壳中。当伯明翰图书馆建成后，它又被移到了顶
层。这里收藏着英国最重要的莎士比亚作品，也是世界上最重
要的两部莎士比亚作品之一，另一部由福尔杰莎士比亚图书馆
收藏，该馆收藏包括 43000 本书，其中包括一些稀有藏品，如
四种最早的对开版本的拷贝；1709 年以前印刷的 70 多种不同版
本的戏剧，包括 1619 年出版的三种"Pavier"四开本，但年代
有错误。18 世纪、19 世纪和 20 世纪图书馆都有重要的图书珍
本收集，构成了一个几乎完整的全集作品，其中包括大量的改
编、选集和个别图书版本。

　　关于博尔顿和瓦特资料的收藏也是伯明翰图书馆的镇馆之
宝，该收藏是关于马修·博尔顿和詹姆斯·瓦特蒸汽机合作伙
伴的档案，从 1774 年成立到 19 世纪 90 年代公司倒闭，所有的
相关收藏都保存完好。该档案包括约 550 卷的信件、书籍、订
单和账簿，约 29000 张发动机图纸和超过 20000 封客户来信。博
尔顿和瓦特为布鲁内尔的 SS Great Eastern 制造螺旋发动机，档
案包括 13 张罗伯特·豪莱特的专辑，记录了大东方工厂的建
造，包括罕见的 1857 年布鲁内尔的肖像。图书馆里还陈列着两
个巨大的科德（Coade）石制大奖章，制作于 18 世纪 70 年代，
1956 年被拆除时从伦敦皇家剧院（Theatre Royal）前移走，这
些画描绘了大卫·加里克和威廉·莎士比亚。

　　2014 年 7 月，伯明翰市立图书馆与大英图书馆合作建立了
伯明翰商业与知识产权中心图书馆，为小企业和企业家提供支
持服务，商业及知识产权中心可为企业提供广泛的支援，例如
与阿斯顿大学工商管理学院合作的企业知识产权服务就是伯明
翰图书馆的一大亮点。2016 年，该图书馆与大英图书馆开展了
文化合作，作为文化共建项目的一部分，此项目在威廉·莎士

比亚逝世 400 周年的时候开始进行，这次合作是由大英图书馆信托基金资助的，它探索了大英图书馆和各个城市公共图书馆之间合作的一种新方式。从 2015 年 7 月到 2016 年，谷歌在其数字书库项目中接管了伯明翰市立图书馆一楼的部分培训业务。

　　2016 年初，该图书馆与议会运营的 Brasshouse 语言中心达成协议，将办公时间延长至上午 9 点至晚上 9 点。开放时间由 40 小时增加至 66 小时，但仍少于原来的 73 小时，星期日亦会继续关闭。2016 年 9 月，Brasshouse 语言中心从原来的位置搬到了一楼。

第十一章　伯明翰的教育状况

伯明翰拥有五所大学：阿斯顿大学、伯明翰大学、伯明翰城市大学、伯明翰大学学院和纽曼大学。2011 年，伯明翰有78259 名 18～74 岁的全日制学生在学期期间居住在这座城市，比英国除伦敦以外的任何城市都多。伯明翰有 32690 名研究生，也是除伦敦以外主要城市中最多的。

英国伯明翰大学（University of Birmingham）始建于 1825年，是位于英国伯明翰的世界百强名校，英国老牌名校。它于1900 年获得维多利亚女王授予的"皇家特许状"，是英国著名的六所"红砖大学"中的首位成员，英国 12 所精英大学之一。同时也是英国常春藤联盟"罗素大学集团"核心成员、M5 大学联盟成员、国际大学组织"Universitas 21"创始成员、中英大学工程教育与研究联盟成员。

伯明翰大学的标志性建筑——约瑟夫·张伯伦钟塔目前为世界最高独立式钟塔，为纪念学校的创始人约瑟夫·张伯伦而立。爱德华·艾尔加创立音乐学院，并为学院第一任教授，其珍贵手稿现藏于学校。大学拥有拉普华兹地质博物馆（Lapworth Museum of Geology）与芭伯艺术馆（Barber Institute of Fine Art）。其中，芭伯艺术馆为全英最优博物馆之一，藏有凡高、毕加索、莫奈等众多人士的名品。学校主图书馆藏有世界最古老的《古兰经》残稿。伯明翰大学在世界上享有盛誉，年收入达 5 亿多

伯明翰大学

英镑，曾参与建立名校华威大学，学校的研究方向涉及众多领域并获得了杰出的科研成果，为研究导向型大学。

英国高等教育基金委员会公布的资料显示，伯明翰大学被列入英国12所精英大学之一。这12所大学分别是牛津大学、剑桥大学、曼彻斯特大学、伯明翰大学、杜伦大学、利兹大学、布里斯托大学、华威大学、诺丁汉大学、谢菲尔德大学、南安普顿大学、埃克塞特大学。英国《每日电讯报》则称这些大学为英国的"常春藤盟校"。

伯明翰大学商学院获得 AACSB（国际高等商学院协会）、AMBA（英国工商管理硕士协会）和 EQUIS（欧洲教育认证）

三大资格认证，成为拥有全球一流商学院的大学。

　　心脏起搏器和塑料心脏瓣膜的研制、维生素 C 的合成、英国南极考察植物学和地质学基础的奠定、利用微波为雷达和炉提供动力、过敏性疫苗的应用、人工血主要组成部分的合成、遗传学发展下动植物养殖技术的改进等都是伯明翰大学的研究成果。

　　伯明翰大学除了在科学研究方面享有较高的声誉外，学校在人文社会学科、教育、法律等领域也都获得国际上的好评，曾在英国教育委员会大学研究评鉴排名中名列前茅。伯明翰大学的研究领域极为广泛，从癌症到纳米技术几乎无所不容。伯明翰大学拥有一大批出类拔萃的科研人员，其中的很多人是各领域内的国际权威。在科研成果转化为生产力方面大学每年收入可达 5 亿多英镑。

　　伯明翰大学协助创立了基尔大学（前北斯塔福德大学学院）和华威大学。伯明翰大学前校长罗伯特·艾特肯爵士（Sir Robert Aitken）在华威大学创立的过程中，扮演着相当于教父的角色。原本的建学计划是在考文垂周边建立一所大学学院，正是他的建议，改变了最初的计划，最终设立了独立的大学机构华威大学。

　　在长达 100 多年的科学研究中，伯明翰大学为科学进步做出了卓越的贡献。截至 2016 年，从伯明翰大学已经走出了 11 位诺贝尔奖获得者。2016 年，瑞典皇家科学院宣布戴维·索利斯（David J. Thouless）教授（担任伯明翰大学数学物理系教授 13 年）、迈克尔·科斯特利茨（Michael Kosterlitz）教授（担任伯明翰大学数学物理系博士后，讲师、副教授 10 余年）和詹姆斯·弗雷泽·司徒塔特（J. Fraser Stoddart）（任教于英国伯明翰大学化学系多年，并担任四年化工系主任）教授分别获得诺贝尔物理奖、化学奖。这也是伯明翰大学第一次一年同时获得诺贝尔物理奖、化学奖。

伯明翰大学盾徽共有两版。1900 年创校时使用的第一版盾徽，盾徽左侧是双头狮，右侧是右手持镜左手持梳的美人鱼，第一版盾徽也是伯明翰大学前身梅森理学院的盾徽。

2005 年，伯明翰大学重新设计了盾徽，将 20 世纪 80 年代曾提议过的简化版本盾徽增加细节改为了更精致的版本，以彰显皇家特许状给予的身份。伯明翰大学的第二版盾徽保留了部分原有的设计，同时将盾徽分为了三部分，下方添加了伯明翰大学校训："Per Ardua Ad Alta"，校训为拉丁文，意为"勤奋以达卓越"。

伯明翰大学的建立与伯明翰的医学发展有着密切关系。1767 年冬至 1768 年，伯明翰首位外科医生约翰·汤姆林森（John Tomlinson）在伯明翰联盟济贫院医务所进行了医学教学，这是英国首次在伦敦与苏格兰以外的地方进行医学教育。1779年，伯明翰联盟济贫院医务所发展为综合医院，开展临床教育。1825 年 12 月，威廉·圣兹·考克斯（William Sands Cox）开始在此医院进行教学，并开始推动建立医学院。1828 年，伯明翰药理与外科医学院建立，此时的医学院教会背景浓厚，严格遵守教会规条。1836 年，更名为皇家伯明翰药理与外科医学院。1843 年，维多利亚女王授予该医学院女王医院称号，正式确认了其地位。至此，济贫院医务所发展成为了全英第一所地方性教学医院。同年，皇家伯明翰药理与外科医学院更名为女王学院。

1870 年，伯明翰的实业家与慈善家，以生产钥匙圈、笔、笔芯、电镀致富的约赛亚·梅森（Josiah Mason）爵士，开始起草梅森理学院的创立契约。1875 年，创立梅森理学院。此教育机构在日后成为了伯明翰大学的核心。1880 年 10 月 1 日，由杰斯罗·考辛斯（Jethro Cossins）所设计的教学楼在伯明翰埃德蒙街建立，并由著名博物学家、教育家托马斯·亨利·赫胥黎致辞演讲，在演讲中，他认为梅森理学院的建立是科学事业的成功。出于对进化论的坚定支持，他大力支持梅森理学院对神学的抨击观点。1882年，梅森理学院由梅森学校转入了化学系、植物学系、生理学系，之后又转入物理系、比较解剖学，使学院影响力得到增强。1892年，在约瑟夫·张伯伦的努力下，维多利亚女王学院与梅森理学院合并，并进一步发展。1896年，梅森理学院的发展达到了大学等级的学院。1897年，梅森理学院收到法令许可成为大学。1898年1月1日，梅森大学学院成立，约瑟夫·张伯伦任院长。1900年3月24日，维多利亚女王授予了"皇家特许状"，政府接收到《伯明翰大学法案》，同年5月31日，"皇家特许状"生效。卡索普家族于同年7月捐出伯恩布鲁克区25英亩（约10公顷）的土地，查尔斯霍克洛夫爵士提供赞助基金，钢铁富豪暨慈善家安德鲁·卡内基捐款50000英镑兴建核心建筑群，校园参考了康奈尔大学的校园规划设计。至此，英国第一所"红砖大学"诞生了。约瑟夫·张伯伦和萨·欧里佛·洛兹共同完成了梅森大学学院到伯明翰大学的转变，也被认为是伯明翰大学的创始人。约瑟夫·张伯伦为伯明翰大学首任校监，萨·欧里佛·洛兹为首任校长。

19世纪末和20世纪初，随着大学教育的扩展，医学教育也发生了变化，医学教育需要更长的、更精细的课程。与此同时，妇女也在努力争取接受大学教育，包括医学教育。1900年，英国伦敦以外的四所允许女性接受医学教育的大学医学院之一是伯明翰大学，这所大学在所有研究中给予女性平等权利方面处于领先地位。伯明翰大学本身受到当地的赞助，并认为自己是在为当地社区服务。尽管在19世纪后期之前，牛津大学和剑桥大学这两所英国大学在医学上的杰出地位并不为人所知，但它们在颁发医学学位和行医执照方面却发挥了重要作用。从15世纪开始，所有没有学位的女性，都被禁止进入大学。然而，社会上的许多医疗服务一直是由未接受过大学教育的人提供的，妇女则在家庭中负有保健的责任，而且直到 18、19 世纪，在很大程度上，妇女在所有与生育孩子有关的事情都需负有责任。19 世纪后期，随着科学知识的增长和医学领域的扩大，加上人们希望拥有纯粹的职业医生，医学教育发生了巨大的变化，大学学历对医生来说变得至关重要。因此，被排除在医生之外的女性可以加入越来越流行的专业护士队伍，这一角色在医学界被认为特别女性化，因为它满足了女性在生活中的"关爱"和从属角色。这个时期也正是女性努力争取大学录取的时期，医学和科学是英国妇女在高等教育和专业工作中争取平等的斗争的重要领域。医学教育成为了妇女证明自己有能力的重要领域，即便如此女性在争取平等教育权的道路上也困难重重，因为按照社会习俗可能大多数女人都需要结婚，随后放弃有偿的专业工作，这让女性接受医学院的正统教育看起来是在浪费资源。幸运的是这种说法遭到了反驳，事实证明妇女不仅具有学习医学的能力，而且作为病人的妇女和儿童特别需要女医生。大学对这一问题的反映方式至关重要，它决定了妇女能否进入日益扩大的职业大军，并以医疗技能服务于她们的社区。

幸运的是，伯明翰大学在建校之初就摒弃了对女性的偏见，伯明翰大学成立于 1900 年，尽管有一些特殊的规定，但是对男女学生一视同仁，只是规定了比如女性有单独的剧院入口，以确保她们坐在男性后面，而且没有女性工作人员的设施等。尽管如此，到 1914 年，女性学生人数已达 38 人。虽然 52% 的女性学生只学习了一年，而且大多数人选修了文科，然而，还是有一些女性进入科学领域，有的成为教师；还有一些女性进入医学领域，伯明翰大学所有的医学课程在第二学期开始对她们开放，男性医务人员认为在男女混合的情况下讨论某些医学问题是不合适的。

从 19 世纪 80 年代开始，埃德巴斯顿高中的女孩们在梅森学院学习医学。她们成功地参加了生物、植物学、动物学和物理学的考试，以及牛津、伦敦和剑桥的地方考试。玛丽·斯坦斯是该校最早的学者之一。梅森学院的其他女学生成功拿到了她们的学位，这并不意味着所有人都是平等的，这意味着女性能在多大程度上真正参与伯明翰第一个医学院的高等教育是另一回事。在伯明翰的男子中学与梅森学院的关系更密切，招收了更多的学生，在科学方面也取得了更大的成就，在伯明翰的各级教育中都是如此。

在当时，伯明翰的学校提供的课程显然是有性别差异的，男生学习科学、技术和数学科目，女生学习家庭科学和实用烹饪，伯明翰为已开始工作的人开办的夜校也是类似情况。第一所高等学校只招收男生。当一家新开的诊所开业时，女生和男生的数量是一样的，但却被特别宣传为这种现象"不那么普遍"。梅森学院有奖学金制度，但奖学金的数量相对较少，得到奖学金的男生比女生多。1896 年，伍斯特主教在伯明翰欢欣鼓舞地说："世界上没有任何东西可以阻止任何勤奋的青年或女孩从最初的教育阶段走向最高的教育阶段……"但是，尽管取得了长足的进步，这却是对事实的夸大。但是可喜的是在梅森学院，平等机会和两性共同学习的先例已经确立。伯明翰在其医院中任命女医生的开拓性立场，加强了男女平等在医学上的重要性。

伯明翰大学并没有免受当代文化和社会潮流的影响。但是，尽管如此，由伯明翰信奉科学教育和社会改革的自由主义领袖所建立和支持的这所大学确实试图在两性之间实现更大的平等。这所新大学拥有国际知名的庞大的医学院，在向妇女开放医学方面走在了前列，使她们能够参加职业生活。这不仅为有抱负的妇女提供了相对罕见的机会，建立了一所相对进步的男女同校大学，而且随后为迅速增长的医疗和教育服务提供了许多合格的人员，从而为当地城市和区域社区服务。

　　1901 年，威廉·阿什利爵士（Sir William Ashley）建立了英国第一所商学院（伯明翰商学院前身），并于 1902 年担任学院的院长和第一教授。由于伯明翰大学是由当地实业家创建，并且伯明翰市拥有占英国大比例的商业财富，创建一所商业学院成为了当时工商业的迫切需求，因而"皇家特许状"内还包括了建立一所商业学院。1905 年，爱德华·艾尔加（Edward Elgar）成为伯明翰大学音乐学院的品顿教授（Peyton Professor），格兰维尔·班托克在之后成功接任了爱德华·艾尔加的职位，并使伯明翰大学音乐学院成为了英国高等教育中著名的音乐摇篮。在英国 2008 年的 RAE 评估中，伯明翰大学音乐学院音乐专业名列全英第二位。1939 年，由罗伯·阿特金森设计的芭伯艺术馆（Barber Institute of Fine Art）开幕。1956 年，英国最早的核子科学反应堆物理硕士课程在伯明翰大学开课。同年，全世界第一座商业化的核能发电厂在英国坎布里亚郡的考尔德大楼开始营运。1957 年，休·卡森爵士和内维尔·康德受伯明翰大学委托，在 1900 年原本的校址进行校园总体规划，将校园规划进一步扩大。20 世纪 60 年代，伯明翰大学开始了扩张时期，开始兴建为数众多的建筑群，并扩展校园的版图。1961 年，大学中心（University Centre）建成。1962 年，员工之家（Staff House）建成。1963 年，伯明翰大学协助罗德希亚大学（现津巴布韦大学）联合成立医学院。两校至今仍有密切往来，并且有交换学生课程。1965 年，阿什利大楼（Ashley Building）建成。1969 年，缪尔黑德塔（Muirhead Tower）建成，以纪念本校首位哲学教授。1984 年 6 月 13 日，皇家天文学家法兰西斯·格拉汉-史密斯爵士揭幕伯明翰大学天文台。2009 年，缪尔黑德塔修缮完毕。与新加坡教育部学术合作，在新加坡建立 SIM 校区。2011 年 8 月 9 日，伯明翰大学宣布 1.75 亿英镑的总预算，重新进行校园规划，工期到 2017 年结束。主图书馆将会拆除，并且在主图书馆西侧建立新馆，因此从北门（North Gate）到钟塔之间的中轴线将会恢复为创校初期的样貌，同时新建体育中心，包含伯明翰市的第一个国际标准泳池。2011 年，小南门（Grange Road Gate）外新建一条连外道路，道路与伯恩路（Bourn Brook）之间的狭长形土地由维多利亚宿舍集团建造了宿舍"维多利亚大楼第三期"（Victoria Hall Phase 3）。此外，谷地住宿区（The Vale Village）的张伯伦塔（Chamberlain Tower）在这段时间拆除并新建住宿大楼。2013 年，布拉莫音乐厅（Bramall Music Building）落成，坐落于阿斯顿·韦伯大楼（Aston Webb Building）建筑群中，是该建筑群当中最后一栋完成的建筑物，实现了 1909 年创校校长约瑟夫·张伯伦的校园规划愿景。布拉莫音乐厅共有 450 个座位，作为教学与表演场地，同时也是音乐系馆。

1922 年，阿尔德曼·W. A. 吉百利（Alderman W. A. Cadbury）反对对伯明翰市内的医院进行扩张，并计划在爱吉巴斯顿建立一座新的医院。5 年之后，执行委员会建立，计划共计花费约 1000 万英镑的 5/6 用作医院的建立，1/6 投入伯明翰大学医学院中，并在 1929 年的规划中，计划设置 600 个床位，并鼓励临伯明翰大学开展临床、外科、治疗学、产科、妇科、眼科、ENT、整形外科等医学教学，但英国在之后陷入了经济危机，这一规划被搁置。1930 年 4 月，建立医院的呼声渐高，并于 1931 年筹集到 60 万英镑，于 1933 年启动建设。医院由托马斯·阿瑟·洛奇（Thomas Arthur Lodge）设计建造，爱德华三世于 1934 年 10 月 23 日放入奠基石，建成后的医院共计 840 个床位，项目最终耗资 100 多万英镑，并剩余近 13 万英镑的资金。1939 年 3 月 1 日，乔治六世与伊丽莎白二世皇太后为其揭幕，并命名为伊丽莎白皇后医院。

2010 年 6 月到 2011 年 11 月，老伊丽莎白医院开始向新伊丽莎白医院转移，新建成的伊丽莎白女王医院耗资 5 亿英镑，为英国最大的单址公立医院，承担着英国最多的肾移植手术，共计 1213 个床位，附属于伯明翰大学，并为皇家医学预防中心，取代了先前的伊丽莎白女王医院与塞利橡树医院。2013 年，伯明翰大学重新开放了老伊丽莎白女王医院的部分床位，以应对日渐增多的医疗需求。

伯明翰商学院（Birmingham Business School），即伯明翰大学商学院。是英国高等教育中最早建立的商业学院，也是欧洲少数最早创建的商学院之一，隶属于英国著名"红砖大学"——伯明翰大学旗下。

1901 年，威廉·阿什利爵士在伯明翰大学开创了商业课程，并成为伯明翰大学商业学校的首位主席。1902 年，伯明翰商学院正式成立，威廉·阿什利爵士成为其第一位商业学科教授，并担任商学院院长直到 1923 年。伯明翰商学院是英国最早建立的商业学院，比建于 1918 年的曼彻斯特商学院（英国建立最早的 2 家商学院）大约早了 16 年，一直以来作为英国历史最悠久的商学院，伯明翰商学院以其优良的教学和研究水平而闻名世界。

伯明翰商学院开设了涉及许多商务学科领域的各种课程，现有超过 210 名教授、讲师和研究人员，开设经济、财务、管理、市场营销等方面的课程，其中很多人都在各自研究的领域享有很高的国际声誉。学院每年招收来自 100 多个不同国家的近 2000 名学生，就读于商学院下的五个系部：会计和金融系、城市和区域学习中心、经济学系、管理学系（包含采购与运营管理、管理经济学、国际管理与组织三个研究小组）以及市场营销系。

伯明翰商学院已获得 AACSB、EQUIS、AMBA 世界三大商学教育认证组织的认证，是英国少有的几家拥有三重认证的商学院；另外，伯明翰商学院还拥有 CIPS（英国皇家采购与供应学会）、CIM（英国特许营销协会）、CIPD（英国特许人事与发展协会）、ICSA（英国特许公司秘书及行政主管协会）等专业协会的认证。伯明翰商学院毕业的学生基本上都能获得满意的工作，并且就业面非常的广泛，如会计师、管理者、电子商务、零售业、社会工作以及教师行业。伯明翰商学院下单独设有职业服务办公室，专门为 MBA 以及其他各专业学生提供就业方面的指导，包括简历制作修改、面试技巧、个人营销、演讲技巧和模拟面试等各类服务，并定期邀请英国及世界著名企业到商学院进行招聘宣讲会，并通过 Career of Business 系统向学生有针对性地发布企业的职位需求。另外，伯明翰大学就业指导中心也为毕业生提供就业指导以及跟踪服务，其也是商学院职业服务办公室的上级机构。

　　在 2008 年英国高等教育科研评估（RAE）中，伯明翰大学58.4% 的科研成果已达到国际优秀及以上水平。2014 年英国高等教育科研评估（REF）中，伯明翰大学 28.3% 的科研成果已达到国际领先及以上水平，53.2% 的科研成果已达到国际优秀及以上水平。伯明翰大学提供一系列学位课程，其中包括 427个本科课程和 327 个硕士课程，学科范围非常广泛，从初级护理、癌症研究，到心理学、体育与运动科学、音乐和工程学。伯明翰大学还被推选为英国高等教育之科学、技术、工程和数学学科项目中心（STEM）。2014 英国研究卓越框架（REF）位居第 15 位。伯明翰大学的商学院成立于 1902 年。在 2013 年《经济学人》全球 MBA 课程排行中，伯明翰大学商学院荣登第85 位。该排名是由著名杂志《经济学人》的信息部根据多项指标评选而出，包括毕业后的工资增长速度、就业机会、个人发展和教育经历等。2015 年《金融时报》（*Financial Times*）最新MBA 排名将伯明翰大学列为全球顶尖的 100 所 MBA 课程院校。

　　长久以来，伯明翰大学在科学界都有重大突破与发明。沃尔特·霍沃思爵士担任化学系教授兼系主任。1947～1948 年，他也被指定担任科学研究院院长以及副校长。他的主要研究专长是碳水化合物化学，并且证实一连串光学活性糖分的结构。1928 年，他导出结论并证实麦芽糖、纤维二糖、乳糖、龙胆二糖、蜜二糖、龙胆、棉籽糖的结构，以及醛糖的葡萄糖苷环状的互变异结构。他的研究有助于定义淀粉、纤维素、糖原、菊粉、木聚糖的分子结构。他的贡献也协助解决了菌丝多糖体的问题。他在 1937 年荣获诺贝尔化学奖。

　　伯明翰大学走出过著名物理学家坡印廷，其中电磁学领域中的坡印廷矢量（Poynting Vector 是指电磁场中的能流密度）以其命名。物理系约翰·蓝道尔爵士、哈利·布特、詹姆士·谢耶斯合作改良多腔磁控管，使美国分米级别的雷达技术突飞猛进，进而帮助同盟国赢得第二次世界大战。物理学家马克·奥立分在 1943 年提议建造质子同步加速器，然而当时他并没有主张机器能否运转。后来在 1945 年稳定机制被发现，随后计划重新启动，并且在本校开始产生了 1GeV 电子伏特。然而，由于当时并无发现，而当时美国布鲁克黑文国家实验室想全力超越，因此赶在 1952 年将质子同步加速器完全运转，比伯明翰大学在 1953 年才完全运转的机器还要早。1947 年彼得·梅达沃教授被任命为本校的梅森动物学讲座教授。他投入移植免疫耐受现象研究，他与罗伯特·比令翰合作研究牛只的植皮与染色，成功使用植皮技术区分牛只的同卵双生和异卵双生。他们把先前的 R. D. Owen 的研究成果纳入综合考量，得到的结论是主动获取的同种耐受度可以用人工重制。彼得·梅达沃因为研究出色，而被选为皇家学会院士，并且在 1951 年离开伯明翰前往伦敦大学学院任教。他在 1960 年荣获诺贝尔生理学或医学奖的殊荣。

　　2011 年 7 月 14 日，英国高等教育基金委员会（HE FCE）

公布的资料显示伯明翰大学被列入英国"12 所精英大学"之一。资料显示这 12 所大学接受了全国大部分 AAB 及以上学生。2011 年 7 月 1 日，英国伯明翰大学宣布与中国广州市政府联合在广州建立伯明翰大学中国研究所，合作研究方向包括能源、高级制造、生物科技、计算机科学、城市化等方面。英国广播公司（BBC）主办的首次电视大选辩论会，最后一回合辩论是在 2010 年 4 月 29 日于本校行政大楼阿斯顿韦伯建筑群的大厅举行。本校运动场也作为 2012 年夏季奥林匹克运动会的牙买加田径代表队训练营场地。

伯明翰大学全校基本保持有 27000 多名学生及 6000 名教职员工，其中共有来自 150 个国家的 4500 多名国际学生。伯明翰大学有欢迎国际学生的悠久传统，拥有英国最大的国际学生团体之一。此外，伯明翰大学与世界各地的大学研究机构有着紧密的联系与合作，提供创新性教学，并为学生和员工创造了全球就业经验与机会。目前，已经与美国、加拿大、墨西哥、中国、印度、巴西的大学、研究机构建立枢纽。

2014 年 3 月，伯明翰大学与伊利诺伊大学香槟分校形成战略联盟，在科学研究和教学成果方面展开广泛而深入的合作，并已经产生了一批重要的成果。芝加哥驻英国总领事斯蒂芬·布里吉斯（Stephen Bridges）赞扬合作伙伴关系："我想提供支持，同时祝贺伯明翰大学与伊利诺伊大学香槟分校战略联盟的签署。这表明伯明翰大学致力于开发美国中西部在学术和战略的卓越合作伙伴关系。该协议是丰富了美国学术界的榜样。"同时，伯明翰大学与美国 23 个州的 30 个大学及研究机构，以及加拿大 6 个省的 15 个合作院校展开合作。

伯明翰大学设有以中国籍著名校友李四光先生命名的"李四光奖学金"，资助对象为品学兼优的中国博士留学生。这项奖学金不限研究领域，有意申请者必须先向伯明翰大学申请博士研究生，拿到入学许可后再向中国国家留学基金管理委员会提交申请。

另外，英国外交部志奋领奖学金（Chevening Scholarship）是专门资助申请入读一年制硕士课程的有为人士，其条件为符合申请条件的在中国居住的永久居民。奖学金获得者可以根据自己的专业或兴趣选择大学及课程，但前提是所学科目与其从事的职业相关。志奋领奖学金项目竞争激烈，申请人提交的申请表的内容、学历和职业经历，以及英语水平是评估申请人的重要依据。英国外交和联邦事务部为符合条件的申请人提供的奖学金包括学费及生活费。学年的学费最高额度为12000英镑。生活费足够支持申请人在英国当地的生活消费，同时提供一次国际往返机票及其他相关费用，有些奖学金获得者可能得到英国外交和联邦事务部合作伙伴或赞助商的联合资助。

英国伯明翰城市大学（Birmingham City University, BCU）是英国最大的现代化、综合性的高等学府之一，坐落于伯明翰市，其历史最早可追溯到1843年。原名为中央英格兰大学（UCE），其教学质量和教学设施在英国大学中名列前茅。伯明翰城市大学提供语言、预科、本科、硕士以及博士层次的教育，其专业设置广泛，涵盖了管理、建筑、艺术、环境科学、计算机、工程、教育、法律、社会科学及音乐领域，由于出色的教学质量被英国高等教育质量评估委员会（QAA）评为优秀，因其课程具有极强的实践性和创新性，大学的毕业就业率更是名列前茅。伯明翰城市大学有五个优秀科研中心（Centres of Research Excellence），科学研究中有近90%被认为具有"杰出"或"非常可观"的外部影响（2014年卓越研究框架）。2008年英国科研评估认为其有70%的研究达到国际标准，15%的研究为"国际领先"。在艺术与设计领域的科学研究居全英国前十位，综合学术研究能力居全英第63位。

英国伯明翰城市大学

资料来源：https：//www.bcu.ac.uk/。

英国伯明翰城市大学开设了英国脱欧研究中心（CBS），研究英国脱欧之后对个人、社区、商业、政府、经济、气候变化、国家安全、种族激进等各方面的影响，并且扫除对此问题的误解。

伯明翰城市大学的所有学位课程的教学都由英国知名大学的教授与博士、硕士和从业超过 10 年以上相关行业专家授课且受英国国家教学质量标准（QAA）严格监管且每一年都会更新大学学术规范与规章以保障其杰出的教学质量与良好的学术水平。

伯明翰音乐学院（Birmingham Conservatoire）于 1859 年成为伯明翰米德兰研究学院的下属学院，并于 1886 年正式成为伯明翰音乐学院。伯明翰音乐学院是一所国际性音乐殿堂，是英国音乐协会的会员，也是欧洲音乐协会的成员，与伯明翰市立交响乐团等众多音乐机构保持着密切的联系。学院创建于 1859 年，是英国处于领先地位的音乐学院之一，在独奏表演、作曲、室内乐、管弦乐和爵士乐等方面成就显著。伯明翰音乐学院是伯明翰市各大音乐组织最主要的音乐活动场所，每年都要在这里举办超过 300 场次的演出，其中不乏像皮埃尔·布列兹、欧拉莫（芬兰广播交响乐团的首席指挥）等世界顶尖指挥家到此演出，世界一流的交响乐团柏林爱乐乐团首席指挥西蒙·拉特尔（原伯明翰市立交响乐团首席指挥）就曾在这里完成了其代表录音（与伯明翰市立交响乐团合作的马勒第八交响曲和第五交响曲）。1900 年 Sir Granville Bantock 成为首任院长，并担任此职务长达 34 年。学院位于 Paradise Circus 的一期建筑于 1973 年建成开放。

　　阿斯顿大学（Aston University）由威廉·阿什利爵士（Sir William Ashley）于 1902 年创建的伯明翰商学院（Birmingham Business School）发展而来，是英国最古老的研究生级别商学院。伯明翰市的另一所顶级商学院包括阿斯顿商学院（Aston Business School）和伯明翰市商学院（Birmingham City Business School）。全球获得三重认证的商学院不到 1%，阿斯顿商学院就是这百分之一的其中一家。

阿斯顿大学

资料来源：https：//www. aston. ac. uk/。

纽曼大学（Newman University）的历史可以追溯到 1968 年的纽曼高等教育学院，这是一所公立的天主教大学，其规模相对较小，办学历史也不长，直到 2007 年该校才获得学位颁发资质。2013 年该校初具现代规模，目前在校生 2700 人左右，目前纽曼大学已经投入大约 2000 万英镑（约合 1.8 亿元人民币）来改善学校办学条件。目前该校为学生提供全日制课程和函授课程，由于该校提供弹性学习实践课程，受到当地居民的欢迎，该校尤其为当地居民提高学历水平做出了突出贡献。

伯明翰市议会是英国最大的地方教育机构，直接或间接负责伯明翰 25 所幼儿园、328 所小学、77 所中学和 29 所特殊学校，全年提供约 3500 个成人教育课程。伯明翰大部分的公立学校是由伯明翰市议会作为地方教育当局直接管理的社区学校。自 20 世纪 70 年代以来，伯明翰的大多数中学都是综合学校，而普通中等教育证书考试后的学生可以选择继续在学校的六年级或继续教育学院接受教育。伯明翰一直实行 4~7 岁婴幼儿小学教育和 7~11 岁初中教育制度。一般来讲，当地学童就近入学，伯明翰和整个英国公立学校入学手续都很简单，只要提供出生证明表示年龄可以上学，提供住宿证明表示在学校附近居住，就可排队入学。同时入学排队顺序还会考虑特殊人群需求（Kids with Special Needs），一般有特殊情况如残疾和学习障碍的孩子会被排在最前面，然后有兄弟姐妹在同一所学校上学也可以往前排。另外，一些特殊学校也会有特殊规定，比如受教会资助的学校虽然也会录取本区域的孩子，但在入学排队的时候如果能提供教会受洗证明则可以更快得到入学位置。

伯明翰市的爱德华国王学校（King Edward's School）是伯明翰市最古老的学校之一，由爱德华六世（King Edward Ⅵ）于 1552 年创办，教授 GCSE 和 IB 课程，校友包括《指环王》和《霍比特人》的作者 J. R. R. 托尔金。伯明翰市的私立学校包括伯明翰蓝衣学校、爱德华六世国王女子高中和埃吉巴斯顿女子高中，还有由维西主教于 1527 年创办的维西主教文法学校。

　　伯明翰的各个大学为这座城市带来生机和活力，每年来自英国和世界各地的莘莘学子会聚于此，追寻自己的梦想。同时伯明翰的几所大学因为其高水平的教学质量和科研水平在世界上享有很高声誉，它们是伯明翰这座城市的教育名片，为这座城市增加了更浓厚的文化气息。

第十二章 伯明翰的
现在和未来

　　牛环购物中心（Bullring Shopping Centre）目前是伯明翰最大的商业区，这里云集了英国和世界上许多国家的著名品牌，是伯明翰商业活动最为活跃的地区。牛环购物中心内汇聚了从一线大牌到高街品牌的各种商品，牛环的商业模式几乎是英国商业模式的一个缩影，这里有 Debenhams 和 Selfridges 以及 John Lewis 三家著名的商场，每家商场都有自己的商业定位和固定的消费群体，而且这三家商场都有自己的特定品牌（in -house designers）。除了这三家百货公司，这里也云集了其他品牌，每天购物人群都是熙熙攘攘的，与英国郊区特有的宁静形成鲜明的对比，这里每天都有大量的购物者涌入，如果到了节假日或者折扣比较大的购物季，人流更是令人惊叹，可以说是非常繁华，购物者摩肩接踵，许多商家门口甚至排起长龙。这从一个侧面可以反映出伯明翰的商业是十分繁荣的。

　　毗邻伯明翰市中心运河码头的邮政大楼是另一处比较著名的商业街区，这里的商店相对高端，针对的消费人群也有所不同。它是伯明翰最具有现代风格和时髦的购物场所，除了购物，这里还有许多高档美容院、美发店、咖啡厅、酒吧及餐馆。无论春夏秋冬这里都非常热闹繁华，即使到了冬天，户外寒冷，商家仍然会支起透明的帐篷，让顾客既能温暖舒适地享受消费的乐趣，也能欣赏伯明翰户外的美景。

　　说起伯明翰市中心的蛋奶工厂（Custard Factory），之前在讲解伯明翰名人录中曾经提起过，伯明翰是蛋奶的发源地，这种备受英国人喜爱的甜品在伯明翰得到改良并投入生产，为伯明翰的食品工业做出了巨大贡献，也为伯明翰工业文明增添了浓墨重彩的一笔。但是随着岁月的流逝，蛋奶工厂逐渐走向式微，作为生产蛋奶的工业区，也需要转换角色。伯明翰政府希望这里既能保持当年工业的痕迹和历史，也能让老工业区重新焕发生机。现在蛋奶工厂的厂房和街区已经变成了伯明翰特有的购物区，虽然这里仍然叫作 Custard Factory，但是已经没有蛋奶可生产，原来的厂房经过改造也变成了一家家很有特色的店铺。来这里逛一逛，不仅能够体验独特的商业文明，也能在每家小店找寻往昔蛋奶工厂的影子，既是购物之旅，也是时光穿梭之旅。

参考文献

［1］ Anderson, John. Tolkien: A Portrait of the Artist as a Young Scholar ［N］. America, 2019 – 05 – 27.

［2］ Bailey, Adrian & Alexander, R. Andrew. Cadbury and the Rise of the Supermarket: Innovation in Marketing 1953 – 1975 ［M］. London: Routledge, 2017.

［3］ Birchall, Heather. Review of Birmingham Museum and Art Gallery's Pre – Raphaelite Online Resource (Birmingham Museum and Art Gallery, 2009) ［J］. Journal of Victorian Culture, 2011 (1).

［4］ Carnevali, Francesca. Golden Opportunities: Jewelry Making in Birmingham Between Mass Production and Specialty ［J］. Enterprise & Society, 2003 (1).

［5］ Golinski, Jan. The Life and Legend of James Watt: Collaboration, Natural Philosophy, and the Improvement of the Steam Engine ［J］. Annals of Science, 2019 (2).

［6］ Gramit, David. Review: Antje Pieper, Music and the Making of Middle – Class Culture: A Comparative History of Nineteenth – Century Leipzig and Birmingham ［J］. European History Quarterly, 2010 (4).

［7］ Hutnik, Nimmi. Profiles of British Muslim Identity: Adolescent Girls in Birmingham, Rebecca Coran Street ［J］. Journal of

Adolescence, 2009 (6).

[8] Janathan, Janet. The Heterodox Psychology and Queer Poetics of Auden in the 1930s [J]. Comparative Literature Studies, 2019 (2).

[9] Peeters, Nic. Objects of Affection: Pre – Raphaelite Portraits by John Brett: Barber Institute of Fine Arts, Birmingham 30 April – 4 July the Fine Art Society, London 20 July – 7 August Fitzwilliam Museum, Cambridge 14 September – 28 November [J]. The British Art Journal, 2010 (1).

[10] Sampson, Gamgee. Remarks on Our Medical Charities: Being an Excerpt from an Address Delivered at the Annual Meeting of the Birmingham and Midland 23. Counties Branch of the British Medical Association, June 26th, 1877 [J]. The British Medical Journal, 1877 (6).

[11] Schenkelberg, Sabine. The Cadbury Schweppes Judgment and Its Implications on Profit Shifting Activities Within Europe [J]. International Tax and Public Finance, 2020 (2).

[12] Scobie, Sarah & Castle, Sophie – Clarke. Implementing Learning Health Systems in the UK NHS: Policy Actions to Improve Collaboration and Transparency and Support Innovation and Better Use of Analytics [J]. Learning Health Systems, 2020 (5).

[13] Skipwith, Peyton. Court on Canvas: Tennis in Art Barber Institute of Fine Arts, Birmingham 27 May – 18 September 2011 [J]. The British Art Journal, 2011 (1).

[14] Surinder, Guru, Shirin, House & Joshi, Kalpana. Birmingham Black Sisters: Struggles to End Injustice [J]. Critical Social Policy, 2020 (5).

[15] Woods, Robert. Ethnic Segregation in Birmingham in the

1960s and 1970s［M］. London：Taylor & Francis Group，2010.

　　［16］Wrangles，Simon. Municipal Finance，or Local Taxation and Local Expenditure，as Illustrated by the Case of the City of Birmingham［J］. Journal of the Royal Statistical Society，1985（1）.

　　［17］韩伟. 英国税收法制史略［J］. 中国税务，2019（3）.

　　［18］江玉琴. 论伯明翰学派先驱 F. R. 利维斯的民族文化建构——大众文化全球化背景下英国本土文化的民族诉求［J］. 江西社会科学，2012（7）.

　　［19］蒋积伟."慈善超市"政策评价——制约"慈善超市"发展的政策因素［J］. 社会科学研究，2008（2）.

　　［20］李宏图. 蒸汽机：小人物的大发明［N］. 文汇报，2015 – 01 – 12.

　　［21］钱辰伟. 英国伯明翰新伊丽莎白医院［J］. 城市建筑，2011（6）.

　　［22］吴昕. 英国伯明翰超级图书馆：重新定义图书馆［J］. 公共图书馆，2012（9）.

　　［23］伍爱群. 英国伯明翰经济转型的启示［J］. 上海国资，2012（12）.

　　［24］于钧博. 种族主义背景下的道德恐慌——伯明翰学派对英国西印度群岛移民犯罪行为的研究述评［J］. 汕头大学学报（人文社会科学版），2016（8）.

　　［25］张荣苏. 论英国现代税收制度的确立［J］. 江苏师范大学学报（哲学社会科学版），2020（1）.

　　［26］朱春奎，陈彦桦. 英国慈善超市的历史发展、功能体现与运营策略［J］. 地方治理研究，2019（1）.

　　［27］朱静昌. 加工世都，百年辉煌——记英伯明翰珠宝首饰基地见闻［J］. 上海工艺美术，2002（1）.